Le Siècle.

ALBERT SAVARUS

UNE FILLE D'ÈVE,

PAR

DE BALZAC

PARIS
BUREAUX DU SIÈCLE
RUE DU CROISSANT, 16.

M.DCCC.LIII.

A.VIALON DEL.   J.GUILLAUME SC.

628

H. de Balzac.

ALBERT SAVARUS.

DEDIÉ A MADAME ÉMILE DE GIRARDIN,

Comme un témoignage d'affectueuse admiration.

DE BALZAC.

Un des quelques salons où se produisait l'archevêque de Besançon sous la Restauration, et celui qu'il affectionnait, était celui de madame la baronne de Watteville. Un mot sur cette dame, le personnage féminin le plus considérable peut-être de Besançon.

Monsieur de Watteville, petit-neveu du fameux Watteville, le plus heureux et le plus illustre des meurtriers et des renégats dont les aventures extraordinaires sont beaucoup trop historiques pour être racontées, était aussi tranquille que son grand-oncle fut turbulent. Après avoir vécu dans la Comté comme un cloporte dans la fente d'une boiserie, il avait épousé l'héritière de la célèbre famille de Rupt. Mademoiselle de Rupt réunit vingt mille francs de rentes en terre aux dix mille francs de rentes en biens-fonds du baron de Watteville. L'écusson du gentilhomme suisse, les Watteville sont de Suisse, fut mis en *abîme* sur le vieil écusson des de Rupt. Ce mariage, décidé depuis 1802, se fit en 1815, après la seconde restauration. Trois ans après la naissance d'une fille qui fut nommé Philomène, tous les grands parens de madame de Watteville étaient morts et leurs successions liquidées. On vendit alors la maison de monsieur de Watteville pour s'établir rue de la Préfecture, dans le bel hôtel de Rupt, dont le vaste jardin s'étend vers la rue du Perron. Madame Watteville, jeune fille dévote, fut encore plus dévote après son mariage. Elle est une des reines de la sainte confrérie qui donne à la haute société de Besançon un air sombre et des façons prudes en harmonie avec le caractère de cette ville. De là le nom de Philomène imposé à sa fille, née en 1817, au moment où le culte de cette sainte ou de ce saint, car dans les commencemens on ne savait à quel sexe appartenait ce squelette, devenait une sorte de folie religieuse en Italie, et un étendard pour l'Ordre des Jésuites. Monsieur le baron de Watteville, homme sec, maigre et sans esprit, paraissait usé, sans qu'on pût savoir à quoi, car il jouissait d'une ignorance crasse; mais comme sa femme était d'un blond ardent et d'une nature sèche devenue pointue (on dit encore comme madame Watteville), quelques plaisans de la magistrature prétendaient que le baron s'était usé contre cette roche. Rupt vient évidemment de *rupes*. Les savans observateurs de la nature sociale ne manqueront pas de remarquer que Philomène fut l'unique fruit du mariage des Watteville et des de Rupt.

Monsieur de Watteville passait sa vie dans un riche atelier de tourneur, il tournait! Comme complément à cette existence, il s'était donné la fantaisie des collections. Pour les médecins philosophes adonnés à l'étude de la folie, cette tendance à collectionner est un premier degré d'aliénation mentale, quand elle se porte sur les petites choses. Le baron de Watteville amassait les coquillages, les insectes et les fragmens géologiques du territoire de Besançon. Quelques contradicteurs, des femmes surtout, disaient de monsieur de Watteville : — Il a une belle âme! il a vu, dès le début de son mariage, qu'il ne l'emporterait pas sur sa femme, il s'est alors jeté dans une occupation mécanique et de bonne chère.

L'hôtel de Rupt ne manquait pas d'une certaine splendeur digne de celle de Louis XIV. et se ressentait de la noblesse des deux familles, confondues en 1815. Il y brillait un vieux luxe qui ne se savait pas de mode. Les lustres de vieux cristaux taillés en forme de feuilles, les lampasses, les damas, les tapis, les meubles dorés, tout était en harmonie avec les vieilles livrées et les vieux domestiques. Quoique servie dans une noire argenterie de famille, autour d'un surtout en glace orné de porcelaines de Saxe, la chère y était exquise. Les vins choisis par monsieur de Watteville, qui, pour occuper sa vie et y mettre de la diversité, s'était fait son propre sommelier, jouissaient d'une sorte de célébrité départementale. La fortune de madame de Watteville était considérable, car celle de son mari, qui consistait en terre des Rouxey valant environ dix mille livres de rente, ne s'augmenta d'aucun héritage. Il est inutile de faire observer que la liaison très intime de madame de Watteville avec l'archevêque avait impatronisé chez elle les trois ou quatre abbés remarquables et spirituels de l'archevêché qui ne haïssaient point la table.

Dans un dîner d'apparat, rendu pour je ne sais quelle noce au commencement du mois de septembre 1834, au moment où les femmes étaient rangées en cercle devant la cheminée du salon et les hommes en groupes aux croisées, il se fit une acclamation à la vue de monsieur l'abbé de Grancey, qu'on annonça.

— Eh bien! le procès? lui cria-t-on.

— Gagné ! répondit le vicaire général. L'arrêt de la cour, de laquelle nous désespérions, vous savez pourquoi...

Ceci était une allusion à la composition de la cour royale depuis 1830. Les légitimistes avaient presque tous donné leur démission.

— ..... L'arrêt vient de nous donner gain de cause sur tous les points, et réforme le jugement de première instance.

— Tout le monde vous croyait perdus.

— Et nous l'étions sans moi. J'ai dit à notre avocat de s'en aller à Paris, et j'ai pu prendre, au moment de la bataille, un nouvel avocat à qui nous devons le gain du procès, un homme extraordinaire.

— A Besançon? dit naïvement monsieur de Watteville.

— A Besançon, répondit l'abbé de Grancey.

— Ah ! oui. Savaron, dit un beau jeune homme assis près de la baronne et nommé de Soulas.

— Il a passé cinq à six nuits, il a dévoré les liasses, les dossiers ; il a assez de plusieurs conférences de plusieurs heures avec moi, reprit monsieur de Grancey qui reparaissait à l'hôtel de Rupt pour la première fois depuis vingt jours. Enfin, monsieur Savaron vient de battre complètement le célèbre avocat que nos adversaires étaient allé chercher à Paris. Ce jeune homme a été merveilleux, au dire des conseillers. Ainsi, le chapitre est deux fois vainqueur : il a vaincu en droit, puis en politique il a vaincu le libéralisme dans la personne du détenseur de notre hôtel de ville. « Nos adversaires, a dit notre avocat, ne doivent pas s'attendre à trouver partout de la complaisance pour ruiner les archevêchés... » Le président a été forcé de faire faire silence. Tous les Bisontins ont applaudi. Ainsi la propriété des bâtimens de l'ancien couvent reste au chapitre de la cathédrale de Besançon. Monsieur Savaron a d'ailleurs invité son confrère de Paris à dîner au sortir du palais. En acceptant celui-ci lui a dit : « A tout vainqueur tout honneur ! » et la félicité sans rancune sur son triomphe.

— Où donc avez-vous déniché cet avocat? dit madame de Watteville. Je n'ai jamais entendu prononcer ce nom là.

— Mais vous pouvez voir ses fenêtres d'ici, répondit le vicaire-général. Monsieur Savaron demeure rue du Perron, le jardin de sa maison est mur mitoyen avec le vôtre.

— Il n'est pas de la Comté, dit monsieur de Watteville.

— Il est si peu de quelque part, qu'on ne sait pas d'où il est, dit madame de Chavoncourt.

— Mais qu'est-il? demanda madame de Watteville en prenant le bras de monsieur de Soulas pour se rendre à la salle à manger. S'il est étranger, par quel hasard est-il venu s'établir à Besançon ? C'est une idée bien singulière pour un avocat.

— Bien singulière! répéta le jeune Amédée de Soulas dont la biographie devient nécessaire à l'intelligence de cette histoire.

De tout temps, la France et l'Angleterre ont fait un échange de futilités d'autant plus suivi, qu'il échappe à la tyrannie des douanes. La mode que nous appelons anglaise à Paris se nomme française à Londres, et réciproquement. L'inimitié des deux peuples cesse en deux points, sur la question des mots et sur celle du vêtement. *God save the King*, l'air national de l'Angleterre, est une musique faite par Lulli pour les chœurs d'*Esther* ou d'*Athalie*. Les paniers apportés par une Anglaise à Paris furent inventés à Londres, on sait pourquoi, par une Française, la fameuse duchesse de Portsmouth; on commença par s'en moquer si bien que la première Anglaise qui parut aux Tuileries faillit être écrasée par la foule; mais ils furent adoptés. Cette mode a tyrannisé les femmes de l'Europe pendant un demi-siècle. A la paix de 1815, on plaisanta durant une année les tailles longues des Anglaises, tout Paris alla voir Po hier et Brunet dans les *Anglaises pour rire;* mais, en 1816 et 1817, les ceintures des Françaises, qui leur coupaient le sein en 1814, descendirent par degrés jusqu'à leur dessiner les hanches. Depuis dix ans, l'Angleterre nous a fait deux petits cadeaux linguistiques. A l'*incroya-*

ble, au *merveilleux*, à l'*élégant*, ces trois héritiers des *petits-maîtres* dont l'étymologie est assez indécente, ont succédé le *dandy*, puis le *lion*. Le *lion* n'a pas engendré la *lionne*. La lionne est due à la fameuse chanson d'Alfred de Musset : *Avez-vous vu dans Barcelone... C'est ma maîtresse et ma lionne :* il y a eu fusion, ou, si vous voulez, confusion entre les deux termes et les deux idées dominantes. Quand une bêtise amuse Paris, qui dévore autant de chefs-d'œuvre que de bêtises, il est difficile que la province s'en prive. Aussi, dès que le *lion* promena dans Paris sa crinière, sa barbe et ses moustaches, ses gilets et son lorgnon tenu sans le secours des mains, par la contraction de la joue et de l'arcade sourcilière, les capitales de quelques départemens ont-elles vu des sous-lions qui protestèrent, par l'élégance de leurs sous-pieds, contre l'incurie de leurs compatriotes. Donc, Besançon jouissait, en 1834, d'un lion dans la personne de monsieur Amédée-Sylvain-Jacques de Soulas, écrit Souleyaz au temps de l'occupation espagnole. Amédée de Soulas est peut-être le seul qui, dans Besançon, descende d'une famille espagnole. L'Espagne envoyait des gens faire ses affaires dans la Comté, mais il s'y établissait fort peu d'Espagnols. Les Soulas y restèrent à cause de leur alliance avec le cardinal Granvelle. Le jeune monsieur de Soulas parlait toujours de quitter Besançon, ville triste, dévote, peu littéraire, ville de guerre et de garnison, dont les mœurs et l'allure, dont la physionomie valent la peine d'être dépeintes. Cette opinion lui permettait de se loger, en homme incertain de son avenir, dans trois chambres très peu meublées au bout de la rue Neuve, à l'endroit où elle se rencontre avec la rue de la Préfecture.

Le jeune monsieur de Soulas ne pouvait pas se dispenser d'avoir un tigre. Ce tigre était le fils d'un de ses fermiers, un petit domestique âgé de quatorze ans, trapu, nommé Babylas. Le lion avait très bien habillé son tigre : redingote courte en drap gris de fer, serrée par une ceinture de cuir verni, culotte de panne gros-bleu, gilet rouge, bottes vernies et à revers, chapeau rond à bourdaloue noir, des boutons jaunes aux armes des Soulas. Amédée donnait à ce garçon des gants de coton blanc, le blanchissage et trente-six francs par mois, à la charge de se nourrir, ce qui paraissait monstrueux aux grisettes de Besançon : quatre cent vingt francs à un enfant de quinze ans, sans compter les cadeaux ! Les cadeaux consistaient dans la vente des habits réformés, dans un pourboire quand Soulas troquait l'un de ses deux chevaux, et la vente des fumiers. Les deux chevaux, administrés avec une sordide économie, coûtaient l'un dans l'autre huit cent francs par an. Le compte des fournitures à Paris en parfumeries, cravates, bijouterie, pots de vernis, habits, allait à douze cents francs. Si vous additionnez groom ou tigre, chevaux, tenue superlative, et loyer de six cents francs, vous trouverez un total de trois mille francs. Or, le père du jeune monsieur de Soulas ne lui avait pas laissé plus de quatre mille francs de rentes produits par quelques métairies assez chétives qui exigeaient de l'entretien, et dont l'entretien imprimait une certaine incertitude aux revenus. A peine restait-il trois francs par jour au lion pour sa vie, sa boucle et son jeu. Aussi dînait-il souvent en ville, et déjeunait-il avec une frugalité remarquable. Quand il fallait absolument dîner à ses frais, il allait à la pension des officiers. Le jeune monsieur de Soulas passait pour un dissipateur, pour un homme qui faisait des folies; tandis que le malheureux nouait les deux bouts de l'année avec une astuce, avec un talent qui eussent fait la gloire d'une bonne ménagère. On ignorait encore, à Besançon surtout, combien six francs de vernis étalé sur des bottes ou sur des souliers, des gants jaunes de cinquante sous nettoyés dans le plus profond secret pour les faire servir trois fois, des cravates de dix francs qui durent trois mois, quatre gilets de vingt-cinq francs et des pantalons qui emboîtent la botte imposent à une capitale! Comment en serait-il autrement, puisque nous voyons à Paris des femmes accordant une attention particulière à des sots qui viennent chez elles et l'emportent sur les hommes les plus remarquables, à cause de ces frivoles avantages qu'on peut se procurer pour quinze louis, y compris la frisure et une chemise de toile de Hollande !

Si cet infortuné jeune homme vous paraît être devenu lion à bien bon marché, apprenez qu'Amédée de Soulas était allé trois fois en Suisse, en char et à petites journées ; deux fois à Paris, et une fois de Paris en Angleterre. Il passait pour un voyageur instruit et pouvait dire : *En Angleterre, où je suis allé*, etc. Les douanières lui disaient : *Vous qui êtes allé en Angleterre*, etc. Il avait poussé jusqu'en Lombardie, il avait côtoyé les lacs d'Italie. Il lisait les ouvrages nouveaux. Enfin, pendant qu'il nettoyait ses gants, le tigre Babylas répondait aux visiteurs : —Monsieur travaille. Aussi avait-on essayé de démonétiser le jeune monsieur Amédée de Soulas à l'aide de ce mot : — C'est un *homme très avancé*. Amédée possédait le talent de débiter avec la gravité bisontine les lieux communs à la mode, ce qui lui donnait le mérite d'être un des hommes les plus éclairés de la noblesse. Il portait sur lui la bijouterie à la mode, et dans sa tête les pensées contrôlées par la presse.

En 1834, Amédée était un jeune homme de vingt-cinq ans, de taille moyenne, brun, le thorax violemment prononcé, les épaules à l'avenant, les cuisses un peu rondes, le pied déjà gras, la main blanche et potelée, un collier de barbe, des moustaches qui rivalisaient celles de la garnison, une bonne grosse figure rougeaude, le nez écrasé, les yeux bruns et sans expression ; d'ailleurs rien d'espagnol. Il marchait à grands pas vers une obésité fatale à ses prétentions. Ses ongles étaient soignés, sa barbe était faite, les moindres détails de son vêtement étaient tenus avec une exactitude anglaise. Aussi regardait-on Amédée de Soulas comme le plus bel homme de Besançon. Un coiffeur, qui venait le coiffer à heure fixe (autre luxe de soixante francs par an !), le préconisait comme l'arbitre souverain en fait de modes et d'élégance. Amédée dormait tard, faisait sa toilette, et sortait à cheval vers midi pour aller dans une de ses métairies tirer le pistolet. Il mettait à cette occupation la même importance qu'y mit lord Byron dans ses derniers jours. Puis, il revenait à trois heures, admiré sur son cheval par les grisettes et par les personnes qui se trouvaient à leur croisée. Après de prétendus travaux qui paraissaient l'occuper jusqu'à quatre heures, il s'habillait pour aller dîner en ville, et passait la soirée dans les salons de l'aristocratie bisontine à jouer au whist, et revenait se coucher à onze heures. Aucune existence ne pouvait être plus à jour, plus sage, ni plus irréprochable, car il allait exactement aux offices le dimanche et les fêtes.

Pour vous faire comprendre combien cette vie est exorbitante, il est nécessaire d'expliquer Besançon en quelques mots. Nulle ville n'offre une résistance plus sourde et muette au progrès. A Besançon, les administrateurs, les employés, les militaires, enfin tous ceux que le gouvernement, que Paris y envoie occuper un poste quelconque, sont désignés en bloc sous le nom expressif de *la colonie*. La colonie est le terrain neutre, le seul où, comme à l'église, peuvent se rencontrer la société noble et la société bourgeoise de la ville. Sur ce terrain commencent, à propos d'un mot, d'un regard ou d'un geste, des haines de maison à maison, entre femmes bourgeoises et nobles, qui durent jusqu'à la mort, et agrandissent encore les fossés infranchissables par lesquels les deux sociétés sont séparées. A l'exception des Clermont-Mont-Saint-Jean, des Beauffremont, des de Scey, des Gramont et de quelques autres qui n'habitent la Comté que dans leurs terres, la noblesse bisontine ne remonte pas à plus de deux siècles, à l'époque de la conquête par Louis XIV. Ce monde est essentiellement parlementaire et d'un rogue, d'un raide, d'un grave, d'un positif, d'un hauteur qui ne peut pas se comparer à la cour de Vienne, car les Bisontins feraient en ceci les salons viennois quinauds. De Victor Hugo, de Nodier, de Fourier, les gloires de la ville, il n'en est pas question, on ne s'en occupe pas. Les mariages entre nobles s'arrangent dès le berceau des enfans, tant les moindres choses comme les plus graves y sont définies. Jamais un étranger, un intrus ne s'est glissé

dans ces maisons, et il a fallu, pour y faire recevoir des colonels ou des officiers titrés appartenant aux meilleures familles de France, quand il s'en trouvait dans la garnison, des efforts de diplomatie que le prince de Talleyrand eût été fort heureux de connaître pour s'en servir dans un congrès. En 1834, Amédée était le seul qui portât des sous-pieds à Besançon. Ceci vous explique déjà la *lionnerie* du jeune monsieur de Soulas. Enfin, une petite anecdote vous fera bien comprendre Besançon.

Quelque temps avant le jour où cette histoire commence, la Préfecture éprouva le besoin de faire venir un rédacteur pour son journal, afin de se défendre contre la petite *Gazette* que la grande Gazette avait pondue à Besançon, et contre *le Patriote*, que la République y faisait frétiller. Paris envoya un jeune homme, ignorant sa Comté, qui débuta par un *premier-Besançon* de l'école du *Charivari*. Le chef du parti juste-milieu, un homme de l'Hôtel-de-Ville, fit venir le journaliste, et lui dit : — Apprenez, monsieur, que nous sommes graves, plus que graves, ennuyeux, nous ne voulons point qu'on nous amuse, et nous sommes furieux d'avoir à rire. Soyez aussi dur à digérer que les plus épaisses amplifications de la *Revue des deux Mondes* et vous serez à peine autour des Bisontins.

Le rédacteur se le tint pour dit, et parla le patois philosophique le plus difficile à comprendre. Il eut un succès complet.

Si le jeune monsieur de Soulas ne perdit pas dans l'estime des salons de Besançon, ce fut pure vanité de leur part ; l'aristocratie était bien aise d'avoir l'air de se moderniser et de pouvoir offrir aux nobles Parisiens en voyage dans la Comté un jeune homme qui leur ressemblât à peu près. Tout ce travail caché, toute cette poudre jetée aux yeux, cette folie apparente, cette sagesse latente avaient un but, sans quoi le lion bisontin n'eût pas été du pays. Amédée voulait arriver à un mariage avantageux en prouvant un jour que ses fermes n'étaient pas hypothéquées, et qu'il avait fait des économies. Il voulait occuper la ville, il voulait ne être le plus bel homme, le plus élégant, pour obtenir d'abord l'attention, puis la main de mademoiselle Philomène de Watteville : ah !

En 1830, au moment où le jeune monsieur de Soulas commença son métier de dandy, Philomène avait treize ans. En 1834, mademoiselle de Watteville atteignait donc à cet âge où les jeunes personnes sont facilement frappées par toutes les singularités qui recommandaient Amédée à l'attention de la ville. Il y a beaucoup de lions qui se font lions par calcul et par spéculation. Les Watteville, riches depuis douze ans de cinquante mille francs de rentes, ne dépensaient pas plus de vingt-quatre mille francs par an, tout en recevant la haute société de Besançon, les lundis et les vendredis. On y dînait le lundi, l'on y passait la soirée du vendredi. Ainsi, depuis douze ans, quelle somme ne faisaient pas vingt-six mille francs annuellement économisés et placés avec la discrétion qui distingue ces vieilles familles ? On croyait assez généralement que, se trouvant assez riche en terres, madame de Watteville avait mis dans le trois pour cent ses économies en 1830. La dot de Philomène devait alors se composer d'environ quarante mille francs de rentes. Depuis cinq ans le lion avait donc travaillé comme une taupe pour se loger dans le haut bout de l'estime de la sévère baronne, tout en se posant de manière à flatter l'amour-propre de mademoiselle de Watteville. La baronne était dans le secret des inventions par lesquelles Amédée parvenait à soutenir son rang dans Besançon, et l'en estimait fort. Soulas s'était mis sous l'aile de la baronne quand elle avait trente ans, il eut alors l'audace de l'admirer et d'en faire une idole ; il en était arrivé à pouvoir lui raconter, lui seul au monde, les gaudrioles que presque toutes les dévotes aiment à entendre dire, autorisées qu'elles sont par leurs grandes vertus à contempler des abîmes sans y choir et les embûches du démon sans s'y prendre. Comprenez-vous pourquoi ce lion ne se permettait pas la plus légère intrigue ? il clarifiait sa vie, il vivait en quelque sorte dans la rue, afin de pouvoir jouer le rôle d'amant sacrifié près de la baronne, et lui régaler l'esprit des péchés qu'elle interdisait à sa Chair. Un homme qui possède le privilége de couler des choses lestes dans l'oreille d'une dévote, est à ses yeux un homme charmant. Si ce lion exemplaire eût mieux connu le cœur humain, il aurait pu sans danger se permettre quelques amourettes parmi les grisettes de Besançon qui le regardaient comme un roi : ses affaires se seraient avancées auprès de la sévère et prude baronne. Avec Philomène, ce Caton paraissait dépenser : il professait la vie élégante, il lui montrait en perspective le rôle brillant d'une femme à la mode à Paris, où il irait comme député. Ces savantes manœuvres furent couronnées par un plein succès. En 1834, les mères des quarante familles nobles qui composent la haute société bisontine, citaient le jeune monsieur Amédée de Soulas comme le plus charmant jeune homme de Besançon, personne n'osait disputer la place au coq de l'hôtel de Rupt, et tout Besançon le regardait comme le futur époux de Philomène de Watteville. Il y avait eu déjà même à ce sujet quelques paroles échangées entre la baronne et Amédée, auxquelles la prétendue nullité du baron donnait une certitude.

Mademoiselle Philomène de Watteville, à qui sa fortune, énorme un jour, prêtait alors des proportions considérables, élevée dans l'enceinte de l'hôtel de Rupt que sa mère quitta rarement, tant elle aimait le cher archevêque, avait été fortement comprimée par une éducation exclusivement religieuse, et par le despotisme de sa mère qui la *tenait* sévèrement par principes. Philomène ne savait absolument rien. Est-ce savoir quelque chose que d'avoir étudié la géographie dans Guthrie, l'histoire sainte, l'histoire ancienne, l'histoire de France, et les quatre règles, le tout passé au tamis d'un vieux jésuite? Dessin, musique et danse furent interdits, comme plus propres à corrompre qu'à embellir la vie. La baronne apprit à sa fille tous les points possibles de la tapisserie et les petits ouvrages de femme : la couture, la broderie, le filet. A dix-sept ans, Philomène n'avait lu que les *Lettres Edifiantes* et des ouvrages sur la science héraldique. Jamais un journal n'avait souillé ses regards. Elle entendait tous les matins la messe à la cathédrale où la menait sa mère, revenait déjeuner, travaillait après une petite promenade dans le jardin, et recevait les visites assise près de la baronne jusqu'à l'heure du dîner; puis après, excepté les lundis et les vendredis, elle accompagnait madame de Watteville dans les soirées, sans pouvoir y parler plus que ne le voulait l'ordonnance maternelle.

A dix-sept ans, mademoiselle de Watteville était une jeune fille frêle, mince, plate, blonde, et blanche, et de la dernière insignifiance. Ses yeux d'un bleu pâle, s'embellissaient par le jeu des paupières qui, baissées, produisaient une ombre sur ses joues. Quelques taches de rousseur nuisaient à l'éclat de son front, d'ailleurs bien coupé. Son visage ressemblait parfaitement à ceux des saintes d'Albert Dürer et des peintres antérieurs au Pérugin : même forme grasse, quoique mince, même délicatesse attristée par l'extase, même naïveté sévère. Tout en elle, jusqu'à sa pose, rappelait ces vierges dont la beauté ne reparaît dans son lustre mystique qu'aux yeux d'un connaisseur attentif. Elle avait de belles mains, mais rouges, et le plus joli pied, un pied de châtelaine. Habituellement, elle portait des robes de simple cotonnade ; mais le dimanche et les jours de fête sa mère lui permettait la soie. Ses modes, faites à Besançon, la rendaient presque laide ; tandis que sa mère essayait d'emprunter à la grâce, de la beauté, de l'élégance aux modes de Paris, d'où elle tirait les plus petites choses de sa toilette, par les soins du jeune monsieur de Soulas. Philomène n'avait jamais porté de bas de soie, ni de brodequins, mais des bas de coton et des souliers de peau. Les jours de gala, elle était vêtue d'une robe de mousseline, coiffée en cheveux, et avait des souliers en peau bronzée.

Cette éducation et l'attitude modeste de Philomène cachaient un caractère de fer. Les physiologistes et les profonds observateurs de la nature humaine vous diront, à votre grand étonnement peut-être, que, dans les familles, les humeurs, les caractères, l'esprit, le génie reparaissent à de grands intervalles, absolument comme ce qu'on appelle les maladies héréditaires Ainsi le talent, de même que la goutte, saute quelquefois de deux générations. Nous avons, de ce phénomène, un illustre exemple dans George Sand, en qui revivent la force, la puissance et le concept du maréchal de Saxe, dont elle est petite-fille naturelle. Le caractère décisif, la romanesque audace du fameux Watteville étaient revenus dans l'âme de sa petite-nièce, encore aggravés par la ténacité, par la fierté du sang des de Rupt. Mais ces qualités ou ces défauts, si vous voulez, étaient aussi profondément cachés dans cette âme de jeune fille en apparence molle et débile, que les laves bouillantes le sont sous une colline avant qu'elle ne devienne un volcan. Madame de Watteville seule soupçonnait peut-être ce legs des deux sangs. Elle se faisait si sévère pour Philomène, qu'elle répondit un jour à l'archevêque qui lui reprochait de la traiter trop durement : — Laissez-moi la conduire monseigneur, je la connais ! elle a plus d'un Belzébuth dans sa peau !

La baronne observait d'autant mieux sa fille, qu'elle y croyait son honneur de mère engagé. Enfin elle n'avait pas autre chose à faire. Clotilde de Rupt, alors âgée de trente-cinq ans et presque veuve d'un époux qui tournait des coquetiers en toute espèce de bois, qui s'acharnait à faire des cercles à six raies en bois de fer, qui fabriquait des tabatières pour sa société, coquetait en tout bien tout honneur avec Amédée de Soulas. Quand ce jeune homme était au logis, elle renvoyait et rappelait tour à tour sa fille, et tâchait de surprendre dans cette jeune âme des mouvemens de jalousie, afin d'avoir l'occasion de les dompter. Elle imitait la police dans ses rapports avec les républicains ; mais elle avait beau faire, Philomène ne se livrait à aucuneespèce d'émeute. La sèche dévote reprochait alors à sa fille sa parfaite nisensibilité. Philomène connaissait assez sa mère pour savoir que si elle eût trouvé *bien* le jeune monsieur de Soulas, elle se serait attiré quelque verte remontrance. Aussi à toutes les agaceries de sa mère, répondait-elle par ces phrases si improprement appelées jésuitiques, car les jésuites étaient forts, et ces réticences sont les chevaux de frise derrière lesquels s'abrita la faiblesse. La mère traitait alors sa fille de dissimulée. Si, par malheur, un éclat du vrai caractère de Watteville et des de Rupt se faisait jour, la mère rabattait Philomène avec le fer du respect sur l'enclume de l'obéissance passive. Ce combat secret avait lieu dans l'enceinte la plus secrète de la vie domestique, à huis clos. Le vicaire-général, ce cher abbé de Grancey, l'ami du défunt archevêque, quelque fort qu'il fût en sa qualité de grand-pénitencier du diocèse, ne pouvait pas deviner si cette lutte avait ému quelque haine entre la mère et la fille, si la mère était par avance jalouse, ou si la cour que faisait Amédée à la fille dans la personne de la mère n'avait pas outrepassé les bornes. En sa qualité d'ami de la maison, il ne confessait ni la mère ni la fille. Philomène, un peu trop battue, moralement parlant, à propos du jeune monsieur de Soulas, ne pouvait pas le souffrir, pour employer un terme du langage familier. Aussi quand il lui adressait la parole en tâchant de surprendre son cœur, le recevait-elle assez froidement. Cette répugnance, visible seulement aux yeux de sa mère, était un continuel sujet d'admonestation.

— Philomène, je ne vois pas pourquoi vour affectez tant de froideur pour Amédée, est-ce parce qu'il est l'ami de la maison, et qu'il nous plaît. *à votre père* et à moi...

— Eh ! maman, répondit un jour la pauvre enfant, si je l'accueillais bien, n'aurais-je pas plus de torts ?

— Qu'est-ce que cela signifie ? s'écria madame de Watteville. Qu'entendez-vous par ces paroles ? votre mère est injuste, peut-être, et selon vous, elle le serait dans tous les cas ? Que jamais il ne sorte plus de pareille réponse de votre bouche, à votre mère !... etc.

Cette querelle dura trois heures trois quarts, et Philomène en fit l'observation. La mère devint pâle de colère, et renvoya sa fille dans sa chambre, où Philomène étudia le sens de cette scène, sans y rien trouver, tant elle était innocente ! Ainsi, le jeune monsieur de Soulas, que toute la ville de Besançon croyait bien près du but vers lequel il tendait, cravates déployées, à coups de pots de vernis, et qui lui faisait user tant de noir à cirer les moustaches, tant de jolis gilets, de fers de chevaux et de corsets, car il portait un gilet de peau, le corset des lions ; Amédée en était plus loin que le premier venu, quoiqu'il eût pour lui le digne et noble abbé de Grancey. Philomène ne savait pas d'ailleurs encore, au moment où cette histoire commence, que le jeune comte Amédée de Souleyaz lui fût destiné.

— Madame, dit monsieur de Soulas en s'adressant à la baronne en attendant que le potage un peu trop chaud se fût refroidi et en affectant de rendre son récit quasi romanesque, un beau matin la malle-poste a jeté dans l'Hôtel National un Parisien qui, après avoir cherché des appartements, s'est décidé pour le premier étage de la maison de mademoiselle Galard, rue du Perron. Puis, l'*étranger* est allé droit à la mairie y déposer une déclaration de domicile réel et politique. Enfin il s'est fait inscrire au tableau des avocats près la cour en présentant des titres en règle, et il a mis des cartes chez tous ses nouveaux confrères, chez les officiers ministériels, chez les Conseillers de la cour et chez tous les membres du tribunal, une carte où se lisait : ALBERT SAVARON.

— Le nom de Savaron est célèbre, dit mademoiselle Philomène, qui était très-forte en science héraldique. Les Savaron de Savarus sont une des plus vieilles, des plus nobles et des plus riches de Belgique.

— Il est Français et troubadour, reprit Amédée de Soulas. S'il veut prendre les armes des Savaron de Savarus, il y mettra une barre. Il n'y a plus en Brabant qu'une demoiselle Savarus, une riche héritière à marier.

— La barre est signe de bâtardise ; mais le bâtard d'un comte de Savarus est noble, reprit Philomène.

— Assez, Philomène ! dit la baronne.

— Vous avez voulu qu'elle sût le blason, fit monsieur de Watteville, elle le sait bien !

— Continuez, Amédée.

— Vous comprenez que dans une ville où tout est classé, défini, connu, casé, chiffré, numéroté, comme à Besançon, Albert Savaron a été reçu par nos avocats sans aucune difficulté. Chacun s'est contenté de dire : Voilà un pauvre diable qui ne sait pas son Besançon. Qui diable a pu lui conseiller de venir ici ? qu'y prétend-il faire ? Envoyer sa carte chez les magistrats, au lieu d'y aller en personne, quelle faute ! Aussi, trois jours après, plus de Savaron. Il a pris pour domestique l'ancien valet de chambre de feu monsieur Galard, Jérôme, qui sait faire un peu de cuisine. On a d'autant mieux oublié Albert Savaron que personne ne l'a ni vu ni rencontré.

— Il ne va donc pas à la messe ? dit madame de Chavoncourt.

— Il y va le dimanche, à Saint-Jean, mais à la première messe, à huit heures. Il se lève toutes les nuits entre une heure et deux du matin, il travaille jusqu'à huit heures, il déjeune, et après il travaille encore. Il se promène dans le jardin, il en fait cinquante fois, soixante fois le tour ; il rentre, dîne, et se couche entre six et sept heures.

— Comment savez-vous tout cela ? dit madame de Chavoncourt à monsieur de Soulas.

— D'abord, madame, je demeure rue Neuve au coin de la rue du Perron, j'ai vue sur la maison où loge ce mystérieux personnage, puis il y a naturellement des protocoles entre mon tigre et Jérôme.

— Vous causez donc avec Babylas ?

— Que voulez-vous que je fasse dans mes promenades ?

— Eh bien ! comment avez-vous pris un étranger pour avocat ? dit la baronne en rendant ainsi la parole au vicaire général.

— Le premier président a joué le tour à cet avocat de le nommer d'office pour défendre aux assises un paysan à peu près imbécile, accusé de faux. Monsieur Savaron a fait ac-

quitter ce pauvre homme en prouvant son innocence, et démontrant qu'il avait été l'instrument des vrais coupables. Non-seulement son système a triomphé, mais il a nécessité l'arrestation de deux des témoins qui, reconnus coupables, ont été condamnés. Ses plaidoiries ont frappé la Cour et les jurés. L'un d'eux, un négociant, a confié le lendemain à monsieur Savaron un procès délicat, qu'il a gagné. Dans la situation où nous étions par l'impossibilité où se trouvait monsieur Berryer de venir à Besançon, monsieur de Garceneault nous a donné le conseil de prendre ce monsieur Albert Savaron en nous prédisant le succès. Dès que je l'ai vu, que je l'ai entendu, j'ai eu foi en lui, et je n'ai pas eu tort.

— A-t-il donc quelque chose d'extraordinaire, demanda madame de Chavoncourt.

— Oui, répondit le vicaire général.

— Eh ! bien, expliquez-nous cela, dit madame de Watteville.

La première fois que je le vis, dit l'abbé de Grancey, il me reçut dans la première pièce après l'antichambre (l'ancien salon du bonhomme Galard), qu'il a fait peindre tout en vieux chêne, et que j'ai trouvée entièrement tapissée de livres de droit contenus dans des bibliothèques également peintes en vieux bois. Cette peinture et les livres sont tout le luxe, car le mobilier consiste en un bureau de vieux bois sculpté, six vieux fauteuils en tapisserie, aux fenêtres des rideaux couleur carmélite bordés de vert, et un tapis vert sur le plancher. Le poêle de l'antichambre chauffe aussi cette bibliothèque. En l'attendant là, je ne me figurais point mon avocat sous des traits jeunes. Ce singulier cadre est vraiment en harmonie avec la figure, car monsieur Savaron est venu en robe de chambre de mérinos noir, serrée par une ceinture en corde rouge, des pantoufles rouges, un gilet de flanelle rouge, une calotte rouge.

— La livrée du diable ! s'écria madame de Watteville.

— Oui, dit l'abbé ; mais une tête superbe : cheveux noirs, mélangés déjà de quelques cheveux blancs, des cheveux comme en ont les saint Pierre et les saint Paul de nos tableaux, à boucles touffues et luisantes, des cheveux durs comme des crins, un cou blanc et rond comme celui d'une femme, un front magnifique séparé par ce sillon puissant que les grands projets, les grandes pensées, les fortes méditations inscrivent au front des grands hommes ; un teint olivâtre marbré de taches rouges, un nez carré, des yeux de feu, puis les joues creusées, marquées de deux rides longues pleines de souffrances, une bouche à sourire sarde, et un petit menton mince et trop court ; la patte d'oie aux tempes, les yeux caves, roulant sous des arcades sourcilières comme deux globes ardents ; mais, malgré tous ces indices de passions violentes, un air calme, profondément résigné, la voix d'une douceur pénétrante, et qui m'a surpris au Palais par sa facilité, la vraie voix de l'orateur, tantôt pure et rusée, tantôt insinuante et tonnant quand il le faut, puis se pliant au sarcasme, et devenant alors incisive. Monsieur Albert Savaron est de moyenne taille, ni gras ni maigre. Enfin il a des mains de prélat. La seconde fois que je suis allé chez lui, il m'a reçu dans sa chambre, qui est contiguë à cette bibliothèque, et a souri de mon étonnement quand j'y ai vu une méchante commode, un mauvais tapis, un lit de collégien, et aux fenêtres des rideaux de calicot. Il sortait de son cabinet où personne ne pénètre, m'a dit Jérôme, car il n'y entre pas et qui se contente de frapper à la porte. Monsieur Savaron a fermé lui-même cette porte à clef devant moi. La troisième fois, il déjeunait dans sa bibliothèque de la manière la plus frugale ; mais cette fois, comme il avait passé la nuit à examiner nos pièces, que j'étais avec notre avoué, que nous devions rester longtemps ensemble, et que le cher monsieur Girardet est verbeux, j'ai pu me permettre d'étudier cet étranger. Certes, ce n'est pas un homme ordinaire. Il y a plus d'un secret derrière ce masque à la fois terrible et doux, patient et impatient, plein et creusé. Je l'ai trouvé voûté légèrement, comme tous les hommes qui ont quelque chose de lourd à porter.

— Pourquoi cet homme si éloquent a-t-il quitté Paris? Dans quel dessein est-il venu à Besançon? On ne lui a donc pas dit combien les étrangers y avaient peu de chances de réussite? On s'y servira de lui, mais les Bisontins ne l'y laisseront pas se servir d'eux. Pourquoi, s'il est venu, a-t-il fait si peu de frais qu'il a fallu la fantaisie du premier président pour le mettre en évidence? dit la belle madame de Chavoncourt.

— Après avoir bien étudié cette belle tête, reprit l'abbé de Grancey qui regarda finement son interruptrice en donnant à penser qu'il taisait quelque chose, et surtout après l'avoir entendu répliquant ce matin à l'un des aigles du barreau de Paris, je pense que cet homme, qui doit avoir trente-cinq ans, produira plus tard une grande sensation...

— Pourquoi nous en occuper? Votre procès est gagné, vous l'avez payé, dit madame de Watteville en observant sa fille qui depuis que le vicaire général parlait était comme suspendue à ses lèvres.

La conversation prit un autre cours, et il ne fut plus question d'Albert Savaron.

Le portrait esquissé par le plus capable des vicaires-généraux du diocèse eut d'autant plus l'attrait d'un roman pour Philomène qu'il s'y trouvait un roman. Pour la première fois de sa vie elle rencontrait cet extraordinaire, ce merveilleux que caressent toutes les jeunes imaginations, et au-devant duquel se jette la curiosité, si vive à l'âge de Philomène. Quel être idéal que cet Albert, sombre, souffrant, éloquent, travailleur, comparé par mademoiselle de Watteville à ce gros comte joufflu, crevant de santé, diseur de fleurettes, parlant d'élégance en face de la splendeur des anciens comtes de Rupt! Amédée ne lui valait que des querelles et des remontrances, elle ne le connaissait d'ailleurs que trop, et cet Albert Savaron offrait bien des énigmes à déchiffrer.

— Albert Savaron de Savarus, répétait-elle en elle-même.

Puis le voir, l'apercevoir!... Ce fut le désir d'une fille jusque-là sans désir. Elle repassait dans son cœur, dans son image, dans sa tête, les moindres phrases dites par l'abbé de Grancey, car tous les mots avaient porté coup.

— Un beau front, se disait-elle en regardant le front de chaque homme assis à la table, je n'en vois pas un seul de beau... Celui de monsieur de Soulas est trop bombé, celui de monsieur de Grancey est beau, mais il a soixante-dix ans et n'a plus de cheveux : on ne sait plus où finit le front.

— Qu'avez-vous, Philomène? vous ne mangez pas...

— Je n'ai pas faim, maman, dit-elle. — Des mains de prélat... reprit-elle en elle-même, je ne me souviens plus de celles de notre bel archevêque, qui m'a cependant confirmée.

Enfin, au milieu des allées et venues qu'elle faisait dans le labyrinthe de sa rêverie, elle se rappela, brillant à travers les arbres des deux jardins contigus, une fenêtre illuminée qu'elle avait aperçue de son lit quand par hasard elle s'était éveillée pendant la nuit : — C'est donc sa lumière, se dit-elle. Je le pourrai voir! Je le verrai.

— Monsieur de Grancey, tout est-il fini pour le procès du chapitre? dit à brûle-pourpoint Philomène au vicaire général pendant un moment de silence.

Madame de Watteville échangea rapidement un regard avec le vicaire général.

— Et qu'est-ce que cela vous fait, ma chère enfant? dit-elle à Philomène, en y mettant une feinte douceur qui rendit sa fille circonspecte pour le reste de ses jours.

— On peut nous mener en cassation, mais nos adversaires y regarderont à deux fois, répondit l'abbé.

— Je n'aurais jamais cru que Philomène pût penser pendant tout un dîner à un procès, reprit madame de Watteville.

— Ni moi non plus, dit Philomène avec un petit air rê-

veur qui fit rire. Mais monsieur de Grancey s'en occupait tant que je m'y suis intéressée. C'est bien innocent!

On se leva de table, et la compagnie revint au salon. Pendant toute la soirée, Philomène écouta pour savoir si l'on parlerait encore d'Albert Savaron; mais hormis les félicitations que chaque arrivant adressait à l'abbé sur le gain du procès, et où personne ne mêla l'éloge de l'avocat, il n'en fut plus question. Mademoiselle de Watteville attendit la nuit avec impatience. Elle s'était promis de se lever entre deux et trois heures du matin pour voir les fenêtres du cabinet d'Albert. Quand cette heure fut venue, elle éprouva presque du plaisir à contempler la lueur que projetaient à travers les arbres, presque dépouillés de feuilles, les bougies de l'avocat. A l'aide de cette excellente vue que possède une jeune fille et que la curiosité semble étendre, elle vit Albert écrivant, elle crut distinguer la couleur de l'ameublement, qui lui parut être rouge. La cheminée élevait au-dessus du toit une épaisse colonne de fumée.

— Quand tout le monde dort, il veille... comme Dieu! se dit-elle.

L'éducation des filles comporte des problèmes si graves, car l'avenir d'une nation est dans la mère, que depuis longtemps l'université de France s'est donné la tâche de n'y point songer. Voici l'un de ces problèmes. Doit-on éclairer les jeunes filles, doit-on comprimer leur esprit? il va sans dire que le système religieux est compresseur; si vous les éclairez, vous en faites des démons avant l'âge; si vous les empêchez de penser, vous arrivez à la subite explosion si bien peinte dans le personnage d'Agnès par Molière, et vous mettez cet esprit comprimé, si neuf, si perspicace, rapide et conséquent comme la sauvage, à la merci d'un événement, crise fatale amenée chez mademoiselle de Watteville par l'imprudente esquisse que se permit à table un des plus prudents abbés du prudent chapitre de Besançon.

Le lendemain matin, Philomène de Watteville, en s'habillant, regarda nécessairement Albert Savaron se promenant dans le jardin contigu à celui de l'hôtel de Rupt.

— Que serais-je devenue, pensa-t-elle, s'il avait demeuré ailleurs? Je puis le voir. A quoi pense-t-il?

Après avoir vu, mais à distance, cet homme extraordinaire, le seul dont la physionomie tranchait vigoureusement sur la masse des figures bisontines aperçues jusqu'alors, Philomène sauta rapidement à l'idée de pénétrer dans son intérieur, de savoir les raisons de tant de mystères, d'entendre cette voix éloquente, de recevoir un regard de ces beaux yeux. Elle voulut tout cela, mais comment l'obtenir?

Pendant toute la journée, elle tira l'aiguille sur sa broderie avec cette attention obtuse de la jeune fille qui paraît, comme Agnès, ne penser à rien, et qui réfléchit si bien sur toutes choses que ses ruses sont infaillibles. De cette profonde méditation, il résulta chez Philomène une envie de se confesser. Le lendemain matin, après la messe, elle eut une petite conférence à Saint-Jean avec l'abbé Giroud, et l'entortilla si bien que la confession fut indiquée pour le dimanche matin, à sept heures et demie, avant la messe de huit heures. Elle commit une douzaine de mensonges pour pouvoir se trouver dans l'église une seule fois à l'heure où l'avocat venait entendre la messe. Enfin il lui prit un mouvement de tendresse excessif pour son père; elle l'alla voir dans son atelier, et lui demanda mille renseignements sur l'art du tourneur, pour arriver à conseiller à son père de tourner de grandes pièces, des colonnes. Après avoir lancé son père dans les colonnes torses, une des difficultés de l'art du tourneur, elle lui conseilla de profiter d'un gros tas de pierres qui se trouvait au milieu du jardin pour en faire faire une grotte, sur laquelle il mettrait un petit temple en façon de belvédère, où ses colonnes torses seraient employées et brilleraient aux yeux de toute la société.

Au milieu de la joie que cette entreprise causait à ce pauvre homme inoccupé, Philomène lui dit en l'embrassant :

— Surtout ne dis pas à ma mère de qui te vient cette idée, elle me gronderait.

— Sois tranquille, répondit monsieur de Watteville qui gémissait tout autant que sa fille sous l'oppression de la terrible fille des de Rupt.

Ainsi Philomène avait la certitude de voir promptement bâtir un charmant observatoire d'où la vue plongerait sur le cabinet de l'avocat. Et il y a des hommes pour lesquels les jeunes filles font de pareils chefs-d'œuvre de diplomatie, qui, la plupart du temps, comme Albert Savaron, n'en savent rien.

Ce dimanche, si peu patiemment attendu, vint, et la toilette de Philomène fut faite avec un soin qui fit sourire Mariette, la femme de chambre de madame et de mademoiselle de Watteville.

— Voici la première fois que je vois mademoiselle si véilleuse ! dit Mariette.

— Vous me faites penser, dit Philomène en lançant à Mariette un regard qui mit des coquelicots sur les joues de la femme de chambre, qu'il y a des jours où vous l'êtes aussi plus particulièrement qu'à d'autres.

En quittant le perron, en traversant la cour, en franchissant la porte, en allant dans la rue, le cœur de Philomène battit comme lorsque nous pressentons un grand événement. Elle ne savait pas jusqu'alors ce que c'était que d'aller par les rues : elle avait cru que sa mère lirait ses projets sur son front, et qu'elle lui défendrait d'aller à confesse, elle se sentit un sang nouveau dans les pieds, elle les leva comme si elle marchait sur du feu ! Naturellement, elle avait pris rendez-vous avec son confesseur à huit heures un quart, en disant huit heures à sa mère afin d'attendre un quart-d'heure environ auprès d'Albert. Elle arriva dans l'église avant la messe, et, après avoir fait une courte prière, elle alla voir si l'abbé Giroud était à son confessionnal, uniquement pour pouvoir flâner dans l'église. Aussi se trouva-t-elle placée de manière à regarder Albert au moment où il entra dans la cathédrale.

Il faudrait qu'un homme fût atrocement laid pour n'être pas trouvé beau dans les dispositions où la curiosité mettait mademoiselle de Watteville. Or, Albert Savaron, déjà très remarquable, fit d'autant plus d'impression sur Philomène que sa manière d'être, sa démarche, son attitude, tout, jusqu'à son vêtement, avait ce je ne sais quoi qui ne s'explique que par le mot *mystère !* Il entra. L'église, jusquelà sombre, parut à Philomène comme éclairée. La jeune fille fut charmée par cette démarche lente et presque solennelle des gens qui portent un monde sur leurs épaules, et dont le regard profond, dont le geste, s'accordent à exprimer une pensée ou dévastatrice ou dominatrice. Philomène comprit alors les paroles du vicaire général dans toute leur étendue. Oui, ces yeux d'un jaune brun diaprés de filets d'or voilaient une ardeur qui se trahissait par des jets soudains. Philomène, avec une imprudence que remarqua Mariette, se mit sur le passage de l'avocat de manière à échanger un regard avec lui ; et ce regard cherché lui changea le sang, car son sang frémit et bouillonna comme si sa chaleur eût doublé. Dès qu'Albert se fut assis, mademoiselle de Watteville eut bientôt choisi une place de manière à le parfaitement voir pendant tout le temps que lui laisserait l'abbé Giroud. Quand Mariette dit : — Voilà monsieur Giroud, il parut à Philomène que le temps n'avait pas duré plus de quelques minutes. Lorsqu'elle sortit du confessionnal, la messe était dite, Albert avait quitté la cathédrale.

— Le vicaire général a raison, pensait-elle, *il* souffre ! Pourquoi cet aigle, car il a des yeux d'aigle, est-il venu s'abattre sur Besançon ? Oh ! je veux tout savoir ; et comment ?

Sous le feu de ce nouveau désir, Philomène tira les points de sa tapisserie avec une admirable exactitude, et voilà ses méditations sous un petit air candide qui jouait la niaiserie à tromper madame de Watteville. Depuis le dimanche où mademoiselle de Watteville avait reçu ce regard, ou, si vous voulez, ce baptême de feu, magnifique expression de Napoléon qui peut servir à l'amour, elle mena chaudement l'affaire du belvédère.

— Maman, dit-elle une fois qu'il y eut deux colonnes de tournées, mon père s'est mis en tête une singulière idée ; il tourne des colonnes pour un belvédère qu'il a le projet de faire élever au-dessus de ce tas de pierres qui se trouve au milieu du jardin ; approuvez-vous cela ? Moi il me semble que...

— J'approuve tout ce que fait votre père, répliqua sèchement madame de Watteville, et c'est le devoir des femmes de se soumettre à leurs maris, quand même elles n'en approuveraient point les idées... Pourquoi m'opposerais-je à une chose indifférente en elle-même, du moment où elle amuse monsieur de Watteville ?

— Mais c'est que de là nous verrons chez monsieur de Soulas, et monsieur de Soulas nous y verra quand nous y serons. Peut-être parlerait-on...

— Avez-vous, Philomène, la prétention de conduire vos parens, et d'en savoir plus qu'eux sur la vie et sur les convenances ?

— Je me tais, maman. Au surplus, mon père dit que la grotte sera une salle où l'on aura frais, et où l'on ira prendre le café.

— Votre père a eu là d'excellentes idées, répondit madame de Watteville, qui voulut aller voir les colonnes.

Elle donna son approbation au projet du baron de Watteville en indiquant pour l'érection du monument une place au fond du jardin d'où l'on n'était pas vu de chez monsieur de Soulas, mais d'où l'on voyait admirablement chez monsieur Albert Savaron. Un entrepreneur fut mandé qui se chargea de faire une grotte au sommet de laquelle on parviendrait par un petit chemin de trois pieds de large, dans les rocailles duquel viendraient des pervenches, des iris, des viornes, des lierres, des chèvrefeuilles, de la vigne vierge. La baronne inventa de faire tapisser l'intérieur de la grotte en bois rustique, alors à la mode pour les jardinières, de mettre au fond une glace, un divan à couvercle, et une table en marqueterie de bois grume. Monsieur de Soulas proposa de faire le sol en asphalte. Philomène imagina de suspendre à la voûte un lustre en bois rustique.

— Les Watteville font faire quelque chose de charmant dans leur jardin, disait-on dans Besançon.

— Ils sont riches, ils peuvent bien mettre mille écus pour une fantaisie.

— Mille écus ?... dit madame de Chavoncourt.

— Oui, mille écus ! s'écriait le jeune monsieur de Soulas. On fait venir un homme de Paris pour rustiquer l'intérieur, mais ce sera bien joli. Monsieur de Watteville fait lui-même le lustre, il se met à sculpter le café...

— On dit que Berquet va creuser une cave, dit un abbé.

— Non, reprit le jeune monsieur de Soulas, il fonde le kiosque sur un massif en béton pour qu'il n'y ait pas d'humidité.

— Vous savez les moindres choses qui se font dans la maison, dit aigrement madame de Chavoncourt en regardant une de ses grandes filles bonne à marier depuis un an.

Mademoiselle de Watteville, qui éprouvait un petit mouvement d'orgueil en pensant au succès de son belvédère, se reconnut une éminente supériorité sur tout ce qui l'entourait. Personne ne devinait qu'une petite fille jugée sans esprit, niaise, avait tout bonnement voulu voir de plus près le cabinet de l'avocat Savaron.

L'éclatante plaidoirie d'Albert Savaron pour le chapitre de la cathédrale fut d'autant plus promptement oubliée que l'envie des avocats se réveilla. D'ailleurs, fidèle à sa retraite, Savaron ne se montra nulle part. Sans prôneurs et ne voyant personne, il augmenta les chances d'oubli qui, dans une ville comme Besançon, abondent pour un étranger. Néanmoins, il plaida trois fois au tribunal de commerce, dans trois affaires épineuses qui durent aller à la cour. Il eut ainsi pour clients quatre des plus gros négocians de la ville, qui reconnurent en lui tant de sens et de ce que la province appelle *une bonne judiciaire*, qu'ils lui confièrent leur contentieux. Le jour où la maison Watteville inaugura son belvédère, Savaron élevait aussi son monument. Grâce aux relations sourdes qu'il s'était acquises dans le haut commerce de Besançon, il y fondait une Revue de quinzaine, appelée la *Revue de l'Est*, au moyen de quarante actions de chacune cinq cents francs, placées entre les mains de ses dix premiers clients, auxquels il fit sentir la nécessité d'aider aux destinées de Besançon, la ville où devait se fixer le transit entre Mulhouse et Lyon, le point capital entre le Rhin et le Rhône.

Pour rivaliser avec Strasbourg, Besançon ne devait-il pas être aussi bien un centre de lumières qu'un point commercial? On ne pouvait traiter que dans une Revue les hautes questions relatives aux intérêts de l'Est. Quelle gloire de ravir à Strasbourg et à Dijon leur influence littéraire, d'éclairer l'Est de la France, et de lutter avec la centralisation parisienne. Ces considérations trouvées par Albert furent redites par les dix négocians qui se les attribuèrent.

L'avocat Savaron ne commit pas la faute de se mettre en nom, il laissa la direction financière à son premier client, monsieur Boucher, allié par sa femme à l'un des plus forts éditeurs de grands ouvrages ecclésiastiques ; mais il se réserva la rédaction avec une part comme fondateur dans les bénéfices. Le commerce fit un appel à Dôle, à Dijon, à Salins, à Neufchâtel, dans le Jura, Bourg, Nantua, Lons-le-Saulnier. On y réclama le concours des lumières et des efforts de tous les hommes studieux des trois provinces du Bugey, de la Bresse et de la Comté. Grâce aux relations de commerce et de confraternité, cent cinquante abonnemens furent pris, eu égard au bon marché : la Revue coûtait huit francs par trimestre. Pour éviter de froisser les amourspropres de province par les refus d'articles, l'avocat eut le bon esprit de faire désirer la direction littéraire de cette Revue au fils aîné de monsieur Boucher, jeune homme de vingt-deux ans, très-avide de gloire, à qui les piéges et les chagrins de la manutention littéraire étaient entièrement inconnus. Albert conserva secrètement la haute main, et se fit d'Alfred Boucher un séide. Alfred fut la seule personne de Besançon avec laquelle se familiarisa le roi du barreau. Alfred venait conférer le matin dans le jardin avec Albert sur les matières de la livraison. Il est inutile de dire que le numéro d'essai contint une *Méditation* d'Alfred qui eut l'approbation de Savaron. Dans sa conversation avec Alfred, Albert laissait échapper de grandes idées, des sujets d'articles dont profitait le jeune Boucher. Aussi le fils du négociant croyait-il exploiter ce grand homme ! Albert était un homme de génie, un profond politique pour Alfred. Les négocians, enchantés du succès de la Revue, n'eurent à verser que trois dixièmes de leurs actions. Encore deux cents abonnemens, la Revue allait donner cinq pour cent de dividende à ses actionnaires, la rédaction n'étant pas payée. Cette rédaction était impayable.

Au troisième numéro, la Revue avait obtenu l'échange avec tous les journaux de France qu'Albert lisait alors chez lui. Ce troisième numéro contenait une Nouvelle, signée A. S., et attribuée au fameux avocat. Malgré le peu d'attention que la haute société de Besançon accordait à cette Revue accusée de libéralisme, il fut question chez madame de Chavoncourt, au milieu de l'hiver, de cette première Nouvelle éclose dans la Comté.

— Mon père, dit Philomène, s'il se fait une Revue à Besançon, tu devrais bien t'y abonner et la garder chez toi, car maman ne me la laisserait pas lire, mais tu me la prêteras.

Empressé d'obéir à sa chère Philomène, qui depuis cinq mois lui donnait des preuves de tendresse, monsieur de Watteville alla prendre lui même un abonnement d'un an à la *Revue de l'Est*, et prêta les quatre numéros parus à sa fille. Pendant la nuit Philomène put dévorer cette Nouvelle, la première qu'elle lût de sa vie ; mais elle ne se sentait vivre que depuis deux mois! Aussi ne faut-il pas juger de l'effet que cette œuvre dut produire sur elle d'après les données ordinaires. Sans rien préjuger du plus ou du moins de mérite de cette composition due à un Parisien qui apportait en province la manière, l'éclat, si vous voulez, de la nouvelle école littéraire, elle ne pouvait point ne pas être un chef-d'œuvre pour une jeune personne livrant sa vierge intelligence, son cœur pur à un premier ouvrage de ce genre. D'ailleurs, sur ce qu'elle en avait entendu dire, Philomène s'était fait, par intuition, une idée qui rehaussait singulièrement la valeur de cette Nouvelle. Elle espérait y trouver les sentimens et peut-être quelque chose de la vie d'Albert. Dès les premières pages, cette opinion prit chez elle une si grande consistance, qu'après avoir achevé ce fragment, elle eut la certitude de ne pas se tromper. Voici donc cette confidence où, selon les critiques du salon Chavoncourt, Albert aurait imité quelques-uns des écrisains modernes qui, faute d'invention, racontent leurs propres joies, leurs propres douleurs, ou les événemens mystérieux de leur existence.

—

L'AMBITIEUX PAR AMOUR.

En 1823, deux jeunes gens qui s'étaient donné pour thème de voyage de parcourir la Suisse, partirent de Lucerne par une belle matinée du mois de juillet, sur un bateau que conduisaient trois rameurs, et allaient à Fluelen en se promettant de s'arrêter sur le lac des Quatre-Cantons à tous les lieux célèbres. Les paysages qui de Lucerne à Fluelen environnent les eaux, présentent toutes les combinaisons que l'imagination la plus exigeante puisse demander aux montagnes et aux rivières, aux lacs et aux rochers, aux ruisseaux et à la verdure, aux arbres et aux torrens. C'est tantôt d'austères solitudes et de gracieux promontoires, des vallées coquettes et fraîches, des forêts placées comme un panache sur le granit taillé droit, des baies solitaires et fraîches qui s'ouvrent, des vallées dont les trésors apparaissent, embellies par le lointain des rêves.

En passant devant le charmant bourg de Gersau, l'un des deux amis regarda longtemps une maison en bois qui paraissait construite depuis peu de temps, entourée d'un palis, assise sur un promontoire et presque baignée par les eaux. Quand le bateau passa devant, une tête de femme s'éleva du fond de la chambre qui se trouvait au dernier étage de cette maison, pour jouir de l'effet du bateau sur le lac. L'un des jeunes gens reçut le coup d'œil jeté très-indifféremment par l'inconnue.

— Arrêtons-nous ici, dit-il à son ami, nous voulions faire de Lucerne notre quartier-général pour visiter la Suisse, tu ne trouveras pas mauvais, Léopold, que je change d'avis, et que je reste ici à garder les manteaux. Tu feras tout ce que tu voudras, moi mon voyage est fini. Mariniers, virez de bord, et descendez-nous à ce village, nous allons y déjeuner. J'irai chercher à Lucerne tous nos bagages, et tu sauras, avant de partir d'ici, dans quelle maison je me logerai, pour m'y retrouver à ton retour.

— Ici ou à Lucerne, dit Léopold, il n'y a pas assez de différence pour que je trouve d'obéir à un caprice.

Ces deux jeunes gens étaient deux amis dans la véritable accep*tion du mot. Ils avaient le même âge, leurs études s'étaient faites dans le même collège ; après avoir fini leur Droit, ils employaient les vacances au classique voyage de la Suisse. Par un effet de la volonté paternelle, Léopold était déjà promis à l'Étude d'un notaire à Paris. Son esprit de rectitude, sa douceur, le calme de ses sens et de son intelligence garantissaient sa docilité. Léopold se voyait notaire à Paris : sa vie était devant lui comme un de ces grands chemins qui traversent une plaine de France, il l'embrassait dans toute son étendue avec une résignation pleine de philosophie.

Le caractère de son compagnon, que nous appellerons Rodolphe, offrait le sien un contraste dont l'antagonisme avait sans doute eu pour résultat de resserrer les liens qui les unissaient. Rodolphe était le fils naturel d'un grand seigneur qui fut surpris par une mort prématurée sans avoir pu faire de dispositions pour assurer des moyens d'existence à une femme tendrement aimée et à Rodolphe. Ainsi trompée par un coup du sort, la mère de Rodolphe avait eu recours à un moyen héroïque. Elle vendit tout ce qu'elle tenait de la munificence du père de son enfant, fit une somme de cent et quelque mille francs, la plaça sur sa propre tête en viager, à un taux considérable, et se composa de cette manière un revenu d'environ quinze mille francs, en prenant la résolution de tout consacrer à l'éducation de son fils afin de le douer des avantages personnels les plus propres à faire fortune, et de lui réserver à force d'économies un capital à l'époque de sa majorité. C'était hardi, c'était compter sur sa propre vie; mais sans cette hardiesse, il eût été sans doute impossible à cette bonne mère de vivre, d'élever convenablement cet enfant, son seul espoir, son avenir, et l'unique source de ses jouissances. Né d'une des plus charmantes Parisiennes et d'un homme remarquable de l'aristocratie brabançonne, fruit d'une passion égale et partagée, Rodolphe fut affligé d'une excessive sensibilité. Dès son enfance, il avait manifesté la plus grande ardeur en toute chose. Chez lui, le désir devint une force supérieure et le mobile de tout l'être, le stimulant de l'imagination, la raison de ses actions. Malgré les efforts d'une mère spirituelle, qui s'effraya dès qu'elle s'aperçut d'une pareille prédisposition, Rodolphe désirait comme un poëte imagine, comme un savant calcule, comme un peintre crayonne, comme un musicien formule des mélodies. Tendre comme sa mère, il s'élançait avec une violence inouïe et par la pensée vers la chose souhaitée, il dévorait le temps. En rêvant l'accomplissement de ses projets, il supprimait toujours les moyens d'exécution.

— Quand mon fils aura des enfans, disait la mère, il les voudra grands tout de suite.

Cette belle ardeur, convenablement dirigée, servit à Rodolphe à faire de brillantes études, à devenir ce que les Anglais appellent un parfait gentilhomme. Sa mère était alors fière de lui, tout en craignant toujours quelque catastrophe, si jamais une passion s'emparait de ce cœur, à la fois si tendre et si sensible, si violent et si bon. Aussi cette prudente femme avait-elle encouragé l'amitié qui liait Léopold à Rodolphe et Rodolphe à Léopold, en voyant, dans le froid et dévoué notaire, un tuteur, un confident qui pourrait jusqu'à un certain point le remplacer auprès de Rodolphe, si par malheur elle venait à lui manquer. Encore belle à quarante trois ans, la mère de Rodolphe avait inspiré la plus vive passion à Léopold. Cette circonstance rendait les deux jeunes gens encore plus intimes.

Léopold, qui connaissait bien Rodolphe, ne fut donc pas surpris de le voir, à propos d'un regard jeté sur le haut d'une maison, s'arrêtant à un village, et renonçant à l'excursion projetée au Saint-Gothard. Pendant qu'on leur préparait à déjeuner à l'auberge du Cygne, les deux amis firent le tour du village et arrivèrent dans la partie qui avoisinait la charmante maison neuve où, tout en flânant et causant avec les habitans, Rodolphe découvrit une maison de petits bourgeois disposés à le prendre en pension, selon l'usage général de la Suisse. On lui offrit une chambre ayant vue sur le lac, sur les montagnes, et d'où se découvrait la magnifique vue d'un de ces prodigieux détours qui recommandent le lac des Quatre-Cantons à l'admiration des touristes. Cette maison se trouvait séparée par un carrefour et par un petit port, de la maison neuve où Rodolphe avait entrevu le visage de sa belle inconnue.

Pour cent francs par mois, Rodolphe n'eut à penser à aucune des choses nécessaires à la vie. Mais en considération des frais que les époux Stopfer se proposaient de faire, ils demandèrent le paiement du troisième mois d'avance. Pour peu que vous frottiez un Suisse, il reparaît un usurier. Après le déjeuner, Rodolphe s'installa le champ en déposant dans sa chambre ce qu'il avait emporté d'effets pour son excursion au Saint-Gothard, et il regarda passer Léopold qui, par esprit d'ordre, allait s'acquitter de l'excursion pour le compte de Rodolphe et pour le sien. Quand Rodolphe, assis sur une roche tombée en avant du bord ne

vit plus le bateau de Léopold, il examina, mais en dessous, la maison neuve en espérant apercevoir l'inconnue. Hélas! il rentra sans que la maison eût donné signe de vie. Au dîner que lui offrirent monsieur et madame Stopfer, anciens tonneliers à Neufchâtel, il les questionna sur les environs, et finit par apprendre tout ce qu'il voulait savoir sur l'inconnue, grâce au bavardage de ses hôtes qui vidèrent, sans se faire prier, le sac aux commérages.

L'inconnue s'appelait Fanny Lovelace. Ce nom, qui se prononce Loveless, appartient à de vieilles familles anglaises; mais Richardson en a fait une création dont la célébrité nuit à toute autre. Miss Lovelace était venue s'établir sur le lac pour la santé de son père, à qui les médecins avaient ordonné l'air du canton de Lucerne. Ces deux Anglais, arrivés sans autre domestique qu'une petite fille de quatorze ans, très-attachée à miss Fanny, une petite muette qui la servait avec intelligence, s'étaient arrangés, avant l'hiver dernier, avec monsieur et madame Bergmann, anciens jardiniers en chef de Son Excellence le comte Borroméo à l'isola Bella et à l'isola Madre, sur le lac Majeur. Ces Suisses, riches d'environ mille écus de rentes, louaient l'étage supérieur de leur maison aux Lovelace à raison de deux cents francs par an pour trois ans. Le vieux Lovelace, vieillard nonagénaire très-cassé, trop pauvre pour se permettre certaines dépenses, sortait rarement; sa fille travaillait pour le faire vivre en traduisant, disait-on, des livres anglais et faisant elle-même des livres. Aussi les Lovelace n'osaient-ils ni louer de bateaux pour se promener sur le lac, ni chevaux, ni guides pour visiter les environs. Un dénûment qui exige de pareilles privations excite d'autant plus la compassion des Suisses, qu'ils y perdent une occasion de gain. La cuisinière de la maison nourrissait ces trois Anglais à raison de cent francs par mois tout compris. Mais on croyait dans tout Gersau que les anciens jardiniers, malgré leurs prétentions à la bourgeoisie, se cachaient sous le nom de leur cuisinière pour réaliser les bénéfices de ce marché. Les Bergmann s'étaient créé d'admirables jardins, une serre magnifique autour de leur habitation. Les fleurs, les fruits, les raretés botaniques de cette habitation, avaient déterminé la jeune miss Fanny, qui, le dernier enfant de ce vieillard, devait être adulée par lui. Il n'y avait pas plus de deux mois, elle s'était procuré un piano à loyer, venu de Lucerne, car elle paraissait folle de musique.

— Elle aime les fleurs et la mu ique, pensa Rodolphe, et elle est à marier? quel bonheur!

Le lendemain, Rodolphe fit demander la permission de visiter les serres et les jardins, qui commençaient à jouir d'une certaine célébrité. Cette permission ne fut pas immédiatement accordée. Ces anciens jardiniers demandèrent, chose étrange! à voir le passeport de Rodolphe, qui l'envoya sur-le-champ. Le passeport ne lui fut renvoyé que le lendemain par la cuisinière, qui lui fit part du plaisir que ses maîtres auraient à lui montrer leur établissement. Rodolphe n'alla pas chez les Bergmann sans un certain tressaillement que connaissent seuls les gens à émotions vives, et qui déploient dans un moment autant de passion que certains hommes en dépensent toute leur vie. Mis avec recherche pour plaire aux anciens jardiniers des îles Borromées, car il vit en eux les gardiens de son trésor, il parcourut les jardins en regardant de temps en temps la maison, mais avec prudence: les deux vieux propriétaires lui témoignaient une assez visible défiance. Mais son attention fut bientôt excitée par la petite Anglaise muette en qui sa sagacité, quoique jeune encore, lui fit reconnaître une fille de l'Afrique, ou tout au moins une Sicilienne. Cette petite fille avait le ton doré d'un cigare de la Havane, des yeux de feu, des paupières arméniennes à cils d'une longueur anti-britannique, des cheveux plus que noirs, et sous cette peau presque olivâtre des nerfs d'une force singulière, d'une vivacité fébrile. Elle jetait sur Rodolphe des regards inquisiteurs d'une effronterie incroyable, et suivait ses moindres mouvemens.

— A qui cette petite Moresque appartient-elle? dit-il à la respectable madame Bergmann.

(Extrait de la *Comédie humaine*.)

— Aux Anglais, répondit monsieur Bergmann.

— Elle n'est toujours pas née en Angleterre !

— Ils l'auront peut-être amenée des Indes, répondit madame Bergmann.

— On m'a dit que la jeune miss Lovelace aimait la musique, je serais enchanté si, pendant mon séjour sur ce lac auquel me condamne une ordonnance de médecin, elle voulait me permettre de faire de la musique avec elle...

— Ils ne reçoivent et ne veulent voir personne, dit le vieux jardinier.

Rodolphe se mordit les lèvres, et sortit sans avoir été invité à entrer dans la maison, ni avoir été conduit dans la partie du jardin qui se trouvait entre la façade et le bord du promontoire. De ce côté, la maison avait au-dessus du premier étage une galerie en bois couverte par le toit dont la saillie était excessive, comme celle des couvertures de chalet, et qui tournait sur les quatre côtés du bâtiment, à la mode suisse. Rodolphe avait beaucoup loué cette élégante disposition, et vanté la vue de cette galerie, mais ce fut en vain. Quand il eut salué les Bergmann, il se trouva sot vis-à-vis de lui-même ; comme tout homme d'esprit et d'imagination trompé par l'insuccès d'un plan à la réussite duquel il a cru.

Le soir, il se promena naturellement en bateau sur le lac, autour de ce promontoire, il alla jusqu'à Brünnen, à Schwitz, et revint à la nuit tombante. De loin il aperçut la fenêtre ouverte et fortement éclairée, il put entendre les sons du piano et les accens d'une voix délicieuse. Aussi fit-il arrêter afin de s'abandonner au charme d'écouter un air italien divinement chanté. Quand le chant eut cessé, Rodolphe aborda, renvoya la barque et les deux bateliers. Au risque de se mouiller les pieds, il vint s'asseoir sous le banc de granit rongé par les eaux que couronnait une forte haie d'acacias épineux, et le long de laquelle s'étendait, dans le jardin Bergmann, une allée de jeunes tilleuls. Au bout d'une heure, il entendit parler et marcher au-dessus de sa tête, mais les mots qui parvinrent à son oreille étaient tous italiens et prononcés par deux voix de femmes, deux jeunes femmes. Il profita du moment où les deux interlocutrices se trouvaient à une extrémité pour se glisser à l'autre sans bruit. Après une demi-heure d'efforts, il atteignit au bout de l'allée et put, sans être aperçu ni entendu, prendre une position d'où il verrait les deux femmes sans être vu par elles quand elles viendraient à lui. Quel ne fut pas l'étonnement de Rodolphe en reconnaissant la petite muette pour une des deux femmes : elle parlait en italien avec miss Lovelace. Il était alors onze heures du soir. Le calme était si grand sur le lac et autour de l'habitation, que ces deux femmes devaient se croire en sûreté : dans tout Gersau il n'y avait que leurs yeux qui pussent être ouverts. Rodolphe pensa que le mutisme de la petite était une ruse nécessaire. À la manière dont se parlait l'italien, Rodolphe devina que c'était la langue maternelle de ces deux femmes ; il en conclut que la qualité d'Anglais cachait une ruse.

— C'est des Italiens réfugiés, se dit-il, des proscrits qui sans doute ont à craindre la police de l'Autriche ou de la Sardaigne. Là jeune fille attend la nuit pour pouvoir se promener et causer en toute sûreté.

Aussitôt il se coucha le long de la haie et rampa comme un serpent pour trouver un passage entre deux racines d'acacia. Au risque d'y laisser son habit ou de se faire de profondes blessures au dos, il traversa la haie quand la prétendue miss Fanny et sa prétendue muette furent à l'autre extrémité de l'allée ; puis quand elles arrivèrent à vingt pas de lui sans le voir, car il se trouvait dans l'ombre de la haie alors fortement éclairée par la lueur de la lune, il se leva brusquement.

— Ne craignez rien, dit-il en français à l'Italienne, je ne suis pas un espion. Vous êtes des réfugiés, je l'ai deviné. Moi, je suis un Français qu'un seul de vos regards a cloué à Gersau.

Rodolphe, atteint par la douleur que lui causa un instrument d'acier en lui déchirant le flanc, tomba terrassé.

— Nel lago con pietra, dit la terrible muette.

— Ah ! Gina ! s'écria l'Italienne.

— Elle m'a manqué, dit Rodolphe en retirant de la plaie un stylet qui s'était heurté contre une fausse côte ; mais, un peu plus haut, il allait au fond de mon cœur. J'ai eu tort, Francesca, dit-il en se souvenant du nom que la petite Gina avait plusieurs fois prononcé : je ne lui en veux pas, ne la grondez point : le bonheur de vous parler vaut bien un coup de stylet ! Seulement, montrez-moi le chemin, il faut que je regagne la maison Stopfer. Soyez tranquilles, je ne dirai rien.

Francesca, revenue de son étonnement, aida Rodolphe à se relever, et dit quelques mots à Gina dont les yeux s'emplirent de larmes. Les deux femmes forcèrent Rodolphe à s'asseoir sur un banc, à quitter son habit, son gilet, sa cravate. Gina ouvrit la chemise et suça fortement la plaie. Francesca, qui lui avait quitté son habit, revint avec un large morceau de taffetas d'Angleterre, et l'appliqua sur la blessure.

— Vous pourrez aller ainsi jusqu'à votre maison, reprit-elle. Chacune d'elle s'empara d'un bras, et Rodolphe fut conduit à une petite porte dont la clef se trouvait dans la poche du tablier de Francesca.

— Gina parle-t-elle français ? dit Rodolphe à Francesca.

— Non. Mais ne vous agitez pas, dit Francesca d'un petit ton d'impatience.

— Laissez-moi vous voir, répondit Rodolphe avec attendrissement, car peut-être serai-je longtemps sans pouvoir venir...

Il s'appuya sur un des poteaux de la petite porte et contempla la belle Italienne, qui se laissa regarder pendant un instant par le plus beau silence et par la plus belle nuit qui jamais ait éclairé ce lac, le roi des lacs suisses. Francesca était bien l'Italienne classique, et telle que l'imagination veut, fait ou rêve, si vous voulez, les Italiennes. Ce qui saisit tout d'abord Rodolphe, ce fut l'élégance et la grâce de la taille, dont la vigueur se trahissait malgré son apparence frêle, tant elle était souple. Une pâleur d'ambre répandue sur la figure accusait un intérêt subit, mais qui n'effaçait pas la volupté de deux yeux humides et d'un noir velouté. Deux mains, les plus belles que jamais sculpteur grec ait attachées aux bras nuds d'une statue, tenaient le bras de Rodolphe ; et leur blancheur tranchait sur le noir de l'habit. L'imprudent Français ne put qu'entrevoir la forme ovale un peu longue du visage dont la bouche attristée, entr'ouverte, laissait voir des dents éclatantes entre deux larges lèvres fraîches et colorées. La beauté des lignes de ce visage garantissait à Francesca la durée de cette splendeur ; mais ce qui frappa le plus Rodolphe fut l'adorable laisser-aller, la franchise italienne de cette femme qui s'abandonnait entièrement à sa compassion.

Francesca dit un mot à Gina, qui donna son bras à Rodolphe jusqu'à la maison Stopfer, et se sauva comme une hirondelle quand elle eut sonné.

— Ces patriotes n'y vont pas de main morte ! se disait Rodolphe, en sentant ses souffrances quand il se trouva seul dans son lit. Nel lago ! Gina m'aurait jeté dans le lac avec une pierre au cou !

Au jour, il envoya chercher à Lucerne le meilleur chirurgien ; et quand il fut venu, il lui recommanda le plus profond secret en lui faisant entendre que l'honneur l'exigeait. Léopold revint de son excursion le jour où son ami quittait le lit. Rodolphe lui fit un conte et le chargea d'aller à Lucerne chercher les bagages et leurs lettres. Léopold apporta la plus funeste, la plus horrible nouvelle : la mère de Rodolphe était morte. Pendant que les deux amis allaient de Bâle à Lucerne, la fatale lettre, écrite par le père de Léopold, y était arrivée le jour de leur départ pour Fluelen. Malgré les précautions que prit Léopold, Rodolphe fut saisi par une fièvre nerveuse. Quand il vit son ami hors de danger, il partit pour la France muni d'une procuration. Rodolphe put ainsi rester à Gersau, le seul lieu du monde où sa douleur pouvait se calmer. La situation du jeune Français, son désespoir, et les circonstances qui rendaient cette perte plus affreuse pour lui que pour tout autre, furent connues et attirèrent sur lui la compassion et l'intérêt de tout Gersau. Chaque matin, la fausse muette vint voir le Français, afin de donner des nouvelles à sa maîtresse.

Quand Rodolphe put sortir, il alla chez les Bergmann remercier miss Fanny Lovelace et son père de l'intérêt qu'ils lui avaient témoigné. Pour la première fois depuis son établissement chez les Bergmann, le vieil Italien laissa pénétrer un étranger dans son appartement, où Rodolphe fut reçu avec une cordialité due et à ses malheurs et à sa qualité de Français, qui excluait toute défiance. Francesca se montra si belle aux lumières pendant la première soirée, qu'elle fit entrer un rayon dans ce cœur abattu. Ses sourires jetèrent les roses de l'espérance sur ce deuil. Elle chanta, non point des airs gais, mais de graves et sublimes mélodies appropriées à l'état du cœur de Rodolphe qui remarqua ce soin touchant. Vers huit heures, le vieillard laissa ces deux jeunes gens seuls sans aucune apparence de crainte, et se retira chez lui. Quand Francesca fut fatiguée de chanter, elle amena Rodolphe sous la galerie extérieure, d'où se découvrait le sublime spectacle du lac, et lui fit signe de s'asseoir près d'elle sur un banc de bois rustique.

— Y a-t-il de l'indiscrétion à vous demander votre âge, cara Francesca? fit Rodolphe.

— Dix-neuf ans, répondit-elle, mais passés.

— Si quelque chose au monde pouvait atténuer ma douleur, ce serait, reprit-il, l'espoir de vous obtenir de votre père. En quelque situation de fortune que vous soyez, belle comme vous êtes, vous me paraissez plus riche que ne le serait la fille d'un prince. Aussi tremblé-je en vous faisant l'aveu des sentiments que vous m'avez inspirés; mais ils sont profonds, ils sont éternels.

— Zitto! fit Francesca en mettant un des doigts de sa main droite sur ses lèvres. N'allez pas plus loin : je ne suis pas libre, je suis mariée depuis trois ans...

Un profond silence régna pendant quelques instans entre eux. Quand l'Italienne, effrayée de la pose de Rodolphe, s'approcha de lui, elle le trouva tout à fait évanoui.

— Povero! se dit-elle, moi qui le trouvais froid.

Elle alla chercher des sels, et ranima Rodolphe en les lui faisant respirer.

— Mariée! dit Rodolphe en regardant Francesca. Ses larmes coulèrent alors en abondance.

— Enfant, dit-elle, il y a de l'espoir. Mon mari a...

— Quatre-vingts ans?... dit Rodolphe.

— Non, répondit-elle en souriant, soixante-cinq. Il s'est fait un masque de vieillard pour déjouer la police.

— Chère, dit Rodolphe, encore quelques émotions de ce genre et je mourrais... Après vingt années de connaissance seulement, vous saurez quelle est la force et la puissance de mon cœur, de quelle nature sont ses aspirations vers le bonheur. Cette plante ne monte pas avec plus de vivacité pour s'épanouir aux rayons du soleil, en me montrant un jasmin de Virginie qui enveloppait la balustrade, que je ne me suis attaché depuis un mois à vous. Je vous aime seul. Cet amour sera le principe secret de ma vie, et j'en mourrai peut-être!

— Oh! Français, Français! fit-elle en commentant son exclamation par une petite moue d'incrédulité.

— Ne faudra-t-il pas vous attendre, vous recevoir des mains du Temps? reprit-il avec gravité. Mais, sachez-le : si vous êtes sincère dans la parole qui vient de vous échapper, je vous attendrai fidèlement sans laisser aucun autre sentiment croître dans mon cœur.

Elle le regarda sournoisement.

— Rien, dit-il, pas même une fantaisie. J'ai ma fortune à faire, il vous en faut une splendide, la nature vous a créé princesse...

A ce mot, Francesca ne put retenir un faible sourire qui donna l'expression la plus ravissante à son visage, quelque chose de fin comme ce que le grand Léonard a si bien

point dans la Joconde. Ce sourire fit faire une pause à Rodolphe.

—... Oui, reprit-il, vous devez souffrir du dénûment auquel vous réduit l'exil. Ah! si vous vouliez me rendre heureux entre tous les hommes, et sanctifier mon amour, vous me traiterez en ami. Ne dois-je pas être votre ami aussi? Ma pauvre mère m'a laissé soixante mille francs d'économies, prenez-en la moitié?

Francesca le regarda fixement. Ce regard perçant alla jusqu'au fond de l'âme de Rodolphe.

— Nous n'avons besoin de rien, mes travaux suffisent à notre luxe, répondit-elle d'une voix grave.

— Puis-je souffrir qu'une Francesca travaille? s'écria-t-il. Un jour vous reviendrez dans votre pays, et vous y retrouverez ce que vous y avez laissé... De nouveau la jeune Italienne regarda Rodolphe... Et vous me rendrez ce que vous aurez daigné m'emprunter, ajouta-t-il avec un regard plein de délicatesse.

— Laissons ce sujet de conversation, dit-elle avec une incomparable noblesse de geste, de regard et d'attitude. Faites une brillante fortune, soyez un des hommes remarquables de votre pays, je le veux. L'illustration est un pont-volant qui peut servir à franchir un abîme. Soyez ambitieux, il le faut. Je vous crois de hautes et de puissantes facultés; mais servez-vous-en plus pour le bonheur de l'humanité que pour me mériter : vous en serez plus grand à mes yeux.

Dans cette conversation qui dura deux heures, Rodolphe découvrit en Francesca l'enthousiasme des idées libérales et ce culte de la liberté qui avait fait la triple révolution de Naples, du Piémont et d'Espagne. En sortant, il fut conduit jusqu'à la porte par Gina, la fausse muette. A onze heures, personne ne rôdait dans ce village, aucune indiscrétion n'était à craindre, Rodolphe attira Gina dans un coin, et lui demanda tout bas en mauvais italien : — Qui sont tes maîtres, mon enfant! dis-le moi, je te donnerai cette pièce d'or toute neuve.

— Monsieur, répondit l'enfant en prenant la pièce, monsieur est le fameux libraire Lamporani de Milan, l'un des chefs de la révolution, et le conspirateur que l'Autriche désire le plus tenir au Spielberg.

— La femme d'un libraire?... Eh? tant mieux, pensa-t-il, nous sommes de pain-pied.

— De quelle famille est-elle? reprit-il, car elle a l'air d'une reine.

— Toutes les Italiennes sont ainsi, répondit fièrement Gina. Le nom de son père est Colonna.

Enhardi par l'humble condition de Francesca, Rodolphe fit mettre un tendelet à sa barque et des coussins à l'arrière. Quand ce changement fut opéré, l'amoureux vint proposer à Francesca de se promener sur le lac. L'Italienne accepta, sans doute pour jouer son rôle de jeune miss aux yeux du village; mais elle emmena Gina. Les moindres actions de Francesca Colonna trahissaient une éducation supérieure et le plus haut rang social. A la manière dont s'assit l'Italienne au bout de la barque, Rodolphe se sentit en quelque sorte séparé d'elle; et, devant l'expression d'une vraie fierté de noble, sa familiarité préméditée tomba. Par un regard, Francesca se fit princesse avec tous les privilèges dont elle eût joui au Moyen-Age. Elle semblait avoir deviné les secrètes pensées de ce vassal qui avait l'audace de se constituer son protecteur. Déjà, dans l'ameublement du salon où Francesca l'avait reçu, dans sa toilette et dans les petites choses qui lui servaient, Rodolphe avait reconnu les indices d'une nature élevée et d'une haute fortune. Toutes ces observations lui revinrent à la fois dans la mémoire, et il devint rêveur après avoir été pour ainsi dire refoulé par la dignité de Francesca. Gina, cette confidente à peine adolescente, semblait elle-même avoir un masque railleur en regardant Rodolphe en dessous ou de côté. Ce visible désaccord entre la condition de l'Italienne et ses manières fut une nouvelle énigme pour Rodolphe, qui soupçonna quelqu'autre ruse semblable au faux mutisme de Gina.

— Où voulez-vous aller ? *signora Lamporani*, dit-il.

— Vers Lucerne, répondit en français Francesca.

— Bon ! pensa Rodolphe, elle n'est pas étonnée de m'entendre lui dire son nom, elle avait sans doute prévu ma demande à Gina, la rusée ! — Qu'avez-vous contre moi ? dit-il en venant enfin s'asseoir près d'elle et lui demandant par un geste une main que Francesca retira. Vous êtes froide et cérémonieuse ; en style de conversation, nous dirions *cassante*.

— C'est vrai, répliqua-t-elle en souriant. J'ai tort. Ce n'est pas bien. C'est bourgeois. Vous diriez en français ce n'est pas artiste. Il vaut mieux s'expliquer que de garder contre un ami des pensées hostiles ou froides, et vous m'avez prouvé déjà votre amitié. Peut-être suis-je allée trop loin avec vous. Vous avez dû me prendre pour une femme très-ordinaire... Rodolphe multiplia des signes de dénégation. — ... Oui, dit cette femme de libraire en continuant sans tenir compte de la pantomime qu'elle voyait bien d'ailleurs. Je m'en suis aperçue, et naturellement je reviens sur moi-même. Eh bien ! je terminerai tout par quelques paroles d'une profonde vérité. Sachez-le bien, Rodolphe : je sens en moi la force d'étouffer un sentiment qui ne serait pas en harmonie avec les idées ou la prescience que j'ai du véritable amour. Je puis aimer comme nous savons aimer en Italie ; mais je connais mes devoirs ; aucune ivresse ne me les fera oublier. Mariée sans mon consentement à ce pauvre vieillard, je pourrais user de la liberté qu'il me laisse avec tant de générosité ; mais trois ans de mariage équivalent à une acceptation de la loi conjugale. Aussi la plus violente passion ne me ferait-elle pas émettre, même involontairement, le désir de me trouver libre. Je connais mon caractère, il sait que, hors mon cœur qui m'appartient et que je puis livrer je ne me permettrais pas de laisser prendre ma main. Voilà pourquoi je viens de vous la refuser. Je veux être aimée, attendue avec fidélité, noblesse, ardeur, en ne pouvant accorder qu'une tendresse infinie dont l'expression ne dépassera point l'enceinte du cœur, le terrain permis. Toutes ces choses bien comprises... oh ! reprit-elle avec un geste de jeune fille, je vois redevenir coquette, rieuse, folle comme un enfant qui ne comptait pas le danger de la familiarité.

Cette déclaration si nette, si franche, fut faite d'un ton, d'un accent et accompagnée de regards qui lui donnèrent la plus grande profondeur de vérité.

— Une princesse Colonna n'aurait pas mieux parlé, dit Rodolphe en souriant.

— Est-ce, répliqua-t-elle avec un air de hauteur, un reproche sur l'humilité de ma naissance ? Faut-il un blason à votre amour ? A Milan, les plus beaux noms : Sforza, Canova, Visconti, Trivulzio, Ursini sont écrits au-dessus des boutiques, il y a des Archinto apothicaires ; mais croyez que, malgré ma condition de boutiquière, j'ai les sentimens d'une duchesse.

— Un reproche ? non, madame, j'ai voulu vous faire un éloge...

— Par une comparaison ?... dit-elle avec finesse.

— Ah ! sachez-le, reprit-il, afin de ne plus me tourmenter si mes paroles peignaient mal mes sentimens, mon amour est absolu, il comporte une obéissance et un respect infinis.

Elle inclina la tête en femme satisfaite et dit : — Monsieur accepte alors le traité ?

— Oui, dit-il. Je comprends que, dans une puissante et riche organisation de femme, la faculté d'aimer ne saurait se perdre, et que, par délicatesse, vous vouliez la restreindre. Ah ! Francesca, une tendresse partagée, à mon âge et avec une femme aussi sublime, aussi royalement belle que vous l'êtes, mais c'est voir tous mes désirs comblés. Vous aimer comme vous voulez être aimée, n'est-ce pas pour un jeune homme se préserver de toutes les folies mauvaises ? n'est-ce pas employer ses forces dans une noble passion de laquelle on peut être fier plus tard, et qui ne donne que de beaux souvenirs ?... Si vous saviez de quelles couleurs,

de quelle poésie vous venez de revêtir la chaîne du Pilate, le Rhigi, et ce magnifique bassin...

— Je veux le savoir, dit-elle.

— Hé ! bien, cette heure rayonnera sur toute ma vie, comme un diamant au front d'une reine.

Pour toute réponse, Francesca posa sa main sur celle de Rodolphe.

— Oh ! chère, à jamais chère, dites, vous n'avez jamais aimé ?

— Jamais !

— Et vous me permettez de vous aimer noblement, en attendant tout du ciel ?

Elle inclina doucement la tête. Deux grosses larmes roulèrent sur les joues de Rodolphe.

— Hé bien ! qu'avez-vous ? dit-elle en quittant son rôle d'impératrice.

— Je n'ai plus ma mère pour lui dire combien je suis heureux, elle a quitté cette terre sans voir ce qui eût adouci son agonie...

— Quoi ? fit-elle.

— Sa tendresse remplacée par une tendresse égale.

— *Povero mio !* s'écria l'italienne attendrie. C'est, croyez-moi, reprit-elle après une pause, une bien douce chose et un bien grand élément de fidélité pour une femme que de se savoir tout sur la terre pour celui qu'elle aime, de le voir seul, sans famille, sans rien dans le cœur que son amour, enfin de l'avoir bien tout entier ?

Quand deux amans se sont entendus ainsi, le cœur éprouve une délicieuse quiétude, une sublime tranquillité. La certitude est la base que veulent les sentimens humains, car elle ne manque jamais au sentiment religieux : l'homme est toujours certain d'être payé de retour par Dieu. L'amour ne se croit en sûreté que par cette similitude avec l'amour divin. Aussi faut-il les avoir pleinement éprouvées pour comprendre les voluptés de ce moment, toujours unique dans la vie : il ne revient pas plus que ne reviennent les émotions de la jeunesse. Croire à une femme, faire d'elle sa religion humaine, le principe de sa vie, la lumière secrète de ses moindres pensées !... n'est-ce pas une seconde naissance ? Un jeune homme mêle alors à son amour un peu de celui qu'il a pour sa mère. Rodolphe et Francesca gardèrent pendant quelque temps le plus profond silence, se répondant par des regards amis et pleins de pensées. Ils se comprenaient au milieu d'un des plus beaux spectacles de la nature, dont les magnificences expliquées par celles de leurs cœurs, les aidaient à se graver dans leurs mémoires les plus fugitives impressions de cette heure unique. Il n'y avait pas ou l'ombre de coquetterie dans la conduite de Francesca. Tout en était large, plein, sans arrière-pensée. Cette grandeur frappa vivement Rodolphe, qui reconnaissait en ceci la différence qui distingue l'Italienne de la Française. Les eaux, la terre, le ciel, la femme, tout fut donc grandiose et suave, même leur amour, au milieu de ce tableau vaste dans son ensemble, riche dans ses détails, et où l'âpreté des cimes neigeuses, leurs plis raides nettement détachés sur l'azur, rappelaient à Rodolphe les conditions dans lesquelles devait se renfermer son bonheur : un riche pays cerclé de neige.

Cette douce ivresse de l'âme devait être troublée. Une barque venait de Lucerne ; Gina, qui depuis quelque temps la regardait avec attention, fit un geste de joie en restant fidèle à son rôle de muette. La barque approchait, et quand enfin Francesca put distinguer les figures : — Tito ! s'écria-t-elle en apercevant un jeune homme. Elle se leva debout au risque de se noyer, et cria : — Tito ! Tito ! en agitant son mouchoir. Tito donna l'ordre à ses bateliers de nager, et les deux barques se mirent sur la même ligne. L'Italienne et l'Italien parlèrent avec une si grande vivacité, dans un dialecte si peu connu d'un homme qui savait à peine l'italien des livres, n'était pas allé en Italie, que Rodolphe ne put rien entendre ni deviner de cette conversation. La beauté de Tito, la familiarité de Francesca, l'air de joie de Gina, tout le chagrinait. D'ailleurs il n'est pas d'amoureux qui ne soit mécontent de se voir quitter pour quoi que ce soit. Tito jeta vivement un petit sac de peau, sans doute plein d'or, à Gina, puis un paquet de lettres à Francesca, qui se mit à les lire en faisant un geste d'adieu à Tito.

— Retournez promptement à Gersau, dit-elle aux bateliers. Je ne veux pas laisser languir mon pauvre Émilio dix minutes de trop.

— Que vous arrive-t-il ? demanda Rodolphe quand il vit l'Italienne achevant sa dernière lettre.

— *La liberta* ! fit-elle avec un enthousiasme d'artiste.

— *E denaro* ! répondit comme un écho Gina qui pouvait enfin parler.

— Oui, reprit Francesca, plus de misère ! voici plus de onze mois que je travaille, et je commençais à m'ennuyer. Je ne suis décidément pas une femme littéraire.

— Quel est ce Tito ? fit Rodolphe.

Le secrétaire d'état au département des finances de la pauvre boutique de Colonna, autrement dit le fils de notre *ragionato*. Pauvre garçon ! il n'a pu venir par le Saint-Gothard, ni par le Mont-Cenis, ni par le Simplon : il est venu par mer, par Marseille, il a dû traverser la France. Enfin, dans trois semaines, nous serons à Genève, et nous y vivrons à l'aise. Allons, Rodolphe, dit-elle en voyant la tristesse se peindre sur le visage du parisien, le lac de Genève ne vaudra-t-il pas bien le lac des Quatre-Cantons ?...

— Permettez-moi d'accorder un regret à cette délicieuse maison Bergmann, dit Rodolphe en montrant le promontoire.

— Vous viendrez dîner avec nous, pour y multiplier vos souvenirs, *povero mio*, dit-elle. C'est fête aujourd'hui, nous ne sommes plus en danger. Ma mère me dit que dans un an, peut-être, nous serons amnistiés. Oh ! *la cara patria*...

Ces trois mots firent pleurer Gina qui dit : — Encore un hiver, je serais morte ici !

— Pauvre petite chèvre de Sicile ! fit Francesca en passant sa main sur la tête de Gina par un geste et avec une affection qui firent désirer à Rodolphe d'être ainsi caressé, quoi que ce fût sans amour.

La barque abordait, Rodolphe sauta sur le sable, tendit la main à l'Italienne, la reconduisit jusqu'à la porte de la maison Bergmann, et alla s'habiller pour revenir au plus tôt.

En trouvant le libraire et sa femme assis sur la galerie extérieure, Rodolphe réprima difficilement un geste de surprise à l'aspect du prodigieux changement que la nouvelle avait apporté chez le nonagénaire. Il apercevait un homme d'environ soixante ans, parfaitement conservé, un Italien sec, droit comme un *i*, les cheveux encore noirs, quoique rares, et laissant voir un crâne blanc, des yeux vifs, des dents au complet et blanches, un visage de César, et sur une bouche diplomatique un sourire quasi sardonique, le sourire presque faux sous lequel l'homme de bonne compagnie cache ses vrais sentimens.

— Voici mon mari sous sa forme naturelle, dit gravement Francesca.

— C'est tout à fait une nouvelle connaissance, répondit Rodolphe interloqué.

— Tout à fait, dit le libraire. J'ai joué la comédie, et sais parfaitement me grimer. Ah ! je jouais à Paris du temps de l'empire, avec Bourrienne, madame Murat, madame d'Abrantès, *è tutti quanti*... Tout ce qu'on s'est donné la peine d'apprendre dans sa jeunesse, et même les choses futiles nous servent. Si ma femme n'avait pas reçu cette éducation virile, un contre-sens en Italie, il m'eût fallu, pour vivre ici, devenir bûcheron. *Povera* Francesca ! qui m'eût dit qu'elle me nourrirait un jour ?

En écoutant ce digne libraire, si aisé, si affable et si vert, Rodolphe crut à quelque mystification, et resta dans le silence observateur de l'homme dupé.

— *Che avete signor ?* lui demanda naïvement Francesca. Notre bonheur vous attristerait-il ?

— Votre mari est un jeune homme, lui dit-il à l'oreille.

Elle partit d'un éclat de rire si franc, si communicatif, que Rodolphe en fut encore plus interdit.

— Il n'a que soixante-cinq ans à vous offrir, dit-elle ; mais je vous assure que c'est encore quelque chose... de rassurant.

— Je n'aime pas à vous voir plaisanter avec un amour aussi saint que celui dont les conditions ont été posées par vous.

— *Zitto* ! fit-elle en frappant du pied et en regardant si son mari les écoutait. Ne troublez jamais la tranquillité de ce cher homme, candide comme un enfant, et de qui je fais ce que je veux. Il est, ajouta-t-elle, sous ma protection. Si vous saviez avec quelle noblesse il a risqué sa vie et sa fortune parce que j'étais libérale ! car il ne partage pas mes opinions politiques. Est-ce aimer, cela, monsieur le Français ? Mais ils sont ainsi dans leur famille. Le frère cadet d'Emilio fut trahi par celle qu'il aimait pour un charmant jeune homme. Il s'est passé son épée au travers du cœur, et dix minutes auparavant il a dit à son valet-de-chambre : — Je tuerais bien mon rival ; mais cela ferait trop de chagrin à *la diva*.

Ce mélange de noblesse et de raillerie, de grandeur et d'enfantillage, faisait en ce moment de Francesca la créature la plus attrayante du monde. Le dîner fut, ainsi que la soirée, empreint d'une gaieté que la délivrance des deux réfugiés justifiait, mais qui contrista Rodolphe.

— Serait-elle légère ? se disait-il en regagnant la maison Stopfer. Elle a pris part à mon deuil, et moi je n'épouse pas sa joie !

Il se gronda, justifia cette femme jeune fille.

— Elle est sans aucune hypocrisie et s'abandonne à ses impressions..., se dit-il. Et je la voudrais comme une Parisienne ?

Le lendemain et les jours suivants, pendant vingt jours enfin, Rodolphe passa tout son temps à la maison Bergmann, observant Francesca sans s'être promis de l'observer. L'admiration chez certaines âmes ne va pas sans une sorte de pénétration. Le jeune Français reconnut en Francesca la jeune fille imprudente, la nature vraie de la femme encore insoumise, se débattant par instans avec son amour, et s'y laissant aller complaisamment en d'autres momens. Le vieillard se comportait bien avec elle comme un père avec sa fille, et Francesca lui témoignait une reconnaissance profondément sentie qui réveillait en elle d'instinctives noblesses. Cette situation et cette femme présentaient à Rodolphe une énigme impénétrable, mais dont la recherche l'attachait de plus en plus.

Ces derniers jours furent remplis de fêtes secrètes, entremêlées de mélancolies, de révoltes, de querelles plus charmantes que les heures où Rodolphe et Francesca s'entendaient. Enfin, il était de plus en plus séduit par la naïveté de cette tendresse sans esprit, semblable à elle-même en toute chose, de cette tendresse jalouse d'un rien... déjà !

— Vous aimez bien le luxe dit-il un soir à Francesca, qui manifestait le désir de quitter Gersau où beaucoup de choses lui manquaient.

— Moi ! dit-elle, j'aime le luxe comme j'aime les arts, comme j'aime un tableau de Raphaël, un beau cheval, une belle journée, ou la baie de Naples. Emilio, dit-elle, me suis-je plainte ici pendant nos jours de misère ?

— Vous n'eussiez pas été vous-même, dit gravement le vieux libraire.

— Après tout, n'est-il pas naturel à des bourgeois d'ambitionner la grandeur ? reprit-elle en lançant un malicieux coup d'œil à Rodolphe et à son mari. Mes pieds, dit-elle, en avançant deux pieds charmans, sont-ils fait pour la fatigue. Mes mains... elle tendit une main à Rodolphe. Ces mains sont-elles faites pour travailler ? Laissez-nous, dit-elle à son mari : je veux lui parler.

Le vieillard rentra dans le salon avec une sublime bonhomie : il était sûr de sa femme.

— Je ne veux pas, dit-elle à Rodolphe, que vous nous accompagniez à Genève. Genève est une ville à caquetages.

Quoique je sois bien au-dessus des niaiseries du monde, je ne veux pas être calomniée, non pour moi, mais pour *lui*. Je mets mon orgueil à être la gloire de ce vieillard, mon seul protecteur après tout. Nous partons, restez ici pendant quelques jours. Quand vous viendrez à Genève, voyez d'abord mon mari, laissez vous présenter à moi par lui. Cachons notre inaltérable et profonde affection aux regards du monde. Je vous aime, vous le savez ; mais voici de quelle manière je vous le prouverai : vous ne surprendrez pas dans ma conduite quoi que ce soit qui puisse réveiller votre jalousie.

Elle l'attira dans le coin de la galerie, le prit par la tête, le baisa sur le front et se sauva, le laissant stupéfait.

Le lendemain, Rodolphe apprit qu'au petit jour les hôtes de la maison Bergmann étaient partis. L'habitation de Gersau lui parut dès lors insupportable, et il alla chercher Vevay par le chemin le plus long, en voyageant plus promptement qu'il ne le devait ; mais, attiré par les eaux du lac où l'attendait la belle Italienne, il arriva vers la fin du mois d'octobre à Genève. Pour éviter les inconvéniens de la ville, il se logea dans une maison située aux Eaux-Vives, en dehors des remparts. Une fois installé, son premier soin fut de demander à son hôte, un ancien bijoutier, s'il n'était pas venu depuis peu s'établir des réfugiés italiens, des Milanais, à Genève.

— Non, que je sache, lui répondit son hôte. Le prince et la princesse Colonna de Rome ont loué pour trois ans la campagne de monsieur Jeanrenaud, une des plus belles du lac. Elle est située entre la Villa-Diodati et la campagne de monsieur Lafin-de-Dieu qu'a louée la vicomtesse de Beauséant. Le prince Colonna qui n'a là pour sa fille et pour son gendre le prince Gandolphini, un Napolitain ou, si vous voulez, Sicilien, ancien partisan du roi Murat et victime de la dernière révolution. Voilà les derniers venus à Genève, et ils ne sont point Milanais. Il a fallu de grandes démarches et la protection que le pape accorde à la famille Colonna pour qu'on ait obtenu, des puissances étrangères et du roi de Naples, la permission pour le prince et la princesse Gandolphini de résider ici. Genève ne veut rien faire qui déplaise à la Sainte-Alliance, à qui elle doit son indépendance. *Notre* rôle n'est pas de fronder les cours étrangères. Il y a beaucoup d'étrangers ici : des Russes, des Anglais.

— Il y a même des Génevois.

— Oui, monsieur. Notre lac est si beau ! Lord Byron y a demeuré, il y a sept ans environ, à la Villa-Diodati, que maintenant tout le monde va voir comme Coppet, comme Ferney.

— Vous ne pourriez pas savoir s'il est venu, depuis une semaine, un libraire de Milan et sa femme, un nommé Lamporani, l'un des chefs de la dernière révolution.

— Je puis le savoir en allant au Cercle des Étrangers, dit l'ancien bijoutier.

La première promenade de Rodolphe eut naturellement pour objet la Villa-Diodati, cette résidence de lord Byron à laquelle la mort récente de ce grand poëte donnait encore plus d'attrait : la mort est le sacre du génie. Le chemin qui des Eaux-Vives côtoie le lac de Genève est, comme toutes les routes de Suisse, assez étroit ; mais en certains endroits, par la disposition du terrain montagneux, à peine reste-t-il assez d'espace pour que deux voitures s'y croisent. À quelques pas de la maison Jeanrenaud, près de laquelle il arrivait sans le savoir, Rodolphe entendit derrière lui le bruit d'une voiture ; et, se trouvant dans une espèce de gorge, il grimpa sur la pointe d'une roche pour laisser le passage libre. Naturellement il regarda venir la voiture, une élégante calèche attelée de deux magnifiques chevaux anglais. Il lui prit un éblouissement en voyant au fond de cette calèche Francesca divinement mise, à côté d'une vieille dame raide comme un camée. Un chasseur étincelant de dorures se tenait debout derrière. Francesca reconnut Rodolphe, et sourit de le retrouver comme une statue sur un piédestal. La voiture, que l'amoureux suivit de ses regards en gravissant la hauteur, tourna pour entrer par la porte d'une maison de campagne vers laquelle il courut.

— Qui demeure ici? demanda-t-il au jardinier.

— Le prince et la princesse Colonna ainsi que le prince et la princesse Gandolphini.

— N'est-ce pas elles qui rentrent?

— Oui, monsieur,

En un moment, un voile tomba des yeux de Rodolphe : il vit clair dans le passé.

— Pourvu, dit enfin l'amoureux foudroyé, que ce soit sa dernière mystification !

Il tremblait d'avoir été le jouet d'un caprice, car il avait entendu parler de ce qu'est un *capriccio* pour une Italienne. Mais quel crime aux yeux d'une femme d'avoir accepté pour une bourgeoise une princesse née princesse ! d'avoir pris la fille d'une des plus illustres familles du moyen-âge pour la femme d'un libraire ! Le sentiment de ses fautes redoubla chez Rodolphe son désir de savoir s'il serait méconnu, repoussé, Il demanda le prince Gandolphini en faisant porter une carte, et fut aussitôt reçu par le faux Lamporani, qui vint au-devant de lui, l'accueillit avec une grâce parfaite, avec une affabilité napolitaine, et le promena le long d'une terrasse d'où l'on découvrait Genève, le Jura et ses collines chargées de villas, puis les rives du lac sur une grande étendue.

— Ma femme, vous le voyez, est fidèle aux lacs, dit-il après avoir détaillé le paysage à son hôte. Nous avons une espèce de concert ce soir, ajouta-t-il en revenant vers la magnifique maison Jeanrenaud, j'espère que vous nous ferez le plaisir, à la princesse et à moi, d'y venir. Deux mois de misères supportés de compagnie, équivalent à des années d'amitié.

Quoique dévoré de curiosité, Rodolphe n'osa demander à voir la princesse, il retourna lentement aux Eaux-Vives, préoccupé de la soirée. En quelques heures, son amour, quelque immense qu'il fût déjà, se trouvait agrandi par ses anxiétés et par l'attente des événemens. Il comprenait maintenant la nécessité de se faire illustre pour se trouver, socialement parlant, à la hauteur de son idole. Francesca devenait bien grande à ses yeux par le laisser aller et la simplicité de sa conduite à Gersau. L'air naturellement altier de la princesse Colonna faisait trembler Rodolphe, qui allait avoir pour ennemis le père et la mère de Francesca, du moins il le pouvait croire ; et le mystère que la princesse Gandolphini lui avait tant recommandé lui parut alors une admirable preuve de tendresse. En ne voulant pas compromettre l'avenir, Francesca ne disait-elle pas bien qu'elle aimait Rodolphe?

Enfin, neuf heures sonnèrent, Rodolphe put monter en voiture et dire avec une émotion facile à comprendre : — A la maison Jeanrenaud, chez le prince Gandolphini !

Enfin, entra dans un salon plein d'étrangers de la plus haute distinction, et où il resta forcément dans un groupe près de la porte, car en ce moment on chantait un duo de Rossini.

Enfin, il put voir Francesca, mais sans être vu par elle. La princesse était debout à deux pas du piano. Ses admirables cheveux, si abondans et si longs. étaient retenus par un cercle d'or. Sa figure, illuminée par les bougies, éclatait de la blancheur particulière aux Italiennes et qui n'a tout son effet qu'aux lumières. Elle était en costume de bal, laissant admirer des épaules magnifiques et fascinantes, sa taille de jeune fille, et des bras de statue antique. Sa beauté sublime était la seule rivalité possible, quoiqu'il y eût des Anglaises et des Russes charmantes, les plus jolies femmes de Genève, et d'autres Italiennes, parmi lesquelles brillait l'illustre princesse de Varèse et la fameuse cantatrice Tinti qui chantait en ce moment. Rodolphe, appuyé contre le chambranle de la porte, regarda la princesse, en dardant sur elle un regard fixe, persistant, attractif et chargé de toute la volonté humaine concentrée dans ce sentiment appelé *désir*, mais qui prend alors le caractère d'un violent commandement. La flamme de ce regard atteignit-elle Francesca? Francesca s'attendait-elle de moment en moment à voir Rodolphe? Au bout de quelques minutes, elle coula un regard vers la porte comme attirée par ce courant d'amour, et ses yeux, sans hésiter, se plongèrent dans les yeux de Rodolphe. Un léger frémissement agita ce magnifique visage et ce beau corps : la secousse de l'âme réagissait! Francesca rougit. Rodolphe eut comme toute une vie dans cet échange, si rapide qu'il n'est comparable qu'à un éclair. Mais à quoi comparer son bonheur : il était aimé! La sublime princesse tenait, au milieu du monde, dans la belle maison Jeanrenaud, la parole donnée par la pauvre exilée, par la capricieuse de la maison Bergmann. L'ivresse d'un pareil moment rend esclave pour toute une vie! Un fin sourire, élégant et rusé, candide et triomphateur, agita les lèvres de la princesse Gandolphini, qui, dans un moment où elle ne se crut pas observée, regarda Rodolphe en ayant l'air de lui demander pardon de l'avoir trompé sur sa condition. Le morceau terminé, Rodolphe put arriver jusqu'au prince, qui l'amena gracieusement à sa femme. Rodolphe échangea les cérémonies d'une présentation officielle avec la princesse, le prince Colonna et Francesca. Quand ce fut fini, la princesse dut faire sa partie dans le fameux quatuor de *Mi manca la voce* qui fut exécuté par elle, par la Tinti, par Génovèse, le fameux ténor, et par un célèbre prince italien alors en exil et dont la voix, s'il n'eût pas été prince, l'aurait fait un des princes de l'art.

— Asseyez-vous là, dit à Rodolphe Francesca qui lui montra sa propre chaise à elle. Oïmé! je crois qu'il y a erreur de nom : je suis, depuis un moment, princesse Rodolphini.

Ce fut dit avec une grâce, un charme, une naïveté qui rappelèrent, dans cet aveu caché sous une plaisanterie, les jours heureux de Gersau. Rodolphe éprouva la délicieuse sensation d'écouter la voix d'une femme adorée, en se trouvant si près d'elle qu'il avait une de ses jupes presque effleurée par l'étoffe de la robe et par la gaze de l'écharpe. Mais quand, en un pareil moment, c'est *Mi manca la voce* qui se chante, et que ce quatuor est exécuté par les plus belles voix de l'Italie, il est facile de comprendre comment des larmes vinrent mouiller les yeux de Rodolphe.

En amour, comme en toute chose peut être, il est certains faits, minimes en eux mêmes, mais le résultat de mille petites circonstances antérieures, et dont la portée devient immense en résumant le passé, en se rattachant à l'avenir. On a senti mille fois la valeur de la personne aimée ; mais un rien, le contact parfait des âmes unies dans une promenade par une parole, par une *preuve* d'amour inattendue, porte le sentiment à son plus haut degré. Enfin, pour rendre ce fait moral par une image qui, depuis le premier âge du monde, a eu la plus incontestable succès : il y a, dans une longue chaîne, des points d'attache nécessaires où la cohésion est plus profonde que dans ses guirlandes d'anneaux. Cette reconnaissance entre Rodolphe et Francesca, pendant cette soirée, à la face du monde, fut un de ces points suprêmes qui relient l'avenir au passé, qui clouent plus avant au cœur les attachements réels. Peut-être est ce de ces clous épars que Bossuet a parlé en leur comparant la rareté des momens heureux de notre existence, lui qui ressentit si vivement et si secrètement l'amour!

Après le plaisir d'admirer soi-même une femme aimée, vient celui de la voir admirée par tous : Rodolphe eut alors les deux à la fois. L'amour est un trésor de souvenirs, et quoique celui de Rodolphe fût déjà plein, il y ajouta les perles les plus précieuses : des sourires jetés en côté pour lui seul, des regards furtifs, des inflexions de chant que Francesca trouva pour lui, mais qui firent pâlir de jalousie la Tinti, tant elles furent applaudies. Aussi, toute sa puissance de désir, cette forme spéciale de son âme, se jeta-t-elle sur la belle Romaine, qui devint inaltérablement le principe et la fin de toutes ses pensées et de ses actions. Rodolphe aima comme toutes les femmes peuvent rêver d'être aimées, avec une force, une constance, une cohésion qui faisait de Francesca la substance même de son

cœur ; il la sentit mêlée à son sang comme un sang plus pur, à son âme comme une âme plus parfaite ; elle allait être sous les moindres efforts de sa vie comme le sable doré de la Méditerranée sous l'onde. Enfin, la moindre aspiration de Rodolphe fut une active espérance.

Au bout de quelques jours, Francesca reconnut cet immense amour ; mais il était si naturel, si bien partagé, qu'elle n'en fut pas étonnée : elle en était digne.

— Qu'y a-t-il de surprenant, disait-elle à Rodolphe en se promenant avec lui sur la terrasse de son jardin, après avoir surpris un de ces mouvemens de fatuité si naturels aux Français dans l'expression de leurs sentimens, quoi de merveilleux à ce que vous aimiez une femme jeune et belle, assez artiste pour pouvoir gagner sa vie comme la Tinti, et qui peut donner quelques jouissances de vanité? Quel est le butor qui ne deviendrait alors un Amadis? Ceci n'est pas la question entre nous : il faut aimer avec constance, avec persistance et à distance pendant des années, sans autre plaisir que celui de se savoir aimé.

— Hélas! lui dit Rodolphe, ne trouverez-vous pas ma fidélité dénuée de tout mérite en me voyant occupé par les travaux d'une ambition dévorante? Croyez-vous que je veuille vous voir échanger un jour le beau nom de princesse Gandolphini pour celui d'un homme qui ne serait rien! Je veux devenir un des hommes les plus remarquables de mon pays, être riche, être grand, et que vous puissiez être aussi fière de mon nom que de votre nom de Colonna.

— Je serais bien fâchée de ne pas vous voir de tels sentimens au cœur, répondit elle avec un charmant sourire. Mais ne vous consumez pas trop dans les travaux de l'ambition, restez jeune... On dit que la politique rend un homme promptement vieux.

Ce qu'il y a de plus rare chez les femmes est une certaine gaieté qui n'altère point la tendresse. Ce mélange d'un sentiment profond et de la folie du jeune âge ajouta dans ce moment d'adorables attraits à ceux de Francesca. Là est la clef de son caractère : elle rit, elle s'exalte et revient à la fine raillerie avec un laisser-aller, une aisance qui font d'elle la charmante et délicieuse personne dont la réputation s'est d'ailleurs étendue au delà de l'Italie. Elle cache sous les grâces de la femme une instruction profonde, due à la vie excessivement monotone et quasi monacale qu'elle a menée dans le vieux château des Colonna. Cette riche héritière fut d'abord destinée au cloître, étant le quatrième enfant du prince et de la princesse Colonna ; mais la mort de ses deux frères et de sa sœur aînée la tira subitement de sa retraite pour en faire l'un des plus beaux partis des Etats romains. Sa sœur aînée ayant été mariée au prince Gandolphini, des plus riches propriétaires de la Sicile, Francesca lui fut donnée afin de ne rien changer aux affaires de famille. Les Colonna et les Gandolphini s'étaient toujours alliés entre eux. De neuf ans à seize ans, Francesca, dirigée par un monsignore de la famille, avait lu toute la bibliothèque des Colonna pour donner le change à son ardente imagination en étudiant les sciences, les arts et les lettres. Mais elle prit dans l'étude ce goût d'indépendance et d'idées libérales qui la fit se jeter, ainsi que son mari, dans la révolution. Rodolphe ignorait encore que, sans compter cinq langues vivantes, Francesca savait le grec, le latin et l'hébreu. Cette charmante créature avait admirablement compris que les premières conditions de l'instruction chez une femme est d'être profondément cachée.

Rodolphe resta tout l'hiver à Genève. Cet hiver passa comme un jour. Quand vint le printemps, malgré les exquises jouissances que donne la société d'une femme d'esprit, prodigieusement instruite, jeune et folle, cet amoureux éprouva de cruelles souffrances, supportées d'ailleurs avec courage ; mais qui parfois se firent jour sur sa physionomie, qui percèrent dans ses manières, dans le discours, peut-être parce qu'il ne les crut pas partagées. Parfois il s'irritait en admirant le calme de Francesca, qui, semblable aux Anglaises, paraissait mettre son amour-propre à ne rien exprimer sur son visage dont la sérénité défiait l'amour; il l'eût voulue agitée, il l'accusait de ne rien sentir en croyant au préjugé qui veut, chez les femmes italiennes, une mobilité fébrile.

— Je suis Romaine! lui répondit gravement un jour Francesca, qui prit au sérieux quelques plaisanteries faites à ce sujet par Rodolphe.

Il y eut dans l'accent de cette réponse une profondeur qui lui donna l'apparence d'une sauvage ironie et qui fit palpiter Rodolphe. Le mois de mai déployait les trésors de sa jeune verdure, le soleil avait des momens de force comme au milieu de l'été. Les deux amans se trouvaient alors appuyés sur la balustrade en pierre qui, dans une partie de la terrasse où le terrain se trouve à pic sur le lac, surmonte la muraille d'un escalier par lequel on descend pour monter en bateau. De la villa voisine, où se voit un embarcadère à peu près pareil, s'élança comme un cygne une yole avec son pavillon à flammes, sa tente à baldaquin cramoisi sous lequel une charmante femme était mollement assise sur des coussins rouges, coiffée en fleurs naturelles, conduite par un jeune homme vêtu comme un matelot et ramant avec d'autant plus de grâce qu'il était sous les regards de cette femme.

— Ils sont heureux! dit Rodolphe avec un âpre accent. Claire de Bourg-gne, la dernière de la seule maison qui ait pu rivaliser la maison de France...

— Oh!... elle vient d'une branche bâtarde, et encore par les femmes...

— Enfin, elle est vicomtesse de Beauséant, et n'a pas...

— Hésité.... n'est-ce pas? à s'enterrer avec monsieur Gaston de Nueil, dit la fille des Colunna. Elle n'est que Française et je suis Italienne...

Francesca quitta la balustrade, y laissa Rodolphe, et alla jusqu'au bout de la terrasse d'où l'on embrasse une immense étendue du lac. En la voyant marcher lentement, Rodolphe eut un soupçon d'avoir blessé cette âme à la fois si candide et si savante, si fière et si humble : il eut froid, il suivit Francesca qui lui fit signe de la laisser seule ; mais il ne tint pas compte de l'avis et la surprit essuyant des larmes. Des pleurs chez une nature si forte!

— Francesca, dit-il en lui prenant la main, y a-t-il un seul regret dans ton cœur?...

Elle garda le silence, dégagea sa main qui tenait le mouchoir brodé, pour s'essuyer de nouveau les yeux.

— Pardon, reprit-il. Et par un élan il atteignit aux yeux pour essuyer les larmes par des baisers.

Francesca ne s'aperçut pas de ce mouvement passionné, tant elle était violemment émue. Rodolphe, croyant à un consentement, s'enhardit, il saisit Francesca par la taille, la serra sur son cœur et prit un baiser : mais elle se dégagea par un magnifique mouvement de pudeur offensée, et à deux pas, en le regardant sans colère, mais avec résolution : — Partez ce soir, dit-elle, nous ne nous reverrons plus qu'à Naples.

Malgré la sévérité de cet ordre, il fut exécuté religieusement, car Francesca le voulut.

De retour à Paris, Rodolphe trouva chez lui le portrait de la princesse Gandolphini, fait par Schinner, comme Schinner sait faire les portraits. Ce peintre avait passé par Genève en allant en Italie. Comme il s'était refusé positivement à faire le portrait de plusieurs femmes, Rodolphe ne croyait pas que le prince, excessivement désireux du portrait de sa femme, eût pu vaincre la répugnance du peintre célèbre ; mais Francesca l'avait séduit sans doute, et obtenu de lui, ce qui tenait du prodige, un portrait original pour Rodolphe, une copie pour Emilio. C'est ce que lui disait une charmante et délicieuse lettre où la pensée se dédommageait de la retenue imposée par la religion des convenances. L'amoureux répondit. Ainsi commença, pour ne plus finir, une correspondance entre Rodolphe et Francesca, seul plaisir qu'ils se permirent.

Rodolphe, en proie à une ambition que légitimait son amour, se mit aussitôt à l'œuvre. Il voulut d'abord la fortune, et se risqua dans une entreprise où il jeta toutes ses

forces aussi bien que tous ses capitaux; mais il eut à lutter, avec l'inexpérience de la jeunesse, contre une duplicité qui triompha de lui. Trois ans se perdirent dans une vaste entreprise, trois ans d'efforts et de courage.

Le ministère Villèle succombait aussi quand succomba Rodolphe. Aussitôt l'intrépide amoureux voulut demander à la politique ce que l'industrie lui avait refusé ; mais avant de se lancer dans les orages de cette carrière, il alla tout blessé, tout souffrant, faire panser ses plaies et puiser du courage à Naples. où le prince et la princesse Gandolphini furent rappelés et réintégrés dans leurs biens à l'avénement du roi. Au milieu de sa lutte, ce fut un repos plein de douceur, il passa trois mois à la villa Gandolphini, bercé d'espérance.

Rodolphe recommença l'édifice de sa fortune. Déjà ses talens avaient été distingués, il allait enfin réaliser les vœux de son ambition ; une place éminente était promise à son zèle, en récompense de son dévoûment et de services rendus, quand éclata l'orage de juillet 1830, et sa barque sombra de nouveau.

Elle et Dieu ! tels sont les deux témoins des efforts les plus courageux, des plus audacieuses tentatives d'un jeune homme doué de qualités, mais à qui jusqu'alors a manqué le secours du dieu des sots, le Bonheur ! Et cet infatigable athlète, soutenu par l'amour, recommence de nouveaux combats, éclairé par un regard toujours ami, par un cœur fidèle ! Amoureux, priez pour lui !

En achevant ce récit qu'elle dévora, mademoiselle de Watteville avait les joues en feu, la fièvre était dans ses veines ; elle pleurait. mais de rage. Cette Nouvelle, inspirée par la littérature alors à la mode. était la première lecture de ce genre qu'il fût permis à Philomène de faire. L'amour y était peint, sinon par une main de maître, du moins par un homme qui semblait raconter ses propres impressions ; or, la vérité, fût-elle inhabile, devait toucher une âme encore vierge. Là se trouvait le secret des agitations terribles, de la fièvre et des larmes de Philomène : elle était jalouse de Francesca Colonna. Elle ne doutait pas de la sincérité de cette poésie : Albert avait pris plaisir à raconter le début de sa passion en cachant sans doute les noms, peut-être aussi les lieux. Philomène était saisie d'une infernale curiosité. Quelle femme n'eût pas, comme elle, voulu savoir le vrai nom de sa rivale, car elle aimait ! En lisant ces pages contagieuses pour elle, elle s'était dit ce mot solennel : j'aime ! Elle aimait Albert, se sentait au cœur une mordante envie de le disputer, de l'arracher à cette rivale inconnue. Elle pensa qu'elle ne savait pas la musique, et qu'elle n'était pas belle.

— Il ne m'aimera jamais, se dit-elle.

Cette parole redoubla son désir de savoir si elle ne se trompait pas, si réellement Albert aimait une princesse italienne, et s'il était aimé d'elle. Durant cette fatale nuit, l'esprit de décision rapide qui distinguait le fameux Watteville se déploya tout entier chez son héritière. Elle enfanta de ces plans bizarres autour desquels flottent d'ailleurs presque toutes les imaginations de jeunes filles, quand, au milieu de la solitude où quelques mères imprudentes les retiennent, elles sont excitées par un événement capital que le système de compression auquel elles sont soumises n'a pu ni prévoir ni empêcher. Elle pensait à descendre avec une échelle par le kiosque dans le jardin de la maison où demeurait Albert, à profiter du sommeil de l'avocat, pour voir par sa fenêtre l'intérieur de son cabinet. Elle pensait à lui écrire, elle pensait à briser les liens de la société bisontine en introduisant Albert dans le salon de l'hôtel de Rupt. Cette entreprise, qui eût paru le chef-d'œuvre de l'impossible à l'abbé de Grancey lui-même, fut l'affaire d'une pensée.

— Ah! se dit-elle, mon père a des contestations à sa terre des Rouxey, j'irai! S'il n'y a pas de procès, j'en ferai naître, et il viendra dans notre salon! s'écria-t-elle en s'élançant de son lit à sa fenêtre pour aller voir la lumière prestigieuse qui éclairait les nuits d'Albert. Une heure du matin sonnait, il dormait encore.

— Je vais le voir à son lever, il viendra peut-être à sa fenêtre !

En ce moment mademoiselle de Watteville fut témoin d'un événement qui devait remettre entre ses mains le moyen d'arriver à connaître les secrets d'Albert. A la lueur de la lune, elle aperçut deux bras tendus hors du kiosque, et qui aidèrent Jérôme, le domestique d'Albert, à franchir la crète du mur et à entrer sous le kiosque. Dans la complice de Jérôme, Philomène reconnut aussitôt Mariette, la femme de chambre.

— Mariette et Jérôme ! se dit-elle. Mariette, une fille si laide ! Certes, ils doivent avoir honte l'un et l'autre.

Si Mariette était horriblement laide et âgée de trente-six ans, elle avait eu par héritage plusieurs quartiers de terre. Depuis dix-sept ans au service de madame de Watteville, qui l'estimait fort à cause de sa dévotion, de sa probité, de son ancienneté dans la maison, elle avait sans doute économisé, placé ses gages et ses profits. Or, à raison d'environ dix louis par année, elle devait posséder, en comptant les intérêts des intérêts et ses héritages, environ quinze mille francs. Aux yeux de Jérôme, quinze mille francs changeaient les lois de l'optique : il trouvait à Mariette une jolie taille, il ne voyait plus les trous et les coutures qu'une affreuse petite vérole avait laissés sur ce visage plat et sec ; pour lui la bouche contournée était droite ; et, depuis qu'on le prenant pas avec l'avocat Savaron l'avait rapproché de l'hôtel de Rupt, il fit le siège en règle de la dévote femme de chambre, aussi raide, aussi prude que sa maîtresse, et qui, semblable à toutes les vieilles filles laides, se montrait plus exigeante que les plus belles personnes. Si maintenant la scène nocturne du kiosque est expliquée pour les personnes clairvoyantes, elle l'était très peu pour Philomène, qui néanmoins y gagna le plus dangereuse de toutes les instructions, celle que donne le mauvais exemple. Une mère élève sévèrement sa fille, la couve de ses ailes pendant dix-sept ans, et, dans une heure, une servante détruit ce long et pénible ouvrage, quelquefois par un mot, souvent par un seul geste ! Philomène se recoucha, non sans penser à tout le parti qu'elle pouvait tirer de cette découverte. Le lendemain matin, en allant à la messe en compagnie de Mariette (la baronne était indisposée), Philomène prit le bras de sa femme de chambre, ce qui surprit étrangement la Comtoise.

— Mariette, lui dit-elle, Jérôme a-t-il la confiance de son maître ?

— Je ne sais pas, mademoiselle.

— Ne faites pas l'innocente avec moi, répondit sèchement Philomène. Vous vous êtes laissé embrasser par lui cette nuit, sous le kiosque. Je ne m'étonne plus si vous approuviez tant ma mère à propos des embellissemens qu'elle y projetait.

Philomène sentit le tremblement qui saisit Mariette par celui de son bras.

— Je ne vous veux pas de mal, dit Philomène en continuant, rassurez-vous, je ne dirai pas un mot à ma mère, et vous pourriez voir Jérôme tant que vous voudrez.

— Mais, mademoiselle, répondit Mariette, c'est en tout bien tout honneur. Jérôme n'a pas d'autre intention que celle de m'épouser...

— Mais alors pourquoi vous donner des rendez-vous la nuit ?

Mariette attérée ne sut rien répondre.

— Ecoutez, Mariette, j'aime aussi, moi ! J'aime en secre et toute seule. Je suis, après tout, unique enfant de mon père et de ma mère ; ainsi vous avez plus à espérer de moi que de qui que ce soit au monde...

— Certainement, mademoiselle, vous pouvez compter sur nous à la vie et à la mort ! s'écria Mariette heureuse de ce dénouement imprévu.

— D'abord, silence pour silence, dit Philomène. Je ne veux pas épouser monsieur de Soulas ; mais je veux, et

absolument, une certaine chose : ma protection ne vous appartient qu'à ce prix.

— Quoi ? demanda Mariette.

— Je veux voir les lettres que monsieur Savaron fera mettre à la poste par Jérôme.

— Mais pourquoi faire ? dit Mariette effrayée.

— Oh ! rien que pour les lire, et vous les jetterez vous-même à la poste après. Cela ne fera qu'un peu de retard, voilà tout.

En ce moment Philomène et Mariette entrèrent à l'église, et chacune d'elles fit ses réflexions, au lieu de lire l'Ordinaire de la messe.

— Mon Dieu ! combien y a-t-il donc de péchés dans tout cela ? se dit Mariette.

Philomène, dont l'âme, la tête et le cœur étaient bouleversés par la lecture de la Nouvelle, y vit enfin une sorte d'histoire écrite pour sa rivale. A force de réfléchir comme les enfans à la même chose, elle finit par penser que la *Revue de l'Est* devait être envoyée à la bien-aimée d'Albert.

— Oh ! se disait-elle à genoux, la tête plongée dans ses mains, et dans l'attitude d'une personne abîmée dans la prière, oh ! comment amener mon père à consulter la liste des gens à qui l'on envoie cette Revue ?

Après le déjeuner, elle fit un tour de jardin avec son père en le cajolant, et l'amena sous le kiosque.

— Crois-tu, mon cher petit père, que notre Revue aille à l'étranger ?

— Elle ne fait que commencer...

— Eh bien ! je parie qu'elle y va.

— Ce n'est guère possible.

— Va le savoir, et prends les noms des abonnés à l'étranger.

Deux heures après, monsieur de Watteville dit à sa fille :

— J'ai raison, il n'y a pas encore un abonné dans les pays étrangers. L'on espère en avoir à Neufchâtel, à Berne, à Genève. On en envoie bien un exemplaire en Italie, mais gratuitement, à une dame milanaise, à sa campagne sur le lac Majeur, à Belgirate.

— Son nom ? dit vivement Philomène.

— La duchesse d'Argaiolo.

— La connaissez-vous, mon père ?

— J'en ai naturellement entendu parler. Elle est née princesse Soderini, c'est une Florentine, une très-grande dame, et tout aussi riche que son mari, qui possède une des plus belles fortunes de la Lombardie. Leur villa sur le lac Majeur est une des curiosités de l'Italie.

Deux jours après, Mariette remit la lettre suivante à Philomène.

ALBERT SAVARON A LÉOPOLD HANNEQUIN.

« Eh bien ! oui, mon cher ami, je suis à Besançon pen-
» dant que tu me croyais en voyage. Je n'ai rien voulu te
» dire qu'au succès commencerait, et voici
» son aurore. Oui, cher Léopold, après tant d'entreprises
» avortées où j'ai dépensé le plus pur de mon sang, où j'ai
» jeté tant d'efforts, usé tant de courage, j'ai voulu faire
» comme toi : prendre une voie battue, le grand chemin,
» le plus long, le plus sûr. Quel bond je te vois faire sur
» ton fauteuil de notaire ! Mais ne crois pas qu'il y ait quoi
» que ce soit de changé à ma vie intérieure dans le secret
» de laquelle il n'y a que toi au monde, et encore sous les
» réserves qu'*elle* a exigées. Je ne te le disais pas, mon
» ami ; mais je me lassais horriblement à Paris. Le dénoue-
» ment de la première entreprise où j'ai mis toutes mes
» espérances, et qui s'est tournée sans résultats que la pro-
» fonde scélératesse de mes deux associés, d'accord pour
» me tromper, pour me dépouiller, moi, à l'activité de
» qui tout était dû, m'a fait renoncer à chercher la fortune
» pécuniaire après avoir ainsi perdu trois ans de ma vie,
» dont une année à plaider. Peut-être m'en serais-je plus
» mal tiré, si je n'avais pas été contraint, à vingt ans, d'é-

(Extrait de la *Comédie humaine*.)

» tudier le Droit. J'ai voulu devenir un homme politique,
» uniquement pour être un jour compris dans une ordon-
» nance sur la pairie sous le titre de comte Albert Sava-
» ron de Savarus, et faire revivre en France un beau nom
» qui s'éteint en Belgique, encore que je ne sois ni légitime
» ni légitimé ! »

— Ah ! j'en étais sûre, il est noble ! s'écria Philomène
en laissant tomber la lettre.

» Tu sais quelles études consciencieuses j'ai faites, quel
» journaliste obscur, mais dévoué, mais utile, et quel ad-
» mirable secrétaire je fus pour l'homme d'État qui, d'ail-
» leurs, me fut fidèle en 1829. Replongé dans le néant par
» la révolution de Juillet, alors que mon nom commençait
» à briller, au moment où maître des requêtes j'allais enfin
» entrer, comme un rouage nécessaire, dans la machine
» politique, j'ai commis la faute de rester fidèle aux vain-
» cus, de lutter pour eux, sans eux. Ah ! pourquoi n'avais-
» que trente-trois ans, et comment ne t'ai-je pas prié de
» me rendre éligible? Et t'ai caché tous mes dévouemens
» et mes périls. Que veux-tu? j'avais la foi! nous n'eussions
» pas été d'accord. Il y a dix mois, pendant que tu me
» voyais si gai, si content, écrivant mes articles politiques,
» j'étais au désespoir : je me voyais à trente-sept ans, avec
» deux mille francs pour toute fortune, sans la moindre
» célébrité, venant échouer dans une noble entreprise,
» celle d'un journal quotidien qui ne répondait qu'à un
» besoin de l'avenir au lieu de s'adresser aux passions du
» moment. Je ne savais plus quel parti prendre. Et, je me
» sentais ! J'allais, sombre et blessé, dans les endroits soli-
» taires de ce Paris qui m'avait échappé, pensant à mes
» ambitions trompées, mais sans les abandonner. Oh !
» quelles lettres empreintes de rage ne lui ai-je pas écrites
» alors, à elle, cette seconde conscience; cet autre moi !
» Par momens, je me disais : — Pourquoi m'être tracé un
» si vaste programme pour mon existence ? pourquoi tout
» vouloir? pourquoi ne pas attendre le bonheur en me
» voilant à quelque occupation quasi mécanique?
» J'ai jeté les yeux alors sur une modeste place où je
» pusse vivre. J'allais avoir la direction d'un journal sous
» un gérant qui ne savait pas grand'chose, un homme
» d'argent ambitieux, quand la terreur m'a pris.
» — Voudra-t-elle pour mari d'un amant qui sera des-
» cendu si bas ? me suis-je dit.
« Cette réflexion m'a rendu mes vingt-deux ans ! Oh !
» mon cher Léopold, combien l'âme s'use dans ces per-
» plexités ! Que doivent donc souffrir les aigles en cage,
» les lions emprisonnés ?... Ils souffrent tout ce que souf-
» frait Napoléon, non pas à Sainte-Hélène, mais sur le quai
» des Tuileries, au 10 août, quand il voyait Louis XVI se dé-
» fendant si mal, lui qui pouvait dompter la sédition com-
» me il le fit plus tard sur les mêmes lieux, en vendé-
» miaire ! Eh bien ! ma vie a été cette souffrance d'un
» jour, étendue sur quatre ans ! Combien de discours à la
» Chambre n'ai-je pas prononcés dans les allées désertes
» du bois de Boulogne? Ces improvisations inutiles ont du
» moins aiguisé ma langue et accoutumé mon esprit à for-
» muler ses pensées en paroles. Durant ces tourmens se-
» crets, toi, tu te mariais, tu achevais de faire ta charge,
» et tu devenais adjoint au maire de ton arrondissement,
» après avoir gagné la croix en te faisant blesser à Saint-
» Merry.
» Écoute! Quand j'étais tout petit, et que je tourmentais
» des hannetons, il y avait chez ces pauvres insectes un
» mouvement qui me donnait presque la fièvre. C'est quand
» je les voyais faisant ces efforts réitérés pour prendre
» leur vol, sans néanmoins s'envoler, quoiqu'ils eussent
» réussi à soulever leurs ailes. Nous disions d'eux : Ils
» comptent! Était-ce une sympathie? était-ce une vision de
» mon avenir? oh ! déployer ses ailes et ne pouvoir voler !
» Voilà ce qui m'est arrivé depuis cette belle entreprise de
» laquelle on m'a dégoûté, mais qui maintenant a enrichi
» quatre familles.
» Enfin, il y a sept mois, je résolus de me faire un nom

» au barreau de Paris, en voyant quels vides y laissaient
» les promotions de tant d'avocats à des places éminentes.
» Mais en me rappelant les rivalités que j'avais observées
» au sein de la Presse, et combien il est difficile de parve-
» nir à quoi que ce soit à Paris, cette arène où tant de
» champions se donnent rendez-vous, je pris une résolu-
» tion cruelle pour moi, d'un effet certain et peut-être plus
» rapide que toute autre. Tu m'avais bien expliqué, dans
» nos causeries, la constitution sociale de Besançon, l'im-
» possibilité pour un étranger d'y parvenir, d'y faire la
» moindre sensation; de s'y marier, de pénétrer dans la
» société, d'y réussir en quoi que ce soit. Ce fut là que je
» voulus aller planter mon drapeau, pensant avec raison y
» éviter la concurrence, et m'y trouver seul à briguer la
» députation. Les Comtois ne veulent pas voir l'étranger,
» l'étranger ne les verra pas! ils se refusent à l'admettre
» dans leurs salons, il n'ira jamais ! il ne se montrera nulle
» part, pas même dans les rues! Mais il est une classe qui
» fait les députés, la classe commerçante. Je vais spéciale-
» ment étudier les questions commerciales, que je connais
» déjà, je gagnerai des procès, j'accorderai les différends,
» je deviendrai le plus fort avocat de Besançon. Plus tard,
» j'y fonderai une Revue où je défendrai les intérêts du
» pays, où je les ferai naître, vivre, ou renaître. Quand
» j'aurai conquis un à un assez de suffrages, mon nom
» sortira de l'urne. On dédaignera pendant longtemps l'a-
» vocat inconnu, mais il y aura une circonstance qui le
» mettra en lumière, une plaidoirie gratuite, une affaire
» de laquelle les autres avocats ne voudront pas se char-
» ger. Si je parle une fois, je suis sûr du succès. Eh bien !
» mon cher Léopold, j'ai fait emballer ma bibliothèque
» dans onze caisses, j'ai acheté les livres de droit qui pou-
» vaient m'être utiles, et j'ai mis tout, ainsi que mon mo-
» bilier, au roulage pour Besançon. J'ai pris mes diplômes,
» j'ai réuni mille écus et suis venu te dire adieu. La malle-
» poste m'a jeté dans Besançon, où j'ai, dans trois jours de
» temps, choisi un petit appartement qui a vue sur des jar-
» dins, j'y ai somptueusement arrangé le cabinet mysté-
» rieux où je passe mes nuits et mes jours, et où brille le
» portrait de mon idole, de celle à laquelle ma vie est
» vouée, qui la remplit, qui est le principe de mes efforts,
» le secret de mon courage, la cause de mon talent. Puis,
» quand les meubles et les livres sont arrivés, j'ai pris un
» domestique intelligent, et suis resté pendant cinq mois
» comme une marmotte en hiver. On m'avait d'ailleurs
» inscrit au tableau des avocats. Enfin, on m'a nommé
» d'office pour défendre un malheureux aux Assises, sans
» doute pour m'entendre parler au moins une fois ! Un des
» plus influens négocians de Besançon était du jury; il
» avait une affaire épineuse : j'ai tout fait dans cette cause
» pour cet homme, et j'ai eu le succès le plus complet du
» monde. Mon client était innocent, j'ai fait dramatique-
» ment arrêter les vrais coupables, qui étaient témoins.
» Enfin, la Cour a partagé l'admiration de son public. J'ai
» su sauver l'amour-propre du juge d'instruction en mon-
» trant la presque impossibilité de découvrir une trame si
» bien ourdie. J'ai eu la clientèle de mon gros négociant,
» et je lui ai gagné son procès. Le Chapitre de la cathé-
» drale m'a choisi pour avocat dans un immense procès
» avec la Ville qui dure depuis quatre ans ; j'ai gagné. En
» trois affaires, je suis devenu le plus grand avocat de la
» Franche-Comté. Mais j'ensevelis ma vie dans le plus pro-
» fond mystère, et cache ainsi mes prétentions. J'ai con-
» tracté des habitudes qui me dispensent d'accepter toute
» invitation. J'ai bu la nécessité de me consulter que six heures à
» huit heures du matin; je me couche après mon dîner, et
» je travaille pendant la nuit. Le vicaire général, homme
» d'esprit et instruit, m'a chargé de l'affaire du
» Chapitre, déjà perdue en première instance, m'a natu-
» rellement parlé de reconnaissance. — « Monsieur, lui ai-
» dit, je gagnerai votre affaire, mais je ne veux pas d'ho-
» noraires, je veux plus... (haut-le-corps de l'abbé) sachez
» que je perds énormément à me poser comme l'adver-
» saire de la Ville, je suis venu ici pour en sortir député,

» je ne veux m'occuper que d'affaires commerciales, parce
» que les commerçans font les députés, et ils se défieront
» de moi si je plaide pour *les prêtres*, car vous êtes *les*
» *prêtres* pour eux. Si je me charge de votre affaire, c'est
» que j'étais, en 1828, secrétaire particulier à tel Ministère
» (nouveau mouvement d'étonnement chez mon abbé),
» maître des requêtes sous le nom d'Albert de Savarus
» (autre mouvement). Je suis resté fidèle aux principes
» monarchiques; mais comme vous n'avez pas la majorité
» dans Besançon, il faut que j'acquière des voix dans la
» bourgeoisie. Donc, les honoraires que je vous demande,
» c'est les voix que vous pourrez faire porter sur moi dans
» un moment opportun, secrètement. Gardons-nous le se-
» cret l'un à l'autre, et je plaiderai gratis toutes les affaires
» de tous les prêtres du diocèse. Pas un mot de mes anté-
» cédens, et soyons-nous fidèles. » Quand il est venu me
» remercier, il m'a remis un billet de cinq cents francs, et
» m'a dit à l'oreille :—Les voix tiennent toujours. En cinq
» conférences que nous avons eues, je me suis fait, je crois
» un ami de ce vicaire général. Maintenant accablé d'af-
» faires, je ne me charge que de celles qui regardent les
» négocians, en disant que les questions de commerce sont
» ma spécialité. Cette tactique m'attache les gens de com-
» merce et me permet de rechercher les personnes in-
» fluentes. Ainsi tout va bien. D'ici à quelques mois, j'aurai
» trouvé dans Besançon une maison à acheter qui puisse
» me donner le cens. Je compte sur toi pour me prêter les
» capitaux nécessaires à cette acquisition. Si je mourais,
» si j'échouais, il n'y aurait pas assez de perte pour que ce
» soit une considération entre nous. Les intérêts te seront
» servis par les loyers, et j'aurai d'ailleurs soin d'attendre
» une bonne occasion afin que tu ne perdes rien à cette
» hypothèque nécessaire.

» Ah ! mon cher Léopold, jamais joueur ayant dans sa
» poche les restes de sa fortune et la jouant au Cercle des
» Étrangers, dans une dernière nuit d'où il doit sortir riche
» ou ruiné, n'a eu dans les oreilles les tintemens perpétuels,
» dans les mains la petite sueur nerveuse, dans la tête l'a-
» gitation fébrile, dans le corps les tremblemens intérieurs
» que j'éprouve tous les jours en jouant ma dernière par-
» tie au jeu de l'ambition. Hélas! cher et seul ami, voici
» bientôt dix ans que je lutte. Ce combat avec les hommes
» et les choses, où j'ai sans cesse versé ma force et mon
» énergie, où j'ai tant usé les ressorts du désir, m'a miné,
» pour ainsi dire, intérieurement. Avec les apparences de
» la force, de la santé, je me sens ruiné. Chaque jour em-
» porte un lambeau de ma vie intime. A chaque nouvel
» effort, je sens que je ne pourrai plus le recommencer.
» Je n'ai plus de force et de puissance que pour le bonheur,
» et s'il n'arrivait pas poser sa couronne de roses sur ma
» tête, le moi que je suis n'existerait plus, je deviendrais
» une chose détruite, je ne désirerais plus rien dans le
» monde, je ne voudrais plus rien être. Tu le sais, le pou-
» voir et la gloire, cette immense fortune morale que je
» cherche n'est que secondaire : c'est pour moi le moyen
» de la félicité, le piédestal de mon idole.

» Atteindre au but en expirant comme le coureur anti-
» que! voir la fortune et la mort arrivant ensemble sur le
» seuil de sa porte! obtenir celle qu'on aime au moment
» où l'amour s'éteint! n'avoir plus la faculté de jouir quand
» on a gagné le droit de vivre heureux!... oh! de combien
» d'hommes ceci fut la destinée!

» Il y a certes un moment où Tantale s'arrête, se croise
» les bras et défie l'enfer en renonçant à son métier d'éter-
» nel attrapé. J'en serais là si quelque chose faisait man-
» quer mon plan, si, après m'être courbé dans la pous-
» sière de la province, avoir rampé comme un tigre affa-
» mé autour de ces négocians, de ces électeurs pour avoir
» leur vote; si après avoir plaidaillé d'arides affaires;
» avoir donné mon temps, un temps que je pourrais
» passer sur le lac Majeur à voir les eaux qu'elle voit, à
» me coucher sous ses regards, à l'entendre; je ne m'élan-
» çais pas à la tribune pour y conquérir l'auréole que doit
» avoir un nom pour succéder à celui d'Argaiolo. Bien plus,

» Léopold, je sens par certains jours des langueurs vapo-
» reuses; il s'élève du fond de mon âme des dégoûts mor-
» tels, surtout quand, en de longues rêveries, je me
» suis plongé par avance au milieu des joies de l'amour
» heureux! Le désir n'aurait-il en nous qu'une certaine
» dose de force, et peut-il périr sous une trop grande effu-
» sion de sa substance? Après tout, en ce moment ma vie
» est belle, éclairée par la foi, par le travail et par l'amour.
» Adieu, mon ami. J'embrasse tes enfans, et tu rappelleras
» au souvenir de ton excellente femme,

» *Votre* ALBERT. »

Philomène lut deux fois cette lettre, dont le sens général
se grava dans son cœur. Elle pénétra soudain dans la vie
antérieure d'Albert, car sa vive intelligence lui en expliqua les détails et lui en fit parcourir l'étendue. En rappro-
chant cette confidence de la Nouvelle publiée dans la Revue,
elle comprit alors Albert tout entier. Naturellement elle
s'exagéra les proportions déjà fortes de cette belle âme, de
cette volonté puissante; et son amour pour Albert devint
alors une passion dont la violence s'accrut de toute la
force de sa jeunesse, des ennuis de sa solitude et de l'énergie secrète de son caractère. Aimer est déjà chez une jeune
personne un effet de la loi naturelle; mais quand son besoin d'affection se porte sur un homme extraordinaire, il
s'y mêle l'enthousiasme qui déborde dans les jeunes cœurs.
Aussi mademoiselle de Watteville arriva-t-elle en quelques
jours à une phase quasi morbide et très dangereuse de
l'exaltation amoureuse.

La baronne était très-contente de sa fille, qui, sous l'empire de ses profondes préoccupations, ne lui résistait plus,
paraissait appliquée à ses divers ouvrages de femme, et
réalisait son beau idéal de la fille soumise.

L'avocat plaidait alors deux ou trois fois par semaine.
Quoique accablé d'affaires, il suffisait au Palais, au contentieux du commerce, à la Revue, et restait dans un profond mystère en comprenant que plus son influence serait
sourde et cachée, plus réelle elle serait. Mais il ne négli-
geait aucun moyen de succès, en étudiant la liste des électeurs bisontins et recherchant leurs intérêts, leurs caractères, leurs diverses amitiés, leurs antipathies. Un cardinal voulant être pape s'est-il jamais donné tant de
soin?

Un soir Mariette, en venant habiller Philomène pour une
soirée, lui apporta, non sans gémir sur cet abus de confiance, une lettre dont la suscription fit frémir et pâlir et
rougir mademoiselle de Wattoville.

A MADAME LA DUCHESSE D'ARGAIOLO,
(née princesse Soderini),
A BELGIRATE, — *Lac Majeur.* ITALIE.

A ses yeux, cette adresse brilla comme dut briller *Mané*
Thecel Pharès aux yeux de Balthasar. Après avoir caché la
lettre, elle descendit pour aller avec sa mère chez madame
de Chavoncourt. Pendant cette soirée, Philomène fut as-
saillie de remords et de scrupules. Elle avait éprouvé déjà
de la honte d'avoir violé le secret de la lettre d'Albert à
Léopold, elle s'était demandé plusieurs fois si, sachant ce
crime, infâme en ce qu'il est nécessairement impuni, le
noble Albert l'estimerait? Sa conscience lui répondait Non!
avec énergie. Elle avait expié sa faute en s'imposant des
pénitences : elle jeûnait, elle se mortifiait en restant à genoux les bras en croix, et disant des prières pendant quelques heures. L'ascétisme le plus vrai se mêlait à sa passion, et
la rendait d'autant plus dangereuse.

— Lirai-je ? ne lirai-je pas cette lettre ? se disait-elle en
écoutant les petites de Chavoncourt. L'une avait seize et
l'autre dix-sept ans et demi. Philomène regardait ses deux
amies comme des petites filles parce qu'elles n'aimaient
pas en secret.

— Si je la lis, se disait-elle après avoir flotté pendant une
heure entre non et oui, ce sera bien certainement la der-

nière. Puisque j'ai tant fait que de savoir ce qu'il écrivait à son ami, pourquoi ne saurais-je pas ce qu'il lui dit *à elle?* Si c'est un horrible crime, n'est-ce pas une preuve d'amour? O ! Albert, ne suis-je pas ta femme?

Quand Philomène fut au lit, elle ouvrit cette lettre datée de jour en jour de manière à offrir à la duchesse une fidèle image de la vie et des sentimens d'Albert.

25.

» Ma chère âme, tout va bien. Aux conquêtes que j'ai » faites je viens d'en ajouter une précieuse : j'ai rendu » service à l'un des personnages les plus influens aux élec- » tions. Comme les critiques, qui font les réputations sans » jamais pouvoir s'en faire une, il fait les députés sans » pouvoir jamais le devenir. Le brave homme a voulu me » témoigner sa reconnaissance à bon marché, presque » sans bourse délier, en me disant : «—Voulez-vous aller à » la Chambre? Je puis vous faire nommé député. — Si je » me résolvais à entrer dans la carrière politique, lui ai-je » répondu très-hypocritement, ce serait pour me réunir à » la Comté, que j'aime et où je suis apprécié. — Eh bien ! » nous vous déciderons, et nous aurons par vous une in- » fluence à la Chambre, car vous y brillerez. »

» Ainsi, mon ange aimé, quoi que tu dises, ma persis- » tance aura sa couronne. Dans peu je parlerai du haut de » la tribune française à mon pays, à l'Europe. Mon nom le » sera jeté par les cent voix de la Presse française !

« Oui, comme tu me le dis, je suis venu vieux à Besan- » çon, et Besançon m'a vieilli encore ; mais, comme Sixte- » Quint, je serai jeune le lendemain de mon élection. J'en- » trerai dans ma vraie vie, dans ma sphère. Ne serons- » nous pas alors sur la même ligne? Le comte Savaron de » Savarus, ambassadeur je ne sais où, pourra certes épou- » ser une princesse Soderini, la veuve du duc d'Argaiolo ! » Le triomphe rajeunit les hommes conservés par d'inces- » santes luttes. O ma vie ! avec quelle joie ai-je sauté de » ma bibliothèque à mon cabinet devant ton cher portrait, » à qui j'ai dit les progrès avant de t'écrire ! Oui, mes voix » à moi, celles du vicaire général, celles des gens que j'o- » bligerai, et celles de ce client, assurent déjà mon élec- » tion.

26.

« Nous sommes entrés dans la douzième année depuis » l'heureuse soirée où par un regard la belle duchesse a » ratifié les promesses de la proscrite Francesca. Ah ! chère, » tu as trente-deux ans, et moi j'en ai trente-cinq, le cher » duc en a soixante-dix-sept, c'est-à-dire à lui seul dix ans » de plus que nous deux, et il continue à se bien porter ! » Fais lui mes complimens, et dis-lui que je lui donne en- » core trois ans. J'ai besoin de ce temps pour élever ma » fortune à la hauteur de ton nom. Tu le vois, je suis gai, » je ris aujourd'hui : voilà l'effet d'une espérance. Tris- » tesse ou gaieté, tout me vient de toi. L'espoir de parve- » nir me remet toujours au lendemain du jour où je t'ai » vue pour la première fois, où ma vie s'est unie avec la » tienne comme la terre à la lumière ! *Qual pianto* que ces » onze années, car nous voici au vingt-six décembre, an- » niversaire de mon arrivée dans ta *villa* du lac de Genè- » ve. Voici onze ans que je crie et que tu rayonnes !

27.

» Non, chère, ne va pas à Milan, reste à Belgirate. Mi- » lan m'épouvante. Je n'aime ni ces affreuses habitudes mi- » lanaises de causer tous les soirs à la Scala avec une dou- » zaine de personnes parmi lesquelles il est difficile qu'on » ne te dise pas quelque douceur. Pour moi la solitude est » comme ce morceau d'ambre au sein duquel un insecte » vit éternellement dans son immuable beauté. L'âme et » le corps d'une femme restent ainsi purs et dans la for- » me de leur jeunesse. Est-ce ces *tedeschi* que tu regret- » tes ?

28.

« Ta statue ne se finira donc point ? Je voudrais t'avoir » en marbre, en peinture, en miniature, de toutes les fa-

» çons, pour tromper mon impatience. J'attends toujours » la vue de Belgirate au midi, et celle de la galerie, voilà » les seules qui me manquent. Je suis tellement occupé » que je ne puis aujourd'hui te rien dire qu'un rien, mais » ce rien est tout. N'est-ce pas d'un rien que Dieu a fait » le monde? Ce rien, c'est un mot, le mot de Dieu : *Je* » *t'aime* !

30.

« Ah ! je reçois ton journal ! Merci de ton exactitude ! tu » as donc éprouvé bien du plaisir à voir les détails de no- » tre première connaissance ainsi traduits?... Hélas ! tout » en les voilant, j'avais grand'peur de t'offenser. Nous n'a- » vions point de Nouvelles, et une Revue sans Nouvelles, » c'est une belle sans cheveux. Peu importe ! de ma na- » ture et au désespoir, j'ai pris la seule qui fût dans » mon âme, la seule aventure qui fût dans mes souvenirs, » je l'ai mise au ton où elle pouvait être dite, et je n'ai » pas cessé de penser à toi tout en écrivant le seul morceau » littéraire qui sortira de mon cœur, je ne puis pas dire de » ma plume. La transformation du farouche Sormano en » Gina ne t'a-t-elle pas fait rire ?

« Tu me demandes comme va la santé? mais bien mieux » qu'à Paris. Quoique je travaille énormément, la tran- » quillité des milieux a de l'influence sur l'âme. Ce qui fa- » tigue et vieillit, chère ange, c'est ces angoisses de vani- » té trompée, ces irritations perpétuelles de la vie parisienne, » ces luttes d'ambitions rivales. Le calme est basaltique. » Si tu savais quel plaisir me fait ta lettre, cette bonne lon- » gue lettre où tu me dis si bien les moindres accidens de » ta vie. Non ! vous ne saurez jamais, vous autres femmes, » à quel point un véritable amant est intéressé par ces » riens. L'échanti lon de ta nouvelle robe m'a fait un énor- » me plaisir à voir ! Est-ce donc une chose indifférente que » de savoir ta mise ? Si ton front sublime se raye? Si nos » auteurs te distrayent? Si les chants de Victor Hugo t'exal- » tent ? Je lis les livres que tu lis. Il n'y a pas jusqu'à ta » promenade sur le lac qui ne m'ait attendri. Ta lettre est » belle, suave comme ton âme ! O fleur céleste et cons- » tamment adorée ! aurais-je pu vivre sans ces chères let- » tres qui depuis onze ans m'ont soutenu dans ma voie » difficile comme une clarté, comme un parfum, comme » un chant régulier, comme une nourriture divine, com- » me tout ce qui console et charme la vie ! Ne man- » que pas ! Si tu savais quelle est mon angoisse la veil- » le du jour où je les reçois, et ce qu'un retard d'un » jour me cause de douleur ! Est-elle malade? est-ce *lui* ? » Je suis dans l'enfer et le paradis, je deviens fou ! *Cara* » *diva*, cultive toujours la musique, exerce ta voix, étudie. » Je suis ravi de cette conformité de travaux et d'heures » qui fait que, séparés des Alpes, nous vivons exacte- » ment de la même manière. Cette pensée me charme et » me donne bien du courage. Quand j'ai plaidé pour la » première fois, je ne t'ai pas encore dit cela, je me suis » figuré que tu m'écoutais, et j'ai senti tout à coup en moi » ce mouvement d'inspiration qui met le poëte au-dessus » de l'humanité. Si je vais à la Chambre, oh ! tu viendras » à Paris pour assister à mon début.

30 au soir.

« Mon Dieu ! combien je t'aime ! Hélas ! j'ai mis trop de » choses dans mon amour et dans mes espérances. Un ha- » sard qui ferait chavirer cette barque trop chargée em- » porterait ma vie ! Voici trois ans que je ne t'ai vue, et à » l'idée d'aller à Belgirate, mon cœur bat si fort que je suis » obligé de m'arrêter... Te voir, entendre cette voix enfan- » tine et caressante ! embrasser par les yeux ce teint d'i- » voire si éclatant sous les lumières, et sous lequel on devine » ta noble pensée ! admirer tes doigts jouant avec les tou- » ches, recevoir toute ton âme dans un regard et ton cœur » dans l'accent d'un : *Oimè* ! ou d'un : *Alberto* ! nous pro- » mener devant tes orangers en fleurs, vivre quelques mois » au sein de ce sublime paysage... Voilà la vie. Oh ! quelle » niaiserie que de courir après le pouvoir, un nom, la for- » tune ! Mais tout est à Belgirate : là est la poésie, là est la

» là est la gloire ! J'aurais dû me faire ton intendant,
» ou, comme ce cher tyran que nous ne pouvons haïr
» me le proposait, y vivre en cavalier servant, ce que
» notre ardente passion ne nous a pas permis d'accepter.
» Est-ce un Italien que le duc ? m'est avis que c'est le père
» Éternel ! Adieu, mon ange, tu me pardonneras mes pro-
» chaines tristesses en faveur de cette gaieté tombée com-
» me un rayon du flambeau de l'Espérance, qui jusqu'a-
» lors me paraissait un feu follet. »

— Comme il aime ! s'écria Philomène en laissant tomber cette lettre qui lui sembla lourde à tenir. Après onze
ans écrire ainsi ?

— Mariette, dit Philomène à la femme de chambre, le
lendemain matin, allez jeter cette lettre à la poste, dites à
Jérôme que je sais tout ce que je voulais savoir, et qu'il
serve fidèlement monsieur Albert. Nous nous confesserons
de ces péchés sans dire à qui les lettres appartenaient, ni
où elles allaient. J'ai eu tort, c'est moi qui suis la seule
coupable.

— Mademoiselle a pleuré, dit Mariette.

— Oui, je ne voudrais pas que ma mère s'en aperçût,
donnez-moi de l'eau bien froide.

Philomène, au milieu des orages de sa passion, écoutait
souvent la voix de sa conscience. Touchée par cette admirable fidélité de deux cœurs, elle venait de faire ses prières,
et s'était dit qu'elle n'avait pas qu'à se résigner, à respecter le bonheur de deux êtres dignes l'un de l'autre, soumis
à leur sort, attendant tout de Dieu, sans se permettre d'actions ni de souhaits criminels. Elle se sentit meilleure, elle
éprouva quelque satisfaction intérieure après avoir pris
cette résolution inspirée par la droiture naturelle au jeune
âge. Elle y fut encouragée par une réflexion de jeune fille;
elle s'immolait pour *lui* !

— Elle ne sait pas aimer, pensait-elle. Ah ! si c'était moi,
je sacrifierais tout à un homme qui m'aimerait ainsi. Être
aimée ?... quand et par qui le serai-je, moi ! Ce petit monsieur de Soulas n'aime que ma fortune ; si j'étais pauvre,
il ne ferait seulement pas attention à moi.

— Philomène, ma petite, à quoi penses-tu donc, tu vas
au delà de la raie, dit la baronne à sa fille qui faisait des
pantoufles en tapisserie pour le baron.

Philomène passa tout l'hiver de 1834 à 1835 en mouvemens secrets tumultueux ; mais au printemps, au mois d'a-
vril, époque à laquelle elle atteignit à ses dix-huit ans, elle
se disait parfois qu'il serait bien de l'emporter sur une duchesse d'Argaiolo. Dans le silence et la solitude, la perspective de cette lutte avait allumé sa passion et ses mauvaises pensées. Elle développait par avance sa témérité
romanesque en faisant plans sur plans. Quoique de tels caractères soient exceptionnels, il existe malheureusement
beaucoup trop de Philomènes, et cette histoire contient une
leçon qui doit leur servir d'exemple. Pendant cet hiver,
Albert de Savarus avait sourdement fait un progrès immense dans Besançon. Sûr de son succès, il attendait avec
impatience la dissolution de la Chambre. Il avait conquis
parmi les hommes du juste-milieu l'un des faiseurs de
Besançon, un riche entrepreneur qui disposait d'une grande
influence.

Les Romains se sont partout donné des peines énormes,
ils ont dépensé des sommes immenses pour avoir d'excellentes eaux à discrétion dans toutes les villes de leur empire.
A Besançon, ils buvaient les eaux d'Arcier, montagne située
à une assez grande distance de Besançon. Besançon est
une ville assise dans l'intérieur d'un fer à cheval décrit
par le Doubs. Ainsi, rétablir l'aqueduc des Romains pour
boire l'eau que buvaient les Romains dans une ville arro-
sée par le Doubs, est une de ces niaiseries qui ne prennent
que dans une province où règne la gravité la plus exemplaire. Si cette fantaisie se logeait au cœur des Bisontins,
elle devait obliger à faire de grandes dépenses, et ces dépenses allaient profiter à l'homme influent. Albert Savaron
de Savarus décida que le Doubs n'était bon qu'à couler
sous des ponts suspendus, et qu'il n'y avait de potable que

l'eau d'Arcier. Des articles parurent dans la Revue de l'Est
qui ne furent que l'expression des idées du commerce bisontin. Les Nobles comme les Bourgeois, le Juste-milieu
comme les Légitimistes, le Gouvernement comme l'Opposition, enfin tout le monde se trouva d'accord pour vouloir
boire l'eau des Romains et jouir d'un pont suspendu. La
question des eaux d'Arcier fut à l'ordre du jour dans Besançon. A Besançon, comme pour les deux chemins de fer
de Versailles, comme pour des abus subsistans, il y eut des
intérêts cachés qui donnèrent une vitalité puissante à cette
idée. Les gens raisonnables, en petit nombre d'ailleurs, qui
s'opposaient à ce projet furent traités de *ganaches*. On ne
s'occupait que des deux plans de l'avocat Savaron. Après
dix-huit mois de travaux souterrains, cet ambitieux était
donc arrivé, dans la ville la plus immobile de France et la
plus réfractaire à l'étranger, à la remuer profondément, à
y faire, selon une expression vulgaire, la pluie et le beau
temps, à y exercer une influence positive sans être sorti de
chez lui. Il avait résolu le singulier problème d'être puissant quelque part sans popularité. Pendant cet hiver, il gagna sept procès pour des ecclésiastiques de Besançon.
Aussi ses deux cheminées respirait-il par avance l'air de la Chambre. Son cœur se gonflait à la pensée de son futur triomphe. Cet immense désir, qui lui faisait mettre en scène tant
d'intérêts, inventer tant de ressorts, absorbait les dernières
forces de son âme démesurément tendue. On vantait son
désintéressement, il acceptait sans observations les honoraires de ses clients. Mais ce désintéressement était de l'u-
sure morale, il attendait un prix pour lui plus considérable
que tout l'or du monde. Il avait acheté, soi-disant pour
rendre service à un négociant embarrassé dans ses affaires,
au mois d'octobre 1834, et avec les fonds de Léopold Hannequin, une maison qui lui donnait le cens d'éligibilité.
Ce placement avantageux n'eut pas l'air d'avoir été cherché ni désiré.

— Vous êtes un homme bien réellement remarquable,
dit à Savarus l'abbé de Grancey, qui naturellement observait et devinait l'avocat .Le vicaire général était venu lui
présenter un chanoine qui réclamait les conseils de l'avocat. — Vous êtes, lui dit-il, un prêtre qui n'est pas dans son
chemin. Un mot qui frappa Savarus.

De son côté, Philomène avait décidé dans sa forte tête de
frêle jeune fille d'amener monsieur de Savarus dans le salon
et de l'introduire dans la société de l'hôtel de Rupt. Elle bor-
nait encore ses désirs à voir Albert et à l'entendre. Elle avait
transigé pour ainsi dire, et les transactions ne sont souvent
que des trêves.

Les Rouxey, terre patrimoniale des Watteville, valait dix
mille francs de rentes, net ; mais, en d'autres mains, elle
eût rapporté bien davantage. L'insouciance du baron, dont
la femme devait avoir et eut quarante mille francs de revenu, laissait les Rouxey sous le gouvernement d'une espèce de maître Jacques, un vieux domestique de la maison
Watteville, appelé Modinier. Néanmoins, quand le baron
et la baronne éprouvaient le désir d'aller à la campagne,
ils allaient aux Rouxey, dont la situation est très-pittores-
que. Le château, le parc, tout a d'ailleurs été créé par le
fameux Watteville, dont la vieillesse active se passionna
pour ce lieu magnifique.

Entre deux petites alpes, deux pitons dont le sommet est
nu, et qui s'appellent le grand et le petit Rouxey, au milieu d'une gorge par où les eaux de ces montagnes termi-
nées par la Dent de Vilard, tombent et vont se joindre aux
délicieuses sources du Doubs, Watteville imagina de construire un barrage énorme, en y laissant deux déversoirs
pour le trop plein des eaux. En amont de son barrage, il
obtint un charmant lac, et en aval deux cascades, deux ra-
vissantes rivières avec lesquelles il arrosa la sèche et in-
culte vallée que dévastait jadis le torrent des Rouxey. Ce
lac, cette vallée, ces deux montagnes, il les enferma par
une enceinte, et se bâtit une chartreuse sur le barrage auquel il donna trois arpens de largeur, en y faisant apporter
toutes les terres qu'il fallut enlever pour creuser le double
lit de ses rivières factices et les canaux d'irrigation. Quand

le baron de Watteville se procura le lac au-dessus de son barrage, il était propriétaire des deux Rouxey, mais non de la vallée supérieure qu'il inondait ainsi, par laquelle on passait en tout temps, et qui se termine en fer à cheval au pied de la Dent de Vilard. Mais ce sauvage vieillard imprimait une si grande terreur que, pendant toute sa vie, il n'y eut aucune réclamation de la part des habitans des Riceys, petit village situé sur le revers de la Dent de Vilard. Quand le baron mourut, il avait réuni les pentes des deux Rouxey au pied de la Dent de Vilard par une forte muraille, afin de ne pas inonder les deux vallées qui débouchaient dans la gorge des Rouxey à droite et à gauche du pic de Vilard. Il mourut ayant conquis ainsi la Dent de Vilard. Ses héritiers se firent les protecteurs du village des Riceys et maintinrent ainsi l'usurpation. Le vieux meurtrier, le vieux renégat, le vieil abbé Watteville avait fini sa carrière en plantant des arbres, en construisant une superbe route, prise sur le flanc d'un des deux Rouxey, et qui rejoignait le grand chemin. De ce parc, de cette habitation dépendaient des domaines fort mal cultivés, des chalets dans les deux montagnes, et des bois inexploités. C'était sauvage et solitaire, sous la garde de la nature, abandonné au hasard de la végétation, mais plein d'accidens sublimes, Vous pouvez vous figurer maintenant les Rouxey.

Il est fort inutile d'embarrasser cette histoire en racontant les prodigieux efforts et les ruses empreintes de génie par lesquels Philomène arriva, sans le laisser soupçonner, à son but. Qu'il suffise de dire qu'elle obéissait à sa mère en quittant Besançon au mois de mai 1835, dans une vieille berline attelée de deux bons gros chevaux loués, et allant avec son père aux Rouxey.

L'amour explique tout aux jeunes filles. Quand, en se levant le lendemain de son arrivée aux Rouxey, Philomène aperçut de la fenêtre de sa chambre la belle nappe d'eau sur laquelle s'élevaient de ces vapeurs exhalées comme des fumées et qui s'engageaient dans les sapins et dans les mélèzes, en rampant le long des deux pics pour en gagner les sommets, elle laissa échapper un cri d'admiration.

— Ils se sont aimés devant des lacs ! Elle est sur un lac ! Décidément un lac est plein d'amour.

Un lac alimenté par des neiges a des couleurs d'opale et une transparence qui en fait un vaste diamant; mais quand il est serré comme celui des Rouxey entre deux blocs de granit vêtus de sapins, qu'il y règne un silence de savane ou de steppe, il arrache à tout le monde le cri que venait de jeter Philomène.

— On doit cela, lui dit son père, au fameux Watteville !

— Ma foi ! dit la jeune fille, il a voulu se faire pardonner ses fautes. Montons dans la barque et allons jusqu'au bout, dit-elle, nous gagnerons de l'appétit pour le déjeuner.

Le baron manda deux jeunes jardiniers qui savaient ramer, et prit avec lui son premier ministre Modinier. Le lac avait six arpens de largeur, quelquefois dix ou douze, et quatre cents arpens de long. Philomène eut bientôt atteint le fond qui se termine par la Dent de Vilard, la Jung-Frau de cette petite Suisse.

— Nous y voilà, monsieur le baron, dit Modinier en faisant signe aux deux jardiniers d'attacher la barque, voulez-vous venir voir...

— Voir quoi ? demanda Philomène.

— Oh! rien, dit le baron. Mais tu es une fille discrète, nous avons des secrets ensemble, je puis te dire ce qui me chiffonne l'esprit ; il s'est ému depuis 1830 des difficultés entre la commune des Riceys et moi, précisément à cause de la Dent de Vilard, et je voudrais les accommoder sans que ta mère le sache, car elle est entière, elle est capable de jeter feu et flammes, surtout en apprenant que le maire des Riceys, un républicain, a inventé cette contestation pour courtiser son peuple.

Philomène eut le courage de déguiser sa joie, afin de mieux agir sur son père.

— Quelle contestation ? fit-elle.

— Mademoiselle, les gens des Riceys, dit Modinier, ont

depuis longtemps droit de pâture et d'affouage dans leur côté de la Dent de Vilard. Or, monsieur Chantonnit, leur maire depuis 1830, prétend que la Dent tout entière appartient à sa commune, et soutient qu'il y a cent et quelques années on passait sur nos terres... Vous comprenez qu'alors nous ne serions plus chez nous. Puis ce sauvage en viendrait à dire, ce que disent les anciens des Riceys, que le terrain du lac a été pris par l'abbé de Watteville. C'est la mort des Rouxey, quoi !

— Hélas ! mon enfant, entre nous, c'est vrai, dit naïvement monsieur de Watteville. Cette terre est une usurpation consacrée par le temps. Aussi pour n'être jamais tourmenté, je voudrais proposer de définir à l'amiable mes limites de ce côté de la Dent de Vilard, et j'y bâtirais un mur.

— Si vous cédez devant la république, elle vous dévorera. C'était à vous de menacer les Riceys.

— C'est ce que je disais hier au soir à monsieur, répondit Modinier. Mais pour aborder dans ce sens, je lui proposais de venir voir s'il n'y avait pas, de ce côté de la Dent ou de l'autre, à une hauteur quelconque, des traces de clôture.

Depuis cent ans, de part et d'autre on exploitait la Dent de Vilard, cette espèce de mur mitoyen entre la commune des Riceys et les Rouxey, qui ne rapportait pas grand'chose, sans en venir à des moyens extrêmes. L'objet en litige étant couvert de neige six mois de l'année, était de nature à refroidir la question. Aussi fallut-il l'ardeur soufflée par la révolution de 1830 aux défenseurs du peuple, pour réveiller cette affaire par laquelle monsieur Chantonnit, maire des Riceys, voulait dramatiser son existence sur la tranquille frontière de Suisse, et immortaliser son administration. Chantonnit, comme son nom l'indique, était originaire de Neufchâtel.

— Mon cher père, dit Philomène en rentrant dans la barque, j'approuve Modinier. Si vous voulez obtenir la mitoyenneté de la dent de Vilard, il est nécessaire d'agir avec vigueur, et d'obtenir un jugement qui vous mette à l'abri des entreprises de ce Chantonnit. Pourquoi donc auriez-vous peur? Prenez pour avocat le fameux Savaron, prenez-le promptement pour que Chantonnit ne le charge pas des intérêts de sa commune. Celui qui a gagné la cause du Chapitre contre la Ville gagnera bien celle des Watteville contre les Riceys! D'ailleurs, dit-elle, les Rouxey seront un jour à moi (le plus tard possible, je l'espère), eh bien ! ne me laissez pas de procès. J'aime cette terre, et je l'habiterai souvent, je l'augmenterai tant que je pourrai. Sur ces rives, dit-elle en montrant les bases des deux Rouxey, je découperai des corbeilles, j'en ferai des jardins anglais ravissans... Allons à Besançon, et ne revenons ici qu'avec l'abbé de Grancey, monsieur Savaron et ma mère si elle le veut. C'est alors que vous pourrez prendre un parti; mais à votre place je l'aurais déjà pris. Vous vous nommez Watteville, et vous avez peur d'une lutte! Si vous perdez le procès... tenez, je ne vous dirai pas un mot de reproche.

— Oh! si tu le prends ainsi, dit le baron, je le veux bien, je verrai l'avocat.

— D'ailleurs, un procès, mais c'est très-amusant. Il jette un intérêt dans la vie, l'on va, l'on vient, l'on se démène. N'aurez-vous pas mille démarches à faire pour arriver aux juges... Nous n'avons pas vu l'abbé de Grancey pendant plus de vingt jours, tant il était occupé!

— Mais il s'agissait de toute l'existence du Chapitre, dit monsieur de Watteville. Puis, l'amour-propre, la conscience de l'archevêque, tout ce qui fait vivre les prêtres y était engagé! Ce Savaron ne sait pas ce qu'il a fait pour le Chapitre ! il l'a sauvé.

— Écoutez-moi, lui dit-elle à l'oreille, si vous avez monsieur Savaron pour vous, vous aurez gagné, n'est-ce pas? Eh bien ! laissez-moi vous donner un conseil : vous ne pouvez avoir monsieur Savaron pour vous que par monsieur de Grancey. Si vous m'en croyez, parlons ensemble à ce cher abbé, sans que ma mère soit de la conférence, car je sais un moyen de le décider à nous amener l'avocat Savaron.

— Il sera bien difficile de n'en pas parler à ta mère?

— L'abbé de Grancey s'en chargera plus tard ; mais décidez-vous à promettre votre voix à l'avocat Savaron aux prochaines élections, et vous verrez !

— Aller aux élections ! prêter serment ! s'écria le baron de Watteville.

— Bah ! dit-elle.

— Et que dira ta mère?

— Elle vous ordonnera peut-être d'y aller, répondit Philomène qui savait par la lettre d'Albert à Léopold les engagemens du vicaire général.

Quatre jours après, l'abbé de Grancey se glissait un matin de très bonne heure chez Albert de Savarus, après l'avoir prévenu la veille de sa visite. Le vieux prêtre venait conquérir le grand avocat à la maison Watteville, démarche qui révèle le tact et la finesse que Philomène avait souterrainement déployés.

— Que puis-je pour vous, monsieur le vicaire général? dit Savarus.

L'abbé, qui dégoisa l'affaire avec une admirable bonhomie, fut écouté froidement par Albert.

— Monsieur l'abbé, répondit-il, il m'est impossible de me charger des intérêts de la maison Watteville, vous allez comprendre pourquoi. Mon rôle ici consiste à garder la plus exacte neutralité. Je ne veux pas prendre couleur, et dois rester vice énigme jusqu'à la veille de mon élection. Or, plaider pour les Watteville, ce ne serait rien à Paris ; mais ici ?... Ici où tout se commente, je serais pour tout le monde l'homme de votre faubourg Saint-Germain.

— Eh ! croyez-vous, dit l'abbé, que vous pourrez être inconnu, quand, au jour des élections, les candidats s'attaqueront ? Mais alors on saura que vous vous nommez Savaron de Savarus, que vous avez été maître des requêtes, que vous êtes un homme de la Restauration !

— Au jour des élections, dit Savarus, je serai tout ce qu'il faudra que je sois. Je compte parler dans les réunions préparatoires...

— Si monsieur de Watteville et son parti vous appuyaient, vous auriez cent voix compactes et un peu plus sûres que celles sur lesquelles vous comptez. On peut toujours semer la division entre les Intérêts, on ne sépare point les Convictions.

— Eh, diable ! reprit Savarus, je vous aime et puis faire, beaucoup pour vous, mon père ! Peut-être y a-t-il des accommodemens avec le diable. Quel que soit le procès de monsieur de Watteville, on peut, en prenant Girardet et le guidant, traîner la procédure jusqu'après les élections. Je ne me chargerai de plaider que le lendemain de mon élection.

— Faites une chose, dit l'abbé ; venez à l'hôtel de Rupt, il s'y trouve une petite personne de dix-huit ans qui doit avoir un jour cent mille livres de rentes, et vous paraîtrez lui faire la cour...

— Ah ! cette jeune fille que je vois souvent sur ce kiosque...

— Oui, mademoiselle Philomène, reprit l'abbé de Grancey. Vous êtes ambitieux. Si vous lui plaisiez, vous seriez tout ce qu'un ambitieux veut être : ministre. On est toujours ministre, quand à une fortune de cent mille livres de rentes on joint vos étonnantes capacités.

— Monsieur l'abbé, dit vivement Albert, mademoiselle de Watteville aurait encore trois fois plus de fortune et m'adorerait, qu'il me serait impossible de l'épouser...

— Vous seriez marié ? fit l'abbé de Grancey.

— Non pas à l'église, non pas à la mairie, dit Savarus, mais moralement.

— C'est pire quand on y tient autant que vous paraissez y tenir, répondit l'abbé. Tout ce qui n'est pas fait peut se défaire. N'asseyez plus votre fortune ni vos plans sur un vouloir de femme, qu'un homme sage ne compte sur les souliers d'un mort pour se mettre en route.

— Laissons mademoiselle de Watteville, dit gravement

Albert, et convenons de nos faits. A cause de vous, quo j'aime et respecte, je plaiderai, mais après les élections, pour monsieur de Watteville. Jusque-là, son affaire sera conduite par Girardet d'après mes avis. Voilà tout ce que je puis faire.

— Mais il y a des questions qui ne peuvent se décider que d'après une inspection des localités, dit le vicaire général.

— Girardet ira, répondit Savarus. Je ne veux pas me permettre, au milieu d'une ville que je connais très-bien, une démarche de nature à compromettre les immenses intérêts que cache mon élection.

L'abbé de Grancey quitta Savarus en lui lançant un regard fin par lequel il semblait se rire de la politique compacte du jeune athlète, tout en admirant sa résolution.

— Ah ! j'aurai jeté mon père dans un procès! ah! j'aurai tant fait pour l'introduire ici ! se disait Philomène du haut du kiosque en regardant l'avocat dans son cabinet, le lendemain de la conférence entre Albert et l'abbé de Grancey, dont le résultat lui fut dit par son père. J'aurai commis des péchés mortels et tu ne viendrais pas dans le salon de l'hôtel de Rupt, et je n'entendrais pas ta voix si riche? Tu mets des conditions à ton concours quand les Watteville et les Rupt le demandent !... Eh bien ! Dieu le sait, je me coutentais de ces petits bonheurs : te voir, t'entendre, aller au Rouxey avec toi pour me les faire consacrer par ta présence. Je ne voulais pas davantage... Mais maintenant je serai ta femme!... Oui, oui, regarde *ses* portraits, examine *ses* salons, *sa* chambre, les quatre faces de *sa* villa, les points de vue de *ses* jardins. Tu attends *sa* statue ! je *la* rendrai de marbre elle-même pour toi!... Cette femme n'aime pas, d'ailleurs. Les arts, les sciences, les lettres, le chant, la musique, lui ont pris la moitié de ses sens et de son intelligence. Elle est vieille d'ailleurs, elle a plus de trente ans, et mon Albert serait malheureux !

— Qu'avez-vous donc à rester là, Philomène? lui dit sa mère en venant troubler les réflexions de sa fille. Monsieur de Soulas est au salon, et il remarquait votre attitude qui, certes, annonçait plus de pensées qu'on ne doit en avoir à votre âge.

— Monsieur de Soulas est ennemi de la pensée ? demanda-t-elle.

— Vous pensiez donc? dit madame de Watteville.

— Mais oui, maman.

— Eh bien ! non, vous ne pensiez pas. Vous regardiez les fenêtres de cet avocat ; occupation qui n'est ni convenable ni décente, et que monsieur de Soulas moins qu'un autre devait remarquer.

— Eh ! pourquoi? dit Philomène.

— Mais, dit la baronne, il est temps que vous sachiez nos intentions : Amédée vous trouve bien, et vous ne serez pas malheureuse d'être comtesse de Soulas.

Pâle comme un lis, Philomène ne répondit rien à sa mère, tant la violence de ses sentiments contrariés la rendit stupide. Mais en présence de cet homme qu'elle haïssait profondément depuis un instant, elle trouva ne sais quel sourire que trouvent les danseuses pour le public. Enfin elle lui put rire, et elle la force de cacher sa fureur qui se calma, car elle résolut d'employer à ses desseins ce gros et niais jeune homme.

— Monsieur Amédée, lui dit-elle pendant un moment où la baronne était en avant d'eux dans le jardin, en affectant de laisser les jeunes gens seuls, vous ignoriez donc que monsieur Albert Savaron de Savarus est légitimiste ?

— Légitimiste?

— Avant 1830, il était maître des requêtes au conseil d'Etat, attaché à la présidence du conseil des ministres, bien vu du Dauphin et de la Dauphine. Il eût été bien à vous de ne pas dire du mal de lui ; mais il serait encore mieux d'aller aux Elections cette année, de le porter et d'empêcher ce pauvre monsieur de Chavoncourt de représenter la ville de Besançon.

— Quel intérêt subit prenez-vous donc à ce Savaron?

— Monsieur Albert de Savarus, fils naturel du comte de Savarus (oh ! gardez-moi bien le secret sur cette indiscrétion), s'il est nommé député, sera notre avocat dans l'affaire des Rouxey. Les Rouxey, m'a dit mon père, seront ma propriété, j'y veux demeurer, c'est ravissant ! Je serais au désespoir de voir cette magnifique création du grand Watteville détruite...

— Diantre! se dit Amédée en sortant de l'hôtel de Rupt, cette fille n'est pas sotte.

Monsieur de Chavoncourt est un royaliste qui appartient aux fameux Deux-Cent-Vingt-et-Un. Aussi, dès le lendemain de la révolution de Juillet, prêcha-t-il la salutaire doctrine de la prestation du serment et de la lutte avec l'Ordre de choses à l'instar des *torys* contre les *wighs* en Angleterre. Cette doctrine ne fut pas accueillie par les Légitimistes qui, dans la défaite, eurent l'esprit de se diviser d'opinions et de s'en tenir à la force d'inertie et à la Providence. En butte à la défiance de son parti, monsieur de Chavoncourt parut aux gens du Juste-Milieu le plus excellent choix à faire ; ils préférèrent le triomphe de ses opinions modérées à l'ovation d'un républicain qui réunissait les voix des exaltés et des patriotes. Monsieur de Chavoncourt, homme très-estimé dans Besançon, représentait une vieille famille parlementaire; sa fortune, d'environ quinze mille francs de rente, ne choquait personne, d'autant plus qu'il avait un fils et trois filles. Quinze mille francs de rente ne sont rien avec de pareilles charges. Or, lorsqu'en de semblables circonstances un père de famille reste incorruptible, il est difficile que des électeurs ne l'estiment pas. Les électeurs se passionnent pour le beau idéal de la vertu parlementaire, tout autant qu'un parterre pour la peinture de sentiments généreux qu'il pratique très-peu. Madame de Chavoncourt, alors âgée de quarante ans, était une des belles femmes de Besançon. Pendant les sessions, elle vivait petitement dans un de ses domaines, afin de retrouver par ses économies les dépenses que faisait à Paris monsieur de Chavoncourt. En hiver, elle recevait honorablement un jour par semaine, le mardi; mais en entendant très-bien son métier de maîtresse de maison. Le jeune Chavoncourt, âgé de vingt-deux ans, et un autre jeune gentilhomme, nommé monsieur de Vauchelles, pas plus riche qu'Amédée, et de plus son camarade de collège, étaient excessivement liés. Ils se promenaient ensemble à Granville, ils faisaient quelques parties de chasse ensemble; ils étaient si connus pour être inséparables qu'on les invitait à la campagne ensemble. Philomène, également liée avec les petites Chavoncourt, savait que ces trois jeunes gens n'avaient point de secrets les uns pour les autres. Elle se dit que si monsieur de Soulas commettait une indiscrétion, ce serait avec ses deux amis intimes. Or, monsieur de Vauchelles avait son plan fait pour son mariage comme Amédée pour le sien : il voulait épouser Victoire, l'aînée des petites Chavoncourt, à laquelle une vieille tante devait assurer un domaine de sept mille francs de rente et cent mille francs d'argent au contrat. Victoire était la filleule et la prédilection de cette tante. Evidemment alors le jeune Chavoncourt et Vauchelles avertiraient monsieur de Chavoncourt du péril que les prétentions d'Albert allaient lui faire courir. Mais ce ne fut pas assez pour Philomène, elle écrivit de la main gauche au préfet du département une lettre anonyme signée *un ami de Louis-Philippe*, où elle le prévenait de la candidature tenue secrète de monsieur Albert de Savarus, en lui faisant apercevoir le dangereux concours qu'un orateur royaliste prêterait à Berryer, et lui dévoilant la profondeur de la conduite tenue par l'avocat depuis deux ans à Besançon. Le préfet était un homme habile, ennemi personnel du parti royaliste, et dévoué par conviction au gouvernement de Juillet, enfin un de ces hommes qui font dire, rue de Grenelle, au Ministère de l'Intérieur : — Nous avons un bon préfet à Besançon. Ce préfet lut la lettre, et, selon la recommandation, il la brûla.

Philomène voulait faire manquer l'élection d'Albert

pour le conserver pendant cinq autres années à Besançon.

Les Elections furent alors une lutte entre les partis, et pour en triompher, le Ministère choisit son terrain en choisissant le moment de la lutte. Ainsi les Elections ne devaient avoir lieu qu'à trois mois de là. Quand un homme attend toute sa vie d'une élection, le temps qui s'écoule entre l'ordonnance de convocation des collèges électoraux et le jour fixé pour leurs opérations, est un temps pendant lequel la vie ordinaire est suspendue. Aussi Philomène comprit-elle combien de lutte lui laissaient pendant ces trois mois les préoccupations d'Albert. Elle obtint de Mariette, à qui, comme elle l'avoua plus tard, elle promit de la prendre ainsi que Jérôme à son service, de lui remettre les lettres qu'Albert enverrait en Italie et les lettres qui viendraient pour lui de ce pays. Et, tout en machinant ses plans, cette étonnante fille faisait des pantoufles à son père de l'air le plus naïf du monde. Elle redoubla même de candeur et d'innocence en comprenant à quoi pouvait servir son air d'innocence et de candeur.

— Philomène devient charmante, disait la baronne de Watteville.

Deux mois avant les élections, une réunion eut lieu chez monsieur Boucher le père, composée de l'entrepreneur qui comptait sur les travaux du pont et des eaux d'Arcier, du beau-père de monsieur Boucher, de monsieur Granet, cet homme influent à qui Savarus avait rendu service et qui devait le proposer comme candidat, de l'avoué Girardet, de l'imprimeur de la *Revue de l'Est* et du président du tribunal de commerce. Enfin cette réunion compta vingt-sept de ces personnes appelées dans les provinces *les gros bonnets*. Chacune d'elles représentait en moyenne six voix; mais en les recensant, elles furent portées à dix, car on commence toujours par s'exagérer à soi-même son influence. Parmi ces vingt-sept personnes, le préfet en avait une à lui, quelque faux-frère qui secrètement attendait une faveur du Ministère pour les siens ou pour lui-même. Dans cette première réunion, on convint de choisir l'avocat Savaron pour candidat, avec un enthousiasme que personne n'aurait osé espérer à Besançon. En attendant chez lui qu'Alfred Boucher vînt le chercher, Albert causait avec l'abbé de Grancey, qui s'intéressait à cette immense ambition. Albert avait reconnu l'énorme capacité politique du prêtre, et le prêtre ému par les prières de ce jeune homme, avait bien voulu lui servir de guide et de conseil dans cette lutte suprême. Le Chapitre n'aimait pas monsieur de Chavoncourt; car le beau-frère de sa femme, président du tribunal, avait fait perdre le fameux procès en première instance.

— Vous êtes trahi, mon cher enfant, lui disait le fin et respectable abbé de cette voix douce et calme que se font les vieux prêtres.

— Trahi!... s'écria l'amoureux atteint au cœur.

— Et par qui, je n'en sais rien, répliqua le prêtre. La Préfecture est au fait de vos plans et lit dans votre jeu. Je ne puis vous donner en ce moment aucun conseil. De semblables affaires veulent être étudiées. Quant à ce soir, dans cette réunion, allez au-devant des coups qu'on va vous porter. Dites toute votre vie antérieure, vous atténuerez ainsi l'effet que cette découverte produirait sur les Bisontins.

— Oh! je m'y suis attendu, dit Savarus d'une voix altérée.

— Vous n'avez pas voulu profiter de mon conseil, vous avez eu l'occasion de vous produire à l'hôtel de Rupt, vous ne savez pas ce que vous y auriez gagné...

— Quoi?

— L'unanimité des royalistes, un accord momentané pour aller aux élections... Enfin, plus de cent voix! En y joignant ce que nous appelons entre nous les *voix ecclésiastiques*, vous n'étiez pas encore nommé ; mais vous étiez maître de l'élection par le ballotage. Dans ce cas, on parlemente, on arrive...

En entrant, Alfred Boucher, qui plein d'enthousiasme

annonça le vœu de la réunion préparatoire, trouva le vicaire général et l'avocat froids, calmes et graves.

— Adieu, monsieur l'abbé, dit Albert, nous causerons plus à fond de votre affaire après les élections.

Et l'avocat prit le bras d'Alfred, après avoir serré significativement la main de monsieur de Grancey. Le prêtre regarda cet ambitieux, dont alors le visage eut cet air sublime que doivent avoir les généraux en entendant le premier coup de canon de la bataille. Il leva les yeux au ciel et sortit en se disant : — Quel beau prêtre il ferait !

L'éloquence n'est pas au barreau. Rarement l'avocat y déploie les forces réelles de l'âme, autrement il y périrait en quelques années. L'éloquence est rarement dans la chaire aujourd'hui ; mais elle est dans certaines séances de la chambre des députés où l'ambitieux joue le tout pour le tout, où piqué de mille flèches il éclate à un moment donné. Mais elle est encore bien certainement chez certains êtres privilégiés dans le quart d'heure fatal où leurs prétentions vont échouer ou réussir, et où ils sont forcés de parler. Aussi dans cette réunion, Albert Savarus, en sentant la nécessité de se faire des séides, développa-t-il toutes les facultés de son âme et les ressources de son esprit. Il entra bien dans le salon, sans gaucherie ni arrogance, sans faiblesse, sans lâcheté, gravement, et se vit sans surprise au milieu de trente et quelques personnes. Déjà le bruit de la réunion et sa décision avaient amené quelques moutons dociles à la clochette. Avant d'écouter monsieur Boucher, qui voulait lui lâcher un *speech* à propos de la résolution du Comité-Boucher, Albert réclama le silence en faisant un signe et serrant la main à monsieur Boucher, comme pour le prévenir d'un danger subitement advenu.

—Mon jeune ami, Alfred Boucher, vient de m'annoncer l'honneur qui m'est fait. Mais avant que cette décision devienne définitive, dit l'avocat, je crois devoir vous expliquer quel est votre candidat, afin de vous laisser libres encore de reprendre vos paroles si mes déclarations troublaient vos consciences.

Cet exorde eut pour effet de faire régner un profond silence. Quelques hommes trouvèrent ce mouvement fort noble.

Albert expliqua sa vie antérieure en disant son vrai nom, ses œuvres sous la Restauration, en se faisant un homme nouveau depuis son arrivée à Besançon, en prenant des engagements pour l'avenir. Cette improvisation tint, dit-on, tous les auditeurs haletans. Ces hommes à intérêts si divers furent subjugués par l'admirable éloquence sortie bouillante du cœur et de l'âme de cet ambitieux. L'admiration empêcha toute réflexion. On ne comprit qu'une seule chose, la chose qu'Albert voulait jeter dans ces têtes.

Ne valait-il pas mieux pour une ville non d'un de ces hommes destinés à gouverner la société toute entière, qu'une machine à voter ? Un homme d'état apporte tout un pouvoir, le député médiocre mais incorruptible n'est qu'une conscience. Quelle gloire pour la Provence d'avoir deviné Mirabeau, d'avoir envoyé depuis 1830 le seul homme d'État qu'ait produit la révolution de Juillet !

Soumis à la pression de cette éloquence, tous les auditeurs la crurent de force à devenir un magnifique instrument politique dans leur représentant. Ils virent tous Savarus le ministre dans Albert Savaron. En devinant les secrets calculs de ses auditeurs, l'habile candidat leur fit entendre qu'ils acquéraient, eux les premiers, le droit de se servir de son influence.

Cette profession de foi, cette déclaration d'ambitieux, ce récit de sa vie et de son caractère fut, au dire du seul homme capable de juger Savarus et qui depuis est devenu l'une des capacités de Besançon, un chef-d'œuvre d'adresse, de sentiment, de chaleur, d'intérêt et de séduction. Ce tourbillon enveloppa les électeurs. Jamais homme n'eut un pareil triomphe. Mais malheureusement la parole, espèce d'arme à bout portant, n'a qu'un effet immédiat. La réflexion tue la parole quand la parole n'a pas triomphé de la réflexion. On n'eût voté, certes le nom d'Albert sortait de l'urne ! A l'instant même, il était vainqueur. Mais il lui

fallait vaincre ainsi tous les jours pendant deux mois. Albert sortit palpitant. Applaudi par des Bisontins, il avait obtenu le grand résultat de tuer par avance les méchans propos auxquels donneraient lieu ses antécédens. Le commerce de Besançon fit de l'avocat Savaron de Savarus son candidat. L'enthousiasme d'Alfred Boucher, contagieux d'abord, devait à la longue devenir maladroit.

Le préfet, épouvanté de ce succès, se mit à compter le nombre des voix ministérielles, et sut se ménager une entrevue secrète avec monsieur de Chavoncourt, afin de se coaliser dans l'intérêt commun. Chaque jour, et sans qu'Albert pût savoir comment, les voix du Comité-Boucher diminuèrent. Un mois avant les élections, Albert se voyait à peine soixante voix. Rien ne résistait au lent travail de la préfecture. Trois ou quatre hommes habiles disaient aux cliens de Savarus : « Le député plaidera-t-il et gagnera-t-il vos affaires ? vous donnera-t-il ses conseils, fera-t-il vos traités, vos transactions ? Vous l'aurez pour esclave encore pour cinq ans, si au lieu de l'envoyer à la chambre vous lui donnez seulement l'espérance d'y aller dans cinq ans. » Ce calcul fut d'autant plus nuisible à Savarus, que déjà quelques femmes de négocians l'avaient fait. Les intéressés à l'affaire du pont et ceux des eaux d'Arcier ne résistèrent pas à une conférence avec un adroit ministériel, qui leur prouva que la protection pour eux était à la préfecture et non pas chez un ambitieux. Chaque jour fut une défaite pour Albert, quoique chaque jour fût une bataille dirigée par lui, mais jouée par ses lieutenans, une bataille de mots, de discours, de démarches. Il n'osait aller chez le vicaire général et le vicaire général ne se montrait pas. Albert se levait et se couchait avec la fièvre et le cerveau tout en feu.

Enfin arriva le jour de la première lutte, ce qu'on appelle une réunion préparatoire, où les voix se comptent, où les candidats jugent leurs chances, et où les gens habiles peuvent prévoir la chute ou le succès. C'est une scène de *hustings* honnête, sans populace, mais terrib'e : les émotions, pour ne pas avoir d'expression physique comme en Angleterre, n'en sont pas moins profondes. Les Anglais font les choses à coups de poings, en France elles se font à coups de phrases. Nos voisins ont une bataille, les Français jouent leur part par de froides combinaisons élaborées avec calme. Cet acte politique se passe à l'inverse du caractère des deux nations. Le parti radical eut son candidat, monsieur de Chavoncourt se présenta, puis vint Albert qui fut accusé par les radicaux et par le Comité-Chavoncourt d'être un membre de la droite sans transaction, un double de Berryer. Le ministère avait son candidat, un homme sacrifié qui servait à masser les votes ministériels purs. Les voix ainsi divisées n'arrivèrent à aucun résultat. Le candidat républicain eut vingt voix, le ministère en réunit cinquante, Albert en compta soixante-dix, monsieur de Chavoncourt en obtint soixante-sept. Mais la perfide préfecture avait fait voter pour Albert trente de ses voix les plus dévouées, afin d'abuser son antagoniste. Les voix de monsieur de Chavoncourt réunies aux quatre-vingts voix réelles de la préfecture, devenaient maîtresses de l'élection pour peu que le préfet sût détacher quelques voix du parti radical. Cent soixante voix manquaient, les voix de monsieur de Grancey, et les voix légitimistes. Une réunion préparatoire est aux élections ce qu'est au théâtre une répétition générale, que qu'il y a de plus trompeur au monde. Albert Savarus revint chez lui, faisant bonne contenance, mais mourant. Il avait eu l'esprit, le génie, ou le bonheur de conquérir dans ces quinze derniers jours deux hommes dévoués, le beau-père de Girardet et un vieux négociant très fin chez qui l'envoya monsieur de Grancey. Ces deux braves gens devenus ses espions semblaient être les plus ardens ennemis de Savarus dans les camps opposés. Sur la fin de la séance préparatoire, ils apprirent à Savarus, par l'intermédiaire de monsieur Boucher, que trente voix inconnues faisaient contre lui, dans son parti, le métier qu'il faisaient pour son compte chez les autres ? Un criminel qui marche au supplice ne souffre pas ce qu'Albert souffrit en revenant chez lui de la salle où son sort s'était joué. L'amoureux au désespoir ne voulut être accompagné de personne. Il marcha seul par les rues, entre onze heures et minuit.

A une heure du matin, Albert, que depuis trois jours le sommeil ne visitait plus, était assis dans sa bibliothèque, sur un fauteuil à la Voltaire, la tête pâle comme s'il allait expirer, les mains pendantes, dans une pose d'abandon digne de la Magdeleine. Des larmes roulaient entre ses longs cils, de ces larmes qui mouillent les yeux et qui ne roulent pas sur les joues : la pensée les boit, le feu de l'âme les dévore! Seul, il pouvait pleurer. Il aperçut alors sous le kiosque une forme blanche qui lui rappela Francesca.

— Et voici trois mois que je n'ai reçu de lettre d'*elle* ! Que devient-elle ? je suis resté deux mois sans lui rien écrire, mais je l'ai prévenue. Est-elle malade? O mon amour! ô ma vie! sauras-tu jamais ce que j'ai souffert? Quelle fatale organisation est la mienne! Ai-je un anévrisme ? se demanda-t-il en sentant son cœur qui battait si violemment que les pulsations retentissaient dans le silence comme si de légers grains de sable eussent frappé sur une grosse caisse.

En ce moment trois coups discrets retentirent à la porte d'Albert, il alla promptement ouvrir, et faillit se trouver mal de joie en voyant au vicaire général un air gai, l'air du triomphe. Il saisit l'abbé de Grancey, sans lui dire un mot, le tint dans ses bras, le serra, laissant aller sa tête sur l'épaule de ce vieillard. Et il redevint enfant, il pleura comme il avait pleuré quand il sut que Francesca Soderini était mariée. Il ne laissa voir sa faiblesse qu'à ce prêtre, sur le visage de qui brillaient les lueurs d'une espérance. Le prêtre avait été sublime, et aussi fin que sublime.

— Pardon, cher abbé, mais vous êtes venu dans un de ces momens suprêmes où l'homme disparaît, car ne me croyez pas un ambitieux vulgaire.

— Oui, je le sais, reprit l'abbé, vous avez écrit l'AMBITIEUX PAR AMOUR ! Hé ! mon enfant, c'est un désespoir d'amour qui m'a fait prêtre en 1786, à vingt-deux ans. En 1788, j'étais curé. Je sais la vie. J'ai déjà refusé trois évêchés, je veux mourir à Besançon.

— Venez *la* voir ! s'écria Savarus en prenant la bougie et menant l'abbé dans le cabinet magnifique où se trouvait le portrait de la duchesse d'Argaiolo qu'il éclaira.

— C'est une de ces femmes qui sont faites pour régner! dit le vicaire en comprenant ce qu'Albert lui témoignait d'affection par cette muette confidence. Mais il y a bien de la fierté sur ce front, il est implacable; elle ne pardonnerait pas une injure ! C'est un archange Michel, l'ange des exécutions, l'ange inflexible... Tout ou rien! est la devise de ces caractères angéliques. Il y a je ne sais quoi de divinement sauvage dans cette tête !...

— Vous l'avez bien devinée! s'écria Savarus. Mais, mon cher abbé, voici plus de douze ans qu'elle règne sur ma vie, et je n'ai pas une pensée à me reprocher...

— Ah! si vous en aviez autant fait pour Dieu!... dit naïvement l'abbé. Parlons de vos affaires. Voici dix jours que je travaille pour vous. Si vous êtes un vrai politique, vous suivrez mes conseils cette fois-ci. Vous n'en seriez pas où vous en êtes, si vous étiez allé quand je vous le disais à l'hôtel de Rupt ; mais vous irez demain, je vous y présente le soir. La terre des Rouxey est menacée, il faut plaider dans deux jours... L'élection ne se fera pas avant trois jours. On aura soin de ne pas avoir fini de constituer le bureau le premier jour; nous aurons plusieurs scrutins, et vous arriverez par un ballottage...

— Et comment ?...

— En gagnant le procès des Rouxey, vous aurez quatre-vingts voix légitimistes, ajoutez-les aux trente voix dont je dispose, nous arrivons à cent dix. Or, comme il vous en restera vingt du Comité-Boucher, vous en posséderez en tout cent trente.

— Hé ! bien, dit Albert, il en faut soixante-quinze de plus...

— Oui, dit le prêtre, car tout le reste est au ministère. Mais, mon enfant, vous avez à vous deux cent voix, et la préfecture n'en a que cent quatre-vingts.

— J'ai deux cents voix?... dit Albert qui demeura stupide d'étonnement après s'être dressé sur ses pieds comme poussé par un ressort.

— Vous avez les voix de monsieur de Chavoncourt, reprit l'abbé.

— Et comment ? dit Albert.

— Vous épousez mademoiselle Sidonie de Chavoncourt.

— Jamais !

— Vous épousez mademoiselle Sidonie de Chavoncourt, répéta froidement le prêtre.

— Mais, voyez ? elle est implacable, dit Albert en montrant Francesca.

— Vous épousez mademoiselle Chavoncourt, répéta froidement le prêtre pour la troisième fois.

Cette fois Albert comprit. Le vicaire général ne voulait pas tremper dans le plan qui souriait enfin à ce politique au désespoir. Une parole de plus eût compromis la dignité, l'honnêteté du prêtre.

— Vous trouverez demain à l'hôtel de Rupt madame de Chavoncourt et sa seconde fille, vous la remercierez de ce qu'elle doit faire pour vous, vous lui direz que votre reconnaissance est sans bornes ; enfin vous lui appartiendrez corps et âme, votre avenir est désormais celui de sa famille, vous êtes désintéressé, vous avez une si grande confiance en vous que vous regardez une nomination de député comme une dot suffisante. Vous aurez un combat avec madame de Chavoncourt, elle voudra votre parole. Cette soirée, mon fils est tout votre avenir. Mais, sachez-le, je ne suis pour rien là-dedans. Moi, je ne suis coupable que des voix légitimistes, je vous ai conquis madame de Watteville, et c'est toute l'aristocratie de Besançon. Amédée de Soulas et Vauchelles, qui voteront pour vous, ont entraîné la jeunesse, madame de Watteville vous aura les vieillards. Quant à mes voix, elles sont infaillibles.

— Qui donc a tourné madame de Chavoncourt, demanda Savarus.

— Ne me questionnez pas, répondit l'abbé. Monsieur de Chavoncourt, qui a trois filles à marier, est incapable d'augmenter sa fortune. Si Vauchelles épouse la troisième sans dot, à cause de la vieille tante qui finance au contrat, que faire des deux autres ? Sidonie a seize ans, et vous avez des trésors dans votre ambition. Quelqu'un a dit à madame de Chavoncourt qu'il valait mieux marier sa fille que d'envoyer son mari manger de l'argent à Paris. Ce quelqu'un mène madame de Chavoncourt, et madame de Chavoncourt mène son mari.

— Assez, cher abbé ! Je comprends. Une fois nommé député, j'ai la fortune de quelqu'un à faire, et en la faisant splendide je serai dégagé de ma parole. Vous avez en moi un fils, un homme qui vous devra son bonheur. Mon Dieu! qu'ai-je fait pour mériter une si véritable amitié ?

— Vous avez fait triompher le chapitre, dit en souriant le vicaire général. Maintenant gardez le secret du tombeau sur tout ceci ! Si l'on nous savait nous mêlant d'élections, nous serions mangés tout crus par les puritains de la gauche qui font pis, et blâmés par quelques-uns des nôtres. Madame de Chavoncourt ne se doute pas de ma participation dans tout ceci. Je ne me suis fié qu'à madame de Watteville, sur qui nous pouvons compter comme sur nous-mêmes.

— Je vous amènerai la duchesse pour que vous nous bénissiez ! s'écria l'ambitieux.

Après avoir reconduit le vieux prêtre, Albert se coucha dans les langes du pouvoir.

A neuf heures du soir, le lendemain, comme chacun peut se l'imaginer, les salons de madame la baronne de Watteville étaient remplis par l'aristocratie bisontine convoquée extraordinairement. On y discutait l'*exception* d'aller aux élections pour faire plaisir à la fille des de Rupt.

On savait que l'ancien maître des requêtes, le secrétaire d'un des plus fidèles ministres de la branche aînée, allait être introduit. Madame de Chavoncourt était venue avec sa seconde fille Sidonie, mise divinement bien, tandis que l'aînée, sûre de son prétendu, n'avait recours à aucun artifice de toilette. Ces petites choses s'observent en province. L'abbé de Grancey montrait sa belle tête fine, de groupe en groupe, écoutant, n'ayant l'air de se mêler de rien, mais disant de ces mots incisifs qui résument les questions et les commandent.

— Si la branche aînée revenait, disait-il à un ancien homme d'État septuagénaire, quels politiques trouverait-elle ? — Seul sur son banc, Berryer ne sait que devenir ; s'il avait soixante voix, il entraverait le gouvernement dans bien des occasions, et renverserait des ministères ! — On va nommer le duc de Fitz-James à Toulouse. — Vous ferez gagner à monsieur de Watteville son procès ! — Si vous votez pour monsieur de Savarus, les républicains voteront avec vous plutôt que de voter avec les juste-milieu ! Etc.

A neuf heures, Albert n'était pas encore venu. Madame de Watteville voulut voir une impertinence dans un pareil retard.

— Chère baronne, dit madame de Chavoncourt, ne faisons pas dépendre d'une vétille de si sérieuses affaires. Quelque botte vernie qui tarde à sécher... une consultation... retiennent peut-être monsieur de Savarus.

Philomène regarda madame de Chavoncourt de travers.

— Elle est bien bonne pour monsieur de Savarus, dit Philomène tout bas à sa mère.

— Mais, reprit la baronne en souriant, il s'agit d'un mariage entre Sidonie et monsieur de Savarus.

Philomène alla brusquement vers une croisée qui donnait sur le jardin. A dix heures monsieur de Savarus n'avait pas encore paru. L'orage qui grondait éclata. Quelques nobles se mirent à jouer, trouvant la chose intolérable. L'abbé de Grancey, qui ne savait que penser, alla vers la fenêtre où Philomène s'était cachée, et dit tout haut, tant il était stupéfait : — Il doit être mort ! Le vicaire général sortit dans le jardin suivi de monsieur de Watteville, de Philomène, et tous trois ils montèrent sur le kiosque. Tout était fermé chez Albert, aucune lumière ne s'apercevait.

— Jérôme ! cria Philomène en voyant le domestique dans la cour. L'abbé de Grancey regarda Philomène. — Où donc est votre maître ? dit Philomène au domestique venu au pied du mur.

— Parti, en poste ! mademoiselle.

— Il est perdu, s'écria l'abbé de Grancey, ou heureux !

La joie du triomphe ne fut pas si bien étouffée sur la figure de Philomène qu'elle ne fût devinée par le vicaire général qui feignit de ne s'apercevoir de rien.

— Qu'est-ce que Philomène a pu faire en ceci ? se demandait le prêtre.

Tous trois ils rentrèrent dans les salons, où monsieur de Watteville annonça l'étrange, la singulière, l'ébouriffante nouvelle du départ de l'avocat Albert Savaron de Savarus en poste, sans qu'on sût les motifs de cette disparition. A onze heures et demie, il ne restait plus que quinze personnes, parmi lesquelles se trouvait madame de Chavoncourt et l'abbé de Godenars, autre vicaire général, homme d'environ quarante ans, qui voulait être évêque, les deux demoiselles de Chavoncourt et monsieur de Vauchelles, l'abbé de Grancey, Philomène, Amédée de Soulas, et un ancien magistrat démissionnaire, l'un des plus influens personnages de la haute société de Besançon, qui tenait beaucoup à l'élection d'Albert Savarus. L'abbé de Grancey se mit à côté de la baronne de manière à regarder Philomène, dont la figure, ordinairement pâle, offrait alors une coloration fiévreuse.

— Que peut-il être arrivé à monsieur de Savarus ? dit madame de Chavoncourt.

En ce moment un domestique en livrée apporta sur un plat d'argent une lettre à l'abbé de Grancey.

— Lisez, dit la baronne.

Le vicaire général lut la lettre, et vit Philomène devenir soudain blanche comme son fichu.

— Elle reconnaît l'écriture, se dit-il après avoir jeté sur la jeune fille un regard par-dessus ses lunettes. Il plia la lettre et la mit froidement dans sa poche sans dire un mot. En trois minutes il reçut de Philomène trois regards qui lui suffirent à tout deviner. — Elle aime Albert Savarus ! pensa le vicaire général. Il se leva, Philomène reçut une commotion ; il salua, fit quelques pas vers la porte, et, dans le second salon, il fut rejoint par Philomène qui lui dit : — Monsieur de Grancey, c'est de lui ! d'Albert !

— Comment pouvez-vous assez connaître son écriture pour le distinguer de si loin ?

Cette fille, prise dans les lacs de son impatience et de sa colère, dit un mot que l'abbé trouva sublime.

— Parce que je l'aime ! Qu'y a-t-il ? dit-elle après une pause.

— Il renonce à son élection, répondit l'abbé.

Philomène se mit un doigt sur les lèvres.

— Je demande le secret comme pour une confession, dit-elle avant de rentrer au salon. S'il n'y a plus d'élection, il n'y aura plus de mariage avec Sidonie !

Le lendemain matin, Philomène, en allant à la messe, apprit par Mariette une partie des circonstances qui motivaient la disparition d'Albert au moment le plus critique de sa vie.

— Mademoiselle, il est arrivé de Paris dans la matinée, à l'Hôtel National, un vieux monsieur qui avait sa voiture, une belle voiture à quatre chevaux, un courrier en avant et un domestique. Enfin, Jérôme, qui a vu la voiture au départ, prétend que ce ne peut être qu'un prince ou qu'un milord.

— Y avait-il sur la voiture une couronne fermée ? dit Philomène.

— Je ne sais pas, dit Mariette. Sur le coup de deux heures, il est venu chez monsieur Savarus en lui faisant remettre sa carte. En le voyant, monsieur, dit Jérôme, est devenu blanc comme un linge, et il a dit de faire entrer. Comme il a fermé lui-même sa porte à clef, il est impossible de savoir ce que ce vieux monsieur et l'avocat se sont dit ; mais ils sont restés environ une heure ensemble ; après quoi le vieux monsieur, accompagné de l'avocat, a fait monter son domestique. Jérôme a vu sortir ce domestique avec un immense paquet long de quatre pieds, qui avait l'air d'une grosse toile à canevas. Le vieux monsieur tenait à la main un gros paquet de papiers. L'avocat, plus pâle que s'il allait mourir, lui qui est si fier, si digne, était dans un état à faire pitié. Mais il agissait si respectueusement avec le vieux monsieur qu'il n'aurait pas eu plus d'égards pour le roi. Jérôme et monsieur Albert Savaron ont accompagné ce vieillard jusqu'à sa voiture, qui se trouvait tout attelée de quatre chevaux. Le courrier est parti sur le coup de trois heures. Monsieur est allé droit à la Préfecture, et de là chez monsieur Gentillet qui lui a vendu la vieille calèche de voyage de feu madame Saint-Vier, puis il a acheté des chevaux à la poste, et à sept heures il est rentré chez lui pour faire ses paquets ; sans doute il a écrit plusieurs billets ; enfin il a mis ordre à ses affaires avec monsieur Girardet qui est venu et qui est resté jusqu'à sept heures. Jérôme a porté un mot chez monsieur Boucher, où monsieur était attendu à dîner. Pour lors, à sept heures et demie, l'avocat est parti, laissant trois mois de gages à Jérôme et lui disant de chercher une place. Il a laissé ses clefs à monsieur Girardet qu'il a reconduit chez lui, et chez qui, dit Jérôme, il a pris une soupe, car monsieur Girardet n'avait pas encore dîné à sept heures et demie. Quand monsieur Savaron est remonté dans sa voiture, il était comme un mort. Jérôme, qui naturellement a salué son maître, l'a entendu disant au postillon : Route de Genève.

— Jérôme a-t-il demandé le nom de l'étranger à l'Hôtel National ?

— Comme le vieux monsieur ne faisait que passer, on

ne le lui a pas demandé. Le domestique, par ordre sans
doute, avait l'air de ne pas parler français.

— Et la lettre qu'a reçue si tard l'abbé de Grancey? dit
Philomène.

— C'est sans doute monsieur Girardet qui devait la lui
remettre; mais Jérôme dit que ce pauvre monsieur Girardet, qui aime l'avocat Savaron, était tout aussi saisi que lui.
Celui qui est venu avec mystère s'en va, dit mademoiselle
Galard, avec mystère.

Philomène eut à partir de ce récit un air penseur et ab-
sorbé qui fut visible pour tout le monde. Il est inutile de
parler du bruit que fit dans Besançon la disparition de l'a-
vocat Savaron. On sut que le préfet s'était prêté de la meilleure grâce du monde à lui expédier à l'instant un passe-
port pour l'étranger, car il se trouvait ainsi débarrassé de
son seul adversaire. Le lendemain, monsieur de Chavoncourt fut nommé d'emblée à une majorité de cent quarante voix.

— Jean s'en alla comme il était venu, dit un électeur en
apprenant la fuite d'Albert Savaron.

Cet événement vint à l'appui des préjugés qui existent
à Besançon contre les étrangers, et qui, deux ans auparavant, s'étaient corroborés à propos de l'affaire du journal
républicain. Puis, dix jours après, il n'était plus question
d'Albert de Savarus. Trois personnes seulement, l'avoué
Girardet, le vicaire général et Philomène, étaient gravement affectés par cette disparition. Girardet savait que l'é-
tranger aux cheveux blancs était le prince Soderini, car
il avait vu la carte, il le dit au vicaire général; mais Philomène, beaucoup plus instruite qu'eux, connaissait depuis environ trois mois la nouvelle de la mort du duc d'Argaiolo.

Au mois d'avril 1836, personne n'avait eu de nouvelles
ni entendu parler de monsieur Albert de Savarus. Jérôme
et Mariette allaient se marier; mais la baronne avait dit
confidentiellement à sa femme de chambre d'attendre le
mariage de Philomène, et que les deux noces se feraient
ensemble.

— Il est temps de marier Philomène, dit un jour la baronne à monsieur de Watteville, elle a dix-neuf ans, et depuis quelques mois elle change à faire peur...

— Je ne sais pas ce qu'elle a, dit le baron.

— Quand les pères ne savent pas ce qu'ont leurs filles,
les mères le devinent, dit la baronne, il faut la marier.

— Je le veux bien, dit le baron, et pour mon compte je
lui donne les Rouxey, maintenant que le tribunal nous a
mis d'accord avec la commune des Riceys en fixant mes limites à trois cents mètres à partir de la base de la Dent de
Vilard. On y creuse un fossé pour recevoir leurs eaux
et les diriger dans le lac. La Commune n'a pas appelé, le
jugement est définitif.

— Vous n'avez pas encore deviné, dit la baronne, que
ce jugement me coûte trente mille francs donnés à Chantonnit. Ce paysan ne voulait pas autre chose: il a l'air d'a-
voir gain de cause pour sa commune, et il nous a vendu la
paix. Si vous donnez les Rouxey, vous n'aurez plus rien,
dit la baronne.

— Je n'ai pas besoin de grand'chose, dit le baron, je
m'en vais.

— Vous mangez comme un ogre.

— Précisément: j'ai beau manger, je me sens les jambes de plus en plus faibles...

— C'est de tourner, dit la baronne.

— Je ne sais pas, dit le baron.

— Nous marierons Philomène à monsieur de Soulas; si
vous lui donnez les Rouxey, réservez-vous-en la jouissance;
moi je leur donnerai vingt-quatre mille livres de rente sur
le Grand-livre. Nos enfans demeureront ici, je ne les vois
pas bien malheureux...

— Non, je leur donne les Rouxey tout à fait. Philomène
aime les Rouxey.

— Vous êtes singulier avec votre fille! vous ne me demandez pas à moi si j'aime les Rouxey?

Philomène, appelée incontinent, apprit qu'elle épouse-

rait monsieur Amédée de Soulas dans les premiers jours
du mois de mai.

— Je vous remercie, ma mère, et vous, mon père, d'avoir
pensé à mon établissement, mais je ne veux pas me marier,
je suis très-heureuse d'être avec vous...

— Des phrases! dit la baronne. Vous n'aimez pas monsieur le comte de Soulas, voilà tout.

— Si vous vous savoir la vérité, je n'épouserai jamais
monsieur de Soulas...

— Oh! le jamais d'une fille de dix-neuf ans!... reprit la
baronne en souriant avec amertume.

— Le jamais de mademoiselle de Watteville, reprit
Philomène avec un accent prononcé. Mon père n'a pas,
je pense, l'intention de me marier sans mon consentement?

— Oh! ma foi! non, dit le pauvre baron en regardant sa
fille avec tendresse.

— Eh bien! répliqua sèchement la baronne en conte-
nant une fureur de dévote surprise de se voir bravée à
l'improviste, chargez-vous, monsieur de Watteville, d'établir vous-même votre fille! Songez-y bien, Philomène: si
vous ne vous mariez pas à mon gré, vous n'aurez rien de
moi pour votre établissement.

La querelle ainsi commencée entre madame de Watteville et le baron qui appuyait sa fille, alla si loin que Philomène et son père furent obligés de passer la belle saison
aux Rouxey; l'habitation de l'hôtel de Rupt leur était devenue insupportable. On apprit alors dans Besançon que
mademoiselle de Watteville avait positivement refusé monsieur le comte de Soulas. Après leur mariage, Jérôme et Mariette étaient venus aux Rouxey pour succéder un jour à Modinier. Le baron répara, restaura la Chartreuse au goût de sa
fille. En apprenant que cette réparation coûtait environ
soixante mille francs, que Philomène et son père faisaient
construire une serre, la baronne reconnut quelque levain de
malice dans sa fille. Le baron acheta plusieurs enclaves et un
petit domaine d'environ trente mille francs. On dit à madame de Watteville que loin d'elle Philomène se montrait une
maîtresse-fille, elle étudiait les moyens de faire valoir les
Rouxey, s'était donné une amazone et montait à cheval;
son père, qu'elle rendait heureux, qui ne se plaignait plus
de sa santé, qui devenait gras, l'accompagnait dans ses
excursions. Aux approches de la fête de la baronne, qui se
nommait Louise, le vicaire général vint alors aux Rouxey, sans doute envoyé par madame de Watteville et par
monsieur de Soulas pour négocier la paix entre la mère et
la fille.

— Cette petite Philomène a de la tête, disait-on dans Besançon.

Après avoir noblement payé les quatre-vingt dix mille
francs dépensés aux Rouxey, la baronne faisait passer à
son mari mille francs par mois environ pour y vivre: elle
ne voulait pas se donner des torts. Le père et la fille ne demandèrent pas mieux que de retourner, le quinze août, à
Besançon, pour y rester jusqu'à la fin du mois. Quand le vicaire général, après le dîner, prit Philomène à part pour
entamer la question du mariage en lui faisant comprendre
qu'il ne fallait plus compter sur Albert, de qui, depuis un
an, on n'avait aucune nouvelle, il fut arrêté net par un
geste de Philomène. Cette bizarre fille saisit monsieur de
Grancey par le bras et l'amena sur un banc, sous un massif de rhododendron, d'où se découvrait le lac.

— Ecoutez, cher abbé, vous que j'aime autant que mon
père, car vous avez de l'affection pour mon Albert, il faut
enfin vous l'avouer, j'ai commis des crimes pour être sa
femme, et il doit être mon mari... Tenez, lisez!

Elle lui tendit un numéro de gazette qu'elle avait dans la
poche de son tablier, en lui indiquant l'article suivant sous
la rubrique de Florence, au 25 mai.

« Le mariage de monsieur le duc de Rhétoré, fils aîné
» de monsieur le duc de Chaulieu, ancien ambassadeur,
» avec madame la duchesse d'Argaiolo, née princesse So-
» derini, s'est célébré avec beaucoup d'éclat. Des fêtes
» nombreuses, données à l'occasion de ce mariage, ani-

» ment en ce moment la ville de Florence. La fortune de
» madame la duchesse d'Argaiolo est une des plus consi-
» dérables de l'Italie, car le feu duc l'avait instituée sa
» légataire universelle. »

— Celle qu'il aimait est mariée, dit-elle, je les ai séparés !

— Vous, et comment? dit l'abbé.

Philomène allait répondre, lorsqu'un grand cri jeté par
deux jardiniers, et précédé du bruit d'un corps tombant à
l'eau, l'interrompit, elle se leva, courut en criant : — Oh !
mon père... Elle ne voyait plus le baron.

En voulant prendre un fragment de granit où il crut
apercevoir l'empreinte d'un coquillage, fait qui eût souf-
fleté quelque système de géologie, monsieur de Watteville
s'était avancé sur le talus, avait perdu l'équilibre et roulé
dans le lac dont la plus grande profondeur se trouve naturellement au pied de la chaussée. Les jardiniers eurent
une peine infinie à faire prendre au baron une perche en
fouillant à l'endroit où bouillonnait l'eau ; mais enfin ils
le ramenèrent couvert de vase où il était entré très avant
et où il enfonçait davantage en se débattant. Monsieur de
Watteville avait beaucoup dîné, sa digestion était commencée, elle fut interrompue. Quand il eut été déshabillé, net-
toyé, mis au lit, il fut dans un état si visiblement dangereux, que deux domestiques montèrent à cheval, l'un pour
Besançon, l'autre pour aller chercher au plus près un médecin et un chirurgien.

Quand madame de Watteville arriva huit heures après
l'événement avec les premiers chirurgien et médecin de
Besançon, ils trouvèrent monsieur de Watteville dans un
état désespéré, malgré les soins intelligens du médecin des
Riceys. La peur déterminait une infiltration séreuse au
cerveau, la digestion arrêtée achevait de tuer le pauvre
baron.

Cette mort, qui n'aurait pas eu lieu si, disait madame de
Watteville, son mari était resté à Besançon, fut attribuée
par elle à la résistance de sa fille, qu'elle prit en aversion
en se livrant à une douleur et à des regrets évidemment
exagérés. Elle appela le baron *son cher agneau!* Le dernier
Watteville fut enterré dans un îlot du lac des Rouxey, où
la baronne fit élever un petit monument gothique en
marbre blanc, pareil à celui dit d'Héloïse au Père-La-
chaise.

Un mois après cet événement, la baronne et sa fille vivaient à l'hôtel de Rupt dans un sauvage silence. Philomène
était en proie à une douleur sérieuse, qui ne s'épanchait
point au dehors : elle s'accusait de la mort de son père, et
soupçonnait un autre malheur, encore plus grand à ses
yeux, et bien certainement son ouvrage; car, ni l'avoué
Girardet, ni l'abbé de Grancey n'obtenaient de lumières sur
le sort d'Albert. Ce silence était effrayant. Dans un paroxysme de repentir, elle éprouva le besoin de révéler au
vicaire général les affreuses combinaisons par lesquelles
elle avait séparé Francesca d'Albert. Ce fut quelque chose
de simple et de formidable. Mademoiselle de Watteville
avait supprimé les lettres d'Albert à la duchesse, et celle
par laquelle Francesca annonçait à son amant la maladie
de son mari en le prévenant qu'elle ne pourrait plus lui
répondre pendant le temps qu'elle se consacrerait, comme
elle le devait, au moribond. Ainsi pendant les préoccupations d'Albert relativement aux élections, la duchesse ne
lui avait écrit que deux lettres, celle où elle lui apprenait
le danger du duc d'Argaiolo, celle où elle lui disait qu'elle
était veuve, deux nobles et sublimes lettres que Philomène
garda. Après avoir travaillé pendant plusieurs nuits, Philomène était parvenue à imiter parfaitement l'écriture d'Albert. Aux véritables lettres de cet amant fidèle, elle avait
substitué trois lettres dont les brouillons communiqués au
vieux prêtre le firent frémir, tant le génie du mal y appa-
raissait dans toute sa perfection. Philomène, tenant la
plume pour Albert, y préparait la duchesse au changement
du Français faussement infidèle. Philomène avait répondu
à la nouvelle de la mort du duc d'Argaiolo par la nouvelle

du prochain mariage d'Albert avec elle-même, Philomène.
Les deux lettres avaient dû se croiser et s'étaient croisées.
L'esprit infernal avec lequel les lettres furent écrites surpri
tellement le vicaire général qu'il les relut. A la dernière,
Francesca, blessée au cœur par une fille qui voulait tuer
l'amour chez sa rivale, avait répondu par ces simples mots :
« *Vous êtes libre, adieu.* »

— Les crimes purement moraux et qui ne laissent aucune prise à la justice humaine, sont les plus infâmes, les
plus odieux, dit sévèrement l'abbé de Grancey. Dieu les
punit souvent ici-bas : là gît la raison des épouvantables
malheurs qui nous paraissent inexplicables. De tous les
crimes secrets ensevelis dans les mystères de la vie privée,
un des plus déshonorans est celui de briser le cachet d'une
lettre ou de la lire subrepticement. Toute personne, quelle
qu'elle soit, poussée par quelque raison que ce soit, qui se
permet cet acte, a fait une tache ineffaçable à sa probité.
Sentez-vous tout ce qu'il y a de touchant, de divin dan
l'histoire de ce jeune page, faussement accusé, qui porte une
lettre où se trouve l'ordre de le tuer, qui se met en route
sans une mauvaise pensée, que la Providence prend alors
sous sa protection et qu'elle sauve, miraculeusement di-
sons-nous!... Savez-vous en quoi consiste le miracle? Les
vertus ont une auréole aussi puissante que celle de l'Enfance innocente. Je vous dis ces choses sans vouloir vous
admonester, dit le vieux prêtre à Philomène avec une profonde tristesse. Hélas! je ne suis pas ici le grand-pénitencier, vous n'êtes pas agenouillée aux pieds de Dieu, je suis
un ami terrifié par l'appréhension de vos châtimens. Qu'est-
il devenu, ce pauvre Albert ? ne s'est-il pas donné la mort!
Il cachait une violence inouïe sous son calme affecté. Je
comprends que le vieux prince Soderini, père de madame
la duchesse d'Argaiolo, est venu redemander les lettres et
les portraits de sa fille. Voilà le coup de foudre tombé sur
la tête d'Albert, qui aura sans doute essayé d'aller se justi-
fier... Mais comment, en quatorze mois, n'a-t-il pas donné
de ses nouvelles?

— Oh! si je l'épouse, il sera si heureux...

— Heureux?... il ne vous aime pas. Vous n'aurez d'ailleurs pas une si grande fortune à lui apporter. Votre mère
a la plus profonde aversion pour vous, vous lui avez fait
une sauvage réponse qui l'a blessée et qui vous ruinera.

— Quoi! dit Philomène.

— Quand elle vous a dit hier que l'obéissance était le
seul moyen de réparer vos fautes, et qu'elle vous a rappelé
la nécessité de vous marier en vous parlant d'Amédée. —
Si vous l'aimez tant, épousez-le, ma mère ! Lui avez-vous
oui ou non, jeté cette phrase à la tête.

— Oui, dit Philomène.

— Hh bien ! je la connais, reprit monsieur de Grancey,
dans quelques mois elle sera comtesse de Soulas! Elle aura, certes, des enfans, elle donnera quarante mille francs
de rentes à monsieur de Soulas ; en outre, elle lui fera
des avantages, et réduira votre part dans ses biens-fonds
autant qu'elle pourra. Vous serez pauvre pendant toute sa
vie, et elle a trente-huit ans ! Vous aurez pour tout
bien la terre des Rouxey et le peu de droit que vous lais-
sera la liquidation de la succession de votre père, si tou-
tefois votre mère consent à se départir de ses droits sur les
Rouxey ! Sous le rapport des intérêts matériels, vous avez
déjà bien mal arrangé votre vie ; sous le rapport des sentimens, je le crois bouleversée... Au lieu d'être venue à
votre mère...

Philomène fit un sauvage mouvement de tête.

— A votre mère, reprit le vicaire général, et à la Religion qui auraient, au premier mouvement de votre cœur,
éclairée, conseillée, guidée; vous avez voulu vous conduire seule, ignorant la vie et n'écoutant que la passion !

Ces paroles si sages épouvantèrent Philomène.

— Et que dois-je faire? dit-elle après une pause.

— Pour réparer vos fautes, il faudrait en connaître l'é-
tendue, demanda l'abbé.

— Eh bien ! je vais écrire au seul homme qui puisse
avoir des renseignemens sur le sort d'Albert, à monsieur

Léopold Hannequin, notaire à Paris, son ami d'enfance.

— N'écrivez plus que pour rendre hommage à la vérité, répondit le vicaire général. Confiez-moi les véritables lettres et les fausses, faites-moi vos aveux bien en détail, comme au directeur de votre conscience, en me demandant les moyens d'expier vos fautes et vous en rapportant à moi. Je verrai... Car, avant tout, rendez à ce malheureux son innocence devant l'être dont il a fait son dieu sur cette terre. Même après avoir perdu le bonheur, Albert doit tenir à sa justification.

Philomène promit à l'abbé de Grancey de lui obéir, en espérant que ses démarches auraient peut-être pour résultat de lui ramener Albert.

Peu de temps après la confidence de Philomène, un clerc de monsieur Léopold Hannequin vint à Besançon muni d'une procuration générale d'Albert, et se présenta tout d'abord chez monsieur Girardet pour le prier de vendre la maison appartenant à monsieur Savaron. L'avoué se chargea de cette affaire par amitié pour l'avocat. Ce clerc vendit le mobilier, et avec le produit put payer ce que devait Albert à Girardet, qui lors de l'inexplicable départ lui avait remis cinq mille francs, en se chargeant d'ailleurs de ses recouvremens. Quand Girardet demanda ce qu'était devenu ce noble et beau lutteur auquel il s'était intéressé, le clerc répondit que son patron seul le savait, et que le notaire avait paru très-affligé des choses contenues dans la dernière lettre écrite par monsieur Albert de Savarus.

En apprenant cette nouvelle, le vicaire général écrivit à Léopold. Voici la réponse du digne notaire.

« A MONSIEUR L'ABBÉ DE GRANCEY,

» vicaire général du diocèse de Besançon.

Paris.

» Hélas ! monsieur, il n'est au pouvoir de personne de
» rendre Albert à la vie du monde : il y a renoncé. Il est
» novice à la Grande-Chartreuse, près Grenoble. Vous savez
» encore mieux que moi, qui viens de l'apprendre, que
» tout meurt sur le seuil de ce cloître. En prévoyant ma visi-
» te, Albert a mis le Général des Chartreux entre tous nos
» efforts et lui. Je connais assez ce noble cœur pour savoir
» qu'il est victime d'une trame odieuse et pour nous invi-
» sible ; mais tout est consommé. Madame la duchesse
» d'Argaiolo, maintenant duchesse de Rhétoré, me semble
» avoir poussé la cruauté bien loin. A Belgirate, où elle
» n'était plus quand Albert y courut, elle avait laissé des
» ordres pour lui faire croire qu'elle habitait Londres. De
» Londres, Albert alla chercher sa maîtresse à Naples et de
» Naples à Rome, où elle s'engageait avec le duc de Rhétoré.
» Quand Albert put rencontrer madame d'Argaiolo, ce fut
» à Florence, au moment où elle célébrait son mariage.
» Notre pauvre ami s'est évanoui dans l'église, et n'a ja-
» mais pu, même en se trouvant en danger de mort, ob-
» tenir une explication de cette femme, qui devait avoir je
» ne sais quoi dans le cœur. Albert a voyagé pendant sept
» mois à la recherche d'une sauvage créature qui se faisait
» un jeu de lui échapper : il ne savait où la trouver pour la
» saisir. J'ai vu notre pauvre ami à son passage à Paris ;
» et si vous l'aviez vu comme moi, vous seriez aper-
» çu qu'il ne lui fallait pas dire un mot au sujet de la du-
» chesse, à moins de vouloir provoquer une crise où sa rai-
» son eût couru des risques. S'il avait connu son crime, il
» aurait pu trouver des moyens de justification ; mais, faus-
» sement accusé de s'être marié, que faire ? Albert est mort
» et bien mort pour le monde. Il a voulu le repos, espé-
» rons que le profond silence et la prière, dans lesquels il
» s'est jeté, feront son bonheur sous une autre forme. Si
» vous l'avez connu, monsieur, vous devez bien le plain-
» dre et plaindre aussi ses amis ! Agréez, etc. »

Aussitôt cette lettre reçue, le bon vicaire général écrivit au Général des Chartreux, et voici quelle fut la réponse d'Albert Savarus.

« LE FRÈRE ALBERT A MONSIEUR L'ABBÉ DE GRANCEY,

» vicaire général du diocèse de Besançon.

De la Grande-Chartreuse.

» J'ai reconnu, cher et bien-aimé vicaire général, votre
» âme tendre et votre cœur encore jeune dans tout ce qu'a
» vient de me communiquer le Révérend Père Général de
» notre Ordre. Vous avez deviné le seul vœu qui restât
» dans le dernier repli de mon cœur relativement aux
» choses du monde : faire rendre justice à mes sentimens
» par celle qui m'a si maltraité ! Mais, en me laissant la
» liberté d'user de votre offre, le Général a voulu savoir si
» ma vocation était sûre ; il a eu l'insigne bonté de me
» dire sa pensée en me voyant décidé à demeurer dans
» un absolu silence à cet égard. Si j'avais cédé à la tenta-
» tion de réhabiliter l'homme du monde, le religieux était
» rejeté de ce monastère. La Grâce a certainement agi ;
» car pour avoir été court, le combat n'en a pas été moins
» vif ni moins cruel. N'est-ce pas vous dire assez que je
» ne saurais rentrer dans le monde ? Aussi le pardon que
» vous me demandez pour l'auteur de tant de maux est-il
» bien entier et sans une pensée de dépit : je prierai Dieu
» qu'il veuille lui pardonner comme je lui pardonne, de
» même que je le prierai d'accorder une vie heureuse
» à madame de Rhétoré. Eh ! que ce soit la mort ou
» la main opiniâtre d'une jeune fille acharnée à se fai-
» re aimer, que ce soit un de ces coups attribués au
» hasard, ne faut-il pas toujours obéir à Dieu ? Le mal-
» heur fait dans certaines âmes un vaste désert où reten-
» tit la voix de Dieu. J'ai trop tard connu les rapports en-
» tre cette vie et celle qui nous attend, car tout est usé
» chez moi. Je n'aurais pu servir dans les rangs de l'Église
» militante ; et me jette pour le reste d'une vie presque
» éteinte au pied du sanctuaire. Voici la dernière fois que
» j'écris. Il a fallu que ce fut vous, qui m'aimiez et que
» j'aimais tant, pour me faire rompre la loi d'oubli que je
» me suis imposée en entrant dans la métropole de Saint-
» Bruno. Vous serez aussi, vous, particulièrement dans les
» prières de

» Frère ALBERT. »

Novembre 1836.

— Peut-être tout est-il pour le mieux, se dit l'abbé de Grancey.

Quand il eut communiqué cette lettre à Philomène, qui baisa par un mouvement pieux le passage qui contenait sa grâce, il lui dit : — Eh bien ! maintenant qu'il est perdu pour vous, ne voulez-vous pas vous réconcilier avec votre mère en épousant le comte de Soulas ?

— Il faudrait qu'Albert me l'ordonnât, dit-elle.

— Vous voyez qu'il est impossible de le consulter. Le Général ne le permettrait pas.

— Si j'allais le voir ?

— On ne voit point les Chartreux. Et d'ailleurs aucune femme, excepté la reine de France, ne peut entrer à la Chartreuse, dit l'abbé. Ainsi rien ne vous dispense plus d'épouser le jeune monsieur de Soulas.

— Je ne veux pas faire le malheur de ma mère, répondit Philomène.

— Satan ! s'écria le vicaire général.

Vers la fin de cet hiver, l'excellent abbé de Grancey mourut. Il n'y eut plus entre madame de Watteville et sa fille cet ami qui s'interposait entre ces deux caractères de fer. L'événement prévu par le vicaire général eut lieu. Au mois d'août 1837, madame de Watteville épousa monsieur de Soulas à Paris, où elle alla par le conseil de Philomène, qui se montra charmante et bonne pour sa mère. Du moins, madame de Watteville crut à l'amitié de sa fille ; mais Philomène voulait tout bonnement voir Paris pour se donner le plaisir d'une atroce vengeance : elle ne pensait qu'à ven-ger Savarus en martyrisant sa rivale.

On avait émancipé mademoiselle de Watteville, qui d'ail-leurs atteignait bientôt à l'âge de vingt-un ans. Sa mère, pour terminer ses comptes avec elle, lui avait abandonné ses droits sur les Rouxey, et la fille avait donné décharge à sa mère à raison de la succession du baron de Watteville. Philomène avait encouragé sa mère à épouser le comte de Soulas et à l'avantager.

— Ayons chacune notre liberté, lui dit-elle.

Madame de Soulas, inquiète des intentions de sa fille, fut surprise de cette noblesse de procédés, elle fit présent à Philomène de six mille francs de rente sur le grand-livre par acquit de conscience. Comme madame la comtesse de Soulas avait quarante-huit mille francs de revenus en terres, et qu'elle était incapable de les aliéner dans le but de diminuer la part de Philomène, mademoiselle de Watteville était encore un parti de dix-huit cent mille francs : les Rouxey pouvaient produire, avec quelques améliorations, vingt mille francs de rente, outre les avantages de l'habitation, ses redevances et ses réserves. Aussi Philomène et sa mère, qui prirent bientôt le ton et les modes de Paris, furent-elle facilement introduites dans le grand monde. La clef d'or, ces mots : dit-huit cent mille francs !... brodés sur le corsage de Philomène, servirent beaucoup plus la comtesse de Soulas que ses prétentions à la de Rupt, ses fiertés mal placées, et même que ses parentés tirées d'un peu loin.

Vers le mois de février 1838, Philomène, à qui bien des jeunes gens faisaient une cour assidue, réalisa le projet qui l'amenait à Paris. Elle voulait rencontrer la duchesse de Rhétoré, voir cette merveilleuse femme, et la plonger dans d'éternels remords. Aussi Philomène était-elle d'une recherche et d'une coquetterie étourdissantes, afin de se trouver avec la duchesse sur un pied d'égalité. La première rencontre eut lieu dans le bal annuellement donné pour les pensionnaires de l'ancienne Liste civile, depuis 1830.

Un jeune homme, poussé par Philomène, dit à la duchesse en la lui montrant : — Voilà l'une des jeunes personnes les plus remarquables, une forte tête ! Elle a fait jeter dans un cloître, à la Grande Chartreuse, un homme d'une grande portée, Albert de Savarus, dont l'existence a été brisée par elle. C'est mademoiselle de Watteville, la fameuse héritière de Besançon...

La duchesse pâlit, Philomène échangea vivement avec elle un de ces regards qui, de femme à femme, sont plus mortels que les coups de pistolet d'un duel. Francesca Soderini, qui soupçonna l'innocence d'Albert, sortit aussitôt du bal, en quittant brusquement son interlocuteur incapable de deviner la terrible blessure qu'il venait de faire à la belle duchesse de Rhétoré.

« Si vous voulez en savoir davantage sur Albert, venez » au bal de l'Opéra mardi prochain, en tenant à la main » un souci. »

Ce billet anonyme, envoyé par Philomène à la duchesse, amena la malheureuse Italienne au bal, où Philomène lui remit en main toutes les lettres d'Albert, celle écrite par le vicaire général à Léopold Hannequin ainsi que la réponse du notaire, et même celle où elle avait fait ses aveux à monsieur de Grancey.

— Je ne veux pas être seule à souffrir, car nous avons été tout aussi cruelles l'une que l'autre ! dit-elle à sa rivale.

Après avoir savouré la stupéfaction qui se peignit sur le beau visage de la duchesse, occupée à faire valoir sa terre, Philomène se sauva, ne reparut plus dans le monde, et revint avec sa mère à Besançon.

Mademoiselle de Watteville, qui vécut seule dans sa terre des Rouxey, montant à cheval, chassant, refusant ses deux ou trois partis par an, venant quatre ou cinq fois par hiver à Besançon, occupée à faire valoir sa terre, passa pour une personne extrêmement originale. Elle est une des célébrités de l'Est.

Madame de Soulas a deux enfans, un garçon et une fille, elle a rajeuni ; mais le jeune monsieur de Soulas a considérablement vieilli.

— Ma fortune me coûte cher, disait-il au jeune Chavoncourt. Pour bien connaître une dévote, il faut malheureusement l'épouser !

Mademoiselle de Watteville se conduit en fille vraiment extraordinaire. On disait d'elle : — Elle a des lubies ! Elle va tous les ans voir les murailles de la Grande-Chartreuse. Peut-être voulait-elle imiter son grand-oncle en franchissant l'enceinte de ce couvent pour y chercher son mari, comme Watteville franchit les murs de son monastère pour recouvrer la liberté.

En 1841, elle quitta Besançon dans l'intention, disait-on, de se marier ; mais, on ne sait pas encore la véritable cause de ce voyage, d'où elle est revenue dans un état qui lui interdit de jamais reparaître dans le monde. Par un de ces hasards auxquels le vieil abbé de Grancey avait fait allusion, elle se trouva sur la Loire dans le bateau à vapeur dont la chaudière fit explosion. Mademoiselle de Watteville fut si cruellement maltraitée qu'elle a perdu le bras et la jambe gauche ; son visage porte d'affreuses cicatrices qui la privent de sa beauté ; sa santé soumise à des troubles horribles lui laisse peu de jours sans souffrance. Enfin, elle ne sort plus aujourd'hui de la Chartreuse des Rouxey où elle mène une vie entièrement vouée à des pratiques religieuses.

Paris, mai 1842.

FIN D'ALBERT SAVARUS.

Paris.—Impr. Louis Grimaux, rue du Croissant, 16.

H. de Balzac.

UNE FILLE D'ÈVE.

A MADAME LA COMTESSE BOLOGNINI, NÉE VIMERCATI.

Si vous vous souvenez, madame, du plaisir que votre conversation procurait à un voyageur en lui rappelant Paris à Milan, vous ne vous étonnerez pas de le voir vous témoigner sa reconnaissance pour tant de bonnes soirées passées auprès de vous, en apportant une de ses œuvres à vos pieds, et vous priant de la protéger de votre nom, comme autrefois ce nom protégea plusieurs contes d'un de vos vieux auteurs, cher aux Milanais. Vous avez une Eugénie, déjà belle, dont le spirituel sourire annonce qu'elle tiendra de vous les dons les plus précieux de la femme, et qui, certes, aura dans son enfance tous les bonheurs qu'une triste mère refusait à l'Eugénie mise en scène dans cette œuvre. Vous voyez que si les Français sont taxés de légèreté, d'oubli, je suis Italien par la constance et par le souvenir. En écrivant le nom d'Eugénie, ma pensée m'a souvent reporté dans ce frais salon en stuc et dans ce petit jardin, au Vicolo dei Capuccini, témoin des rires de cette chère enfant, de nos querelles, de nos récits. Vous avez quitté le Corso pour les Tre Monasteri, je ne sais point comment vous y êtes, et suis obligé de vous voir, non plus au milieu des jolies choses qui sans doute vous y entourent, mais comme une de ces belles figures dues à Carlo Dolci, Raphaël, Titien, Allori, et qui semblent abstraites, tant elles sont loin de nous. Si ce livre peut sauter par-dessus les Alpes, il vous prouvera donc la reconnaissance et l'amitié respectueuse
De votre humble serviteur,   DE BALZAC.

Dans un des plus beaux hôtels de la rue Neuve-des-Mathurins, à onze heures et demie du soir, deux femmes étaient assises devant la cheminée d'un boudoir tendu de ce velours bleu à reflets tendres et chatoyans que l'industrie française n'a su fabriquer que dans ces dernières années. Aux portes, aux croisées, un artiste avait drapé de moelleux rideaux en cachemire d'un bleu pareil à celui de la tenture. Une lampe d'argent, ornée de turquoises et suspendue par trois chaînes d'un beau travail, descend d'une jolie rosace placée au milieu du plafond. Le système de la décoration poursuivi dans les plus petits détails et jusque dans ce plafond en soie bleue, étoilé de cachemire blanc dont les longues bandes plissées retombent à d'égales distances sur la tenture, agrafées par des nœuds de perles. Les pieds rencontrent le chaud tissu d'un tapis belge, épais comme un gazon et à fond gris de lin semé de bouquets bleus.

Le mobilier, sculpté en plein bois de palissandre, sur les plus beaux modèles du vieux temps, rehausse par ses tons riches la fadeur de cet ensemble, un peu trop *flou*, dirait un peintre. Le dos des chaises et des fauteuils offre à l'œil des pages menues en belle étoffe de soie blanche, brochée de fleurs bleues, et largement encadrées par des feuillages finement découpés dans le bois.

De chaque côté de la croisée, deux étagères montrent leurs mille bagatelles précieuses, les fleurs des arts mécaniques écloses au feu de la pensée. Sur la cheminée en marbre turquin, les porcelaines les plus folles du vieux Saxe, ces bergers qui vont à des noces éternelles en tenant de délicats bouquets à la main, espèces de chinoiseries allemandes, entourent une pendule en platine, niellée d'arabesques. Au-dessus, brillent les tailles côtelées d'une glace de Venise encadrée d'un ébène plein de figures en relief, et venue de quelque vieille résidence royale. Deux jardinières étalaient alors le luxe malade des serres, de pâles et divines fleurs, les perles de la botanique.

Dans ce boudoir froid, rangé, propre comme s'il eût été à vendre, vous n'eussiez pas trouvé ce malin et capricieux désordre qui révèle le bonheur. Là, tout était alors en harmonie, car les deux femmes y pleuraient. Tout y paraissait souffrant.

Le nom du propriétaire, Ferdinand du Tillet, un des plus riches banquiers de Paris, justifie le luxe effréné qui orne l'hôtel, et auquel ce boudoir peut servir de programme. Quoique sans famille, quoique parvenu, Dieu sait comment ! du Tillet avait épousé en 1831 la dernière fille du comte de Granville, l'un des plus célèbres noms de la magistrature française, et devenu pair de France après la révolution de juillet. Ce mariage d'ambition fut acheté par la quittance au contrat d'une dot non touchée, aussi considérable que celle de la sœur aînée mariée au comte Félix de Vandenesse. De leur côté, les Granville avaient jadis obtenu cette alliance avec les Vandenesse par l'énormité de la dot. Ainsi, la Banque avait réparé la brèche faite à la Magistrature par la Noblesse. Si le comte de Vandenesse s'était pu voir, à trois ans de distance, beau-frère d'un sieur Ferdinand *dit* du Tillet, il n'eût peut-être pas épousé sa femme; mais quel homme aurait, vers la fin de 1828, prévu les étranges bouleversemens que 1830 devait apporter dans l'état politique, dans les fortunes et dans la morale de la France? Il eût passé pour fou, celui qui aurait dit au comte Félix de Vandenesse que, dans ce chassez-croisez, il perdrait sa couronne de pair et qu'elle se retrouverait sur la tête de son beau-père.

Ramassée sur une de ces chaises basses appelées *chauffeuses*, dans la pose d'une femme attentive, madame du Tillet pressait sur sa poitrine avec une tendresse maternelle et baisait parfois la main de sa sœur, madame Félix de Vandenesse. Dans le monde, on joignait au nom de famille le nom de baptême, pour distinguer la comtesse de sa belle-sœur, la marquise, femme de l'ancien ambassadeur Charles de Vandenesse, qui avait épousé la riche veuve du comte de Kergarouët, une demoiselle de Fontaine. A demi renversée sur une causeuse, un mouchoir dans l'autre main, la respiration embarrassée par des sanglots réprimés, les yeux mouillés, la comtesse venait de faire de ces confidences qui ne se font que de sœur à sœur, quand deux sœurs s'aiment; et ces deux sœurs s'aimaient tendrement. Nous vivons dans un temps où deux sœurs si bizarrement mariées peuvent si bien ne pas s'aimer qu'un historien est tenu de rapporter les causes de cette tendresse, conservée sans accrocs ni taches au milieu des dédains de leurs maris l'un pour l'autre et des désunions sociales. Un rapide aperçu de leur enfance expliquera leur situation respective.

Élevées dans un sombre hôtel du Marais par une femme dévote et d'une intelligence étroite qui, *pénétrée de ses devoirs*, la phrase classique, avait accompli la première tâche d'une mère envers ses filles, Marie-Angélique et Marie-Eugénie atteignirent le moment de leur mariage, la première à vingt ans, la seconde à dix-sept, sans jamais être sorties de la zone domestique où planait le regard maternel. Jusqu'alors elles n'étaient allées à aucun spectacle, les églises de Paris furent leurs théâtres. Enfin leur éducation avait été aussi rigoureuse à l'hôtel de leur mère qu'elle aurait pu l'être dans un cloître. Depuis l'âge de raison, elles avaient toujours couché dans une chambre contiguë à celle de la comtesse de Granville, et dont la porte restait ouverte pendant la nuit. Le temps que ne prenaient pas les devoirs religieux ou les études indispensables à des filles bien nées, et les soins de leur personne, se passait en travaux à l'aiguille faits pour les pauvres, en promenades accomplies dans le genre de celles que se permettent les Anglais, le dimanche, en disant : « N'allons pas si vite, nous aurions l'air de nous amuser. » Leur instruction ne dépassa point les limites imposées par des confesseurs élus parmi les ecclésiastiques les moins tolérans et les plus jansénistes. Jamais filles ne furent livrées à des maris ni plus pures ni plus vierges : leur mère semblait avoir vu dans ce point, assez essentiel d'ailleurs, l'accomplissement de tous ses devoirs envers le ciel et les hommes. Ces deux pauvres créatures n'avaient, avant leur mariage, ni lu des romans ni dessiné autre chose que des figures dont l'anatomie eût paru le chef-d'œuvre de l'impossible à Cuvier, et gravées de manière à féminiser l'Hercule Farnèse lui-même. Une vieille fille leur apprit le dessin. Un respectable prêtre leur enseigna la grammaire, la langue française, l'histoire, la géographie et le peu d'arithmétique nécessaire aux femmes. Leurs lectures, choisies dans les livres autorisés, comme les *Lettres édifiantes* et les *Leçons de Littérature* de Noël, se faisaient le soir à haute voix, mais en compagnie de leur mère, car il pouvait s'y rencontrer des passages qui, sans de sages commentaires, eussent éveillé leur imagination. Le *Télémaque* de Fénélon parut dangereux. La comtesse de Granville aimait assez ses filles pour en vouloir faire des anges à la façon de Marie Alacoque, mais ses filles auraient préféré une mère moins vertueuse et plus aimable. Cette éducation porta ses fruits. Imposée comme un joug et présentée sous des formes austères, la Religion lassa de ses pratiques ces jeunes cœurs innocens, traités comme s'ils eussent été criminels; elle y comprima les sentimens, et tout

en y jetant de profondes racines, elle ne fut pas aimée. Les deux Marie devaient ou devenir imbéciles ou souhaiter leur indépendance : elles souhaitèrent de se marier dès qu'elles purent entrevoir le monde et comparer quelques idées ; mais leurs grâces touchantes et leur valeur, elles l'ignorèrent. Elles ignoraient leur propre candeur, comment auraient-elles su la vie? Elles étaient sans armes contre le malheur, comme sans expérience pour apprécier le bonheur. Elles ne tirèrent d'autre consolation que d'elles-mêmes au fond de cette geôle maternelle. Leurs douces confidences, le soir, à voix basse, ou les quelques phrases échangées quand leur mère les quittait pour un moment, contint parfois plus d'idées que les mots n'en pouvaient exprimer. Souvent un regard dérobé à tous les yeux et par lequel elles se communiquaient leurs émotions fut comme un poème d'amère mélancolie. La vue du ciel sans nuages, le parfum des fleurs, le tour du jardin fait bras dessus, bras dessous, leur offrirent des plaisirs inouïs. L'achèvement d'un ouvrage de broderie leur causait d'innocentes joies. La société de leur mère, loin de présenter quelques ressources à leur cœur ou de stimuler leur esprit, ne pouvait qu'assombrir leurs idées et contrister leurs sentimens ; car elle se composait de vieilles femmes droites, sèches, sans grâce, dont la conversation roulait sur les différences qui distinguaient les prédicateurs ou les directeurs de conscience, sur leurs petites indispositions, et sur les événemens religieux les plus imperceptibles pour la *Quotidienne* ou pour l'*Ami de la Religion*. Quant aux hommes, ils eussent éteint les flambeaux de l'amour, tant leurs figures étaient froides et tristement résignées; ils avaient tous cet âge où l'homme est maussade et chagrin, où sa sensibilité ne s'exerce plus qu'à table et ne s'attache qu'aux choses qui concernent le bien-être. L'égoïsme religieux avait desséché ces cœurs voués au devoir et retranchés derrière la pratique. De silencieuses séances de jeu les occupaient presque toute la soirée. Les deux petites, mises comme au ban•de ce sanhédrin qui maintenait la sévérité maternelle, se surprenaient à haïr ces désolans personnages aux yeux creux, aux figures refrognées.

Sur les ténèbres de cette vie se dessina vigoureusement une seule figure d'homme, celle d'un maître de musique. Les confesseurs avaient décidé que la musique était un art chrétien, né dans l'Église catholique et développé par elle. On permit donc aux deux petites filles d'apprendre la musique. Une demoiselle à lunettes, qui montrait le solfége et le piano dans un couvent voisin, les fatigua d'exercices. Mais quand l'aînée de ses filles atteignit dix ans, le comte de Granville démontra la nécessité de prendre un maître. Madame de Granville donna toute la valeur d'une conjugale obéissance à cette concession nécessaire : il est dans l'esprit des dévotes de se faire un mérite des devoirs accomplis. Le maître fut un Allemand catholique, un de ces hommes nés vieux, qui auront toujours cinquante ans, même à quatre-vingts. Sa figure creusée, ridée, brune, conservait quelque chose d'enfantin et de naïf dans ses fonds noirs. Le bleu de l'innocence animait ses yeux, et le gai sourire du printemps habitant ses lèvres. Ses vieux cheveux gris, arrangés naturellement comme ceux de Jésus-Christ, ajoutaient à son air extatique je ne sais quoi de solennel qui trompait sur son caractère : il eût fait une sottise avec la plus exemplaire gravité. Ses habits étaient une enveloppe nécessaire à laquelle il ne prêtait aucune attention, car ses yeux allaient trop haut dans les nues pour jamais se commettre avec les matérialités. Aussi ce grand artiste inconnu tenait-il à la classe aimable des oublieurs, qui donnent leur temps et leur âme à autrui comme ils laissent leurs gants sur toutes les tables et leur parapluie à toutes les portes. Ses mains étaient de celles qui sont sales après avoir été lavées. Enfin, son vieux corps mal assis sur ses vieilles jambes nouées, et qui démontrait jusqu'à quel point l'homme peut en faire l'accessoire de son âme, appartenait à ces étranges créations qui n'ont été bien dépeintes que par un Allemand, par Hoffmann, le poëte de ce qui n'a pas l'air d'exister et qui néanmoins a vie. Tel était Schmuke, ancien maître de chapelle du margrave d'Anspach, savant qui passa par un conseil de dévotion et à qui l'on demanda s'il faisait maigre. Le maître eut envie de répondre : « Regardez-moi. » Mais comment badiner avec des dévotes et des directeurs jansénistes? Ce vieillard apocryphe tint tant de place dans la vie des deux Marie, elles prirent tant d'amitié pour ce candide et grand artiste qui se contentait de comprendre l'art, qu'après leur mariage, chacune lui constitua trois cents francs de rente viagère, somme qui suffisait pour son logement, sa bière, sa pipe et ses vêtemens. Six cents francs de rente et ses leçons lui firent un Eden. Schmuke ne s'était senti le courage de confier sa misère et ses vœux qu'à ses deux adorables jeunes filles, à ces cœurs fleuris sous la neige des rigueurs maternelles et sous la glace de la dévotion. Ce fait explique tout Schmuke et l'enfance des deux Marie. Personne ne sut, plus tard, quel abbé, quelle vieille dévote avait découvert cet Allemand égaré dans Paris. Dès que les mères de famille surent que la comtesse de Granville avait trouvé pour ses filles un maître de musique, toutes demandèrent son nom et son adresse. Schmuke eut trente maisons dans le Marais. Son succès tardif se manifesta par des souliers à boucles d'acier bronzé, fourrés de semelles en crin, et par du linge plus souvent renouvelé. Sa gaîté d'ingénu, longtemps comprimée par une noble et décente misère, reparut. Il laissa échapper de petites phrases spirituelles comme : « Mesdemoiselles, les « chats ont mangé la crotte dans Paris cette nuit, » quand pendant la nuit la gelée avait séché les rues, boueuses la veille; mais il les disait en patois germanico-gallique : *Montemisselle, lé chas honte manché là gróttenne tan Bári sti nouitte!* Satisfait d'apporter à ces anges cette espèce de *vergiss-mein-night* choisi parmi les fleurs de son esprit, il prenait, en l'offrant, un air fin et spirituel qui désarmait la raillerie. Il était si heureux de faire éclore le rire sur les lèvres de ses deux écolières, dont la malheureuse vie avait été pénétrée par lui, qu'il se fût rendu ridicule exprès, s'il ne l'eût pas été naturellement; mais son cœur eût renouvelé les vulgarités les plus populaires ; il eût, suivant une belle expression de feu Saint-Martin, sorti de la boue avec son céleste sourire. D'après une des plus nobles idées de l'éducation religieuse, les deux Marie reconduisaient leur maître avec respect jusqu'à la porte de l'appartement. Là, les deux pauvres filles lui disaient quelques douces phrases, heureuses de rendre cet homme heureux : elles ne pouvaient se montrer femmes que pour lui ! Jusqu'à leur mariage, la musique devint donc pour elles une autre vie dans la vie, de même que le paysan russe prend, dit-on, ses rêves pour la réalité, sa vie pour un mauvais sommeil. Dans leur désir de se défendre contre les petitesses qui menaçaient de les envahir, contre les dévorantes idées ascétiques, elles se jetèrent dans les difficultés de l'art musical à s'y briser. La Mélodie, l'Harmonie, la Composition, ces trois filles du ciel dont le chœur fut mené par ce vieux Faune catholique ivre de musique, les récompensèrent de leurs travaux et leur firent un rempart de leurs douces régions aériennes. Mozart, Beethoven, Haydn, Paësiello, Cimarosa, Hummel et les génies secondaires développèrent en elles mille sentimens qui ne dépassèrent pas la chaste enceinte de leurs cœurs voilés, mais qui pénétrèrent dans la Création où elles volèrent à toutes ailes. Quand elles avaient exécuté quelques morceaux où atteignant à la perfection, elles se serraient les mains et s'embrassaient en proie à une vive extase. Leur vieux maître les appelait ses Saintes-Céciles.

Les deux Marie n'allèrent au bal qu'à l'âge de seize ans, et quatre fois seulement par année, dans quelques maisons choisies. Elles ne quittaient les côtés de leur mère que munies d'instructions sur la conduite à suivre avec leurs danseurs, et si sévères qu'elles ne pouvaient répondre que oui ou non à leurs partenaires. L'œil de la comtesse n'abandonnait point ses filles et semblait deviner les paroles au seul mouvement des lèvres. Les pauvres peti-

tes avaient des toilettes de bal irréprochables, des robes de mousseline montant jusqu'au menton, avec une infinité de ruches excessivement fournies, et des manches longues. En tenant leurs grâces comprimées et leurs beautés voilées, cette toilette leur donnait une vague ressemblance avec les gaines égyptiennes ; néanmoins il sortait de ces blocs de coton deux figures délicieuses de mélancolie. Elles enrageaient en se voyant l'objet d'une pitié douce. Quelle est la femme, si candide qu'elle soit, qui ne souhaite faire envie? Aucune idée dangereuse, malsaine ou seulement équivoque, ne souilla donc la pulpe blanche de leur cerveau : leurs cœurs étaient purs, leurs mains é'aient horriblement rouges, elles crevaient de santé. Deux sortis de la maison de Dieu que ces deux filles ne le furent en sortant du logis maternel pour aller à la Mairie et à l'Église, avec la simple mais épouvantable recommandation d'obéir en toute chose à des hommes auprès desquels elles devaient dormir ou veiller, pendant la nuit. À leur sens, elles ne pouvaient trouver plus mal dans la maison étrangère où elles seraient déportées que dans le couvent maternel.

Pourquoi le père de ces deux filles, le comte de Granville, si grand, savant et intègre magistrat, quoique parfois entraîné par la politique, ne protégeait-il pas ces deux petites créatures contre cet écrasant despotisme ? Hélas ! par une mémorable transaction, convenue après six ans de mariage, les époux vivaient séparés dans leur propre maison. Le père s'était réservé l'éducation de ses fils, en laissant à sa femme l'éducation des filles. Il vit beaucoup moins de danger pour des femmes que pour des hommes à l'application de ce système oppresseur. Les deux Marie, destinées à subir quelque tyrannie, celle de l'amour ou celle du mariage, y perdaient moins que des garçons chez qui l'intelligence devait rester libre, et dont les qualités se seraient détériorées sous la compression violente des idées religieuses poussées à toutes leurs conséquences. De quatre victimes, le comte en avait sauvé deux. La comtesse regardait ses deux fils, l'un voué à la magistrature assise, et l'autre à la magistrature amovible, comme trop mal élevés pour leur permettre la moindre intimité avec leurs sœurs. Les communications étaient sévèrement gardées entre ces pauvres enfans. D'ailleurs, quand le comte faisait sortir ses fils du collège, il se gardait bien de les tenir au logis. Ces deux garçons y venaient déjeuner avec leur mère et leurs sœurs ; puis le magistrat les amusait par quelque partie au dehors : le restaurateur, les théâtres, les musées, la campagne dans la saison, défrayaient leurs plaisirs. Excepté les jours solennels dans la vie de famille, comme la fête de la comtesse ou celle du père, les premiers jours de l'an, ceux de distribution des prix, où les deux garçons demeuraient au logis paternel et couchaient, fort gênés, n'osant pas embrasser leurs sœurs surveillées par la comtesse qui ne les laissait pas un instant ensemble, les deux pauvres filles virent si rarement leurs frères qu'il ne put y avoir aucun lien entre eux. Ces jours-là, les interrogations : — Où est Angélique ? — Que fait Eugénie ? — Où sont mes enfans ? s'entendaient à tout propos. Lorsqu'il était question de ses deux fils, la comtesse levait au ciel ses yeux froids et macérés comme pour demander pardon à Dieu de ne pas les avoir arrachés à l'impiété. Ses exclamations, ses réticences à leur égard, équivalaient aux plus lamentables versets de Jérémie, et trompaient les deux sœurs qui croyaient leurs frères pervertis et à jamais perdus. Quand ses fils eurent dix-huit ans, le comte leur donna deux chambres dans son appartement, et leur fit faire leur droit en les plaçant sous la surveillance d'un avocat, son secrétaire, chargé de les initier aux secrets de leur avenir. Les deux Marie ne connurent donc la fraternité qu'abstraitement. À l'époque des mariages de leurs sœurs, l'un, Avocat-Général à une cour éloignée, l'autre, à son début en province, furent retenus chaque fois par un grave procès. Dans beaucoup de familles, la vie intérieure, qu'on pourrait imaginer intime, unie, cohérente, se passe ainsi : les frères sont au loin, occupés à leur fortune, à leur avancement, pris par le service du pays ; les sœurs sont enveloppées dans un tourbillon d'intérêts de familles étrangères à la leur. Tous les membres vivent alors dans la désunion, dans l'oubli les uns des autres, reliés seulement par les faibles liens du souvenir jusqu'au moment où l'orgueil les rappelle, où l'intérêt les rassemble et quelquefois les sépare de cœur comme ils l'ont été de fait. Une famille vivant unie de corps et d'esprit est une rare exception. La loi moderne, en multipliant la famille par la famille, a créé le plus horrible de tous les maux : l'individualisme.

Au milieu de la profonde solitude où s'écoula leur jeunesse, Angélique et Eugénie virent rarement leur père, qui d'ailleurs apportait dans le grand appartement habité par sa femme au rez-de-chaussée de l'hôtel une figure attristée. Il gardait au logis la physionomie grave et solennelle du magistrat sur le siége. Quand les deux petites filles eurent dépassé l'âge des joujoux et des poupées, quand elles commencèrent à user de leur raison, vers douze ans, à l'époque où elles ne riaient déjà plus du vieux Schmuke, elles surprirent le secret des soucis qui sillonnaient le front du comte, elles reconnurent sous son masque sévère les vestiges d'une bonne nature et d'un charmant caractère. Elles comprirent qu'il avait cédé la place à la Religion dans son ménage, trompé dans ses espérances de mari comme il avait été, blessé dans les fibres les plus délicates de la paternité, l'amour des pères pour leurs filles. De semblables douleurs émeuvent singulièrement des jeunes filles sevrées de tendresse. Quelquefois, en faisant le tour du jardin entre elles, chaque bras passé autour de chaque petite taille, se mettant à leur pas enfantin, le père les arrêtait dans un massif, et les baisait 'une après l'autre au front. Ses yeux, sa bouche et sa physionomie exprimaient alors la plus profonde compassion.

— Vous n'êtes pas très heureuses, mes chères petites, leur disait-il, mais je vous marierai de bonne heure, et je serai content en vous voyant quitter la maison.

— Papa, disait Eugénie, nous sommes décidées à prendre pour mari le premier homme venu.

— Voilà, s'écriait-il, le fruit amer d'un semblable système ! On veut faire des saintes, on obtient des...

Il n'achevait pas. Souvent ces deux filles sentaient une bien vive tendresse dans les adieux de leur père, ou dans ses regards quand, par hasard, il dînait au logis. Ce père si rarement vu, elles le plaignaient, et l'on aime ceux que l'on plaint.

Cette sévère et religieuse éducation fut la cause des mariages de ces deux sœurs, soudées ensemble par le malheur comme Rita-Christina par leur père. Beaucoup d'hommes, poussés au mariage, préférent une fille prise au couvent et saturée de dévotion à une fille élevée dans les doctrines mondaines. Il n'y a pas de milieu : un homme doit épouser une fille très instruite, qui a lu les annonces des journaux et les a commentées, qui a valsé et dansé le galop avec mille jeunes gens, qui est allée à tous les spectacles, qui a dévoré des romans, à qui un maître de danse a brisé les genoux en les appuyant sur les siens, qui de religion ne se soucie guère, et s'est fait à elle-même sa morale ; ou une jeune fille ignorante et pure, comme étaient Marie-Angélique et Marie-Eugénie. Peut-être y a-t-il autant de danger avec les unes qu'avec les autres. Cependant l'immense majorité des gens qui n'ont pas l'âge d'Arnolphe aiment encore mieux une Agnès religieuse qu'une Célimène en herbe.

Les deux Marie, petites et minces, avaient la même taille, le même pied, la même main. Eugénie, la plus jeune, était blonde comme sa mère. Angélique était brune comme le père. Mais toutes deux avaient le même teint : une peau de ce blanc nacré qui annonce la richesse et la pureté du sang, jaspée par des couleurs vivement détachées sur un tissu nourri comme celui du jasmin, comme lui fin, lisse et tendre au toucher. Les yeux bleus d'Eugénie, les yeux bruns d'Angélique avaient une expression de naïve insouciance, d'étonnement non prémédité, bien rendue par la manière vague dont flottaient leurs prunelles sur le blanc fluide de l'œil. Elles étaient bien faites : leurs épaules un peu maigres devaient se modeler plus tard. Leurs gorges, si longtemps voilées, étonnèrent le regard par leurs perfections quand leurs maris les prièrent de se décolleter pour le bal : l'un et l'autre jouirent alors de cette charmante honte qui fit rougir d'abord à huis-clos et pendant toute une soirée ces deux ignorantes créatures. Au moment où commence cette scène, où l'aînée pleurait et se laissait consoler par sa cadette, leurs mains et leurs bras étaient devenus d'une blancheur de lait. Toutes deux, elles avaient nourri, l'une un garçon, l'autre une fille. Eugénie avait paru très espiègle à sa mère, qui pour elle avait redoublé d'attention et de sévérité. Aux yeux de cette mère redoutée, Angélique, noble et fière, semblait avoir une âme pleine d'exaltation qui se garderait toute seule, tandis que la lutine Eugénie paraissait avoir besoin d'être contenue. Il est de charmantes créatures méconnues par le sort, à qui tout devrait réussir dans la vie, mais qui vivent et meurent malheureuses, tourmentées par un mauvais génie, victimes de circonstances imprévues. Ainsi l'innocente, la gaie Eugénie était tombée sous le malicieux despotisme d'un parvenu, au sortir de la prison maternelle. Angélique, disposée aux grandes luttes du sentiment, avait été jetée dans les plus hautes sphères de la société parisienne, la bride sur le cou.

Madame de Vandenesse, qui succombait évidemment sous le poids de peines trop lourdes pour son âme, encore naïve après six ans de mariage, était étendue, les jambes à demi fléchies, le corps plié, la tête comme égarée sur le dos de la causeuse. Accourue chez sa sœur après une courte apparition aux Italiens, elle avait encore dans ses nattes quelques fleurs, mais d'autres gisaient éparses sur le tapis avec ses gants, la pelisse de soie garnie de fourrures, son manchon et son capuchon. Des larmes brillantes mêlées à ses perles sur sa blanche poitrine, ses yeux mouillés annonçaient d'étranges confidences. Au milieu de ce luxe, n'était-ce pas horrible ? Napoléon l'a dit : Rien ici-bas n'est volé, tout se paie. Elle ne se sentait pas le courage de parler.

— Pauvre chérie, dit madame du Tillet, quelle fausse idée as-tu de mon mariage pour avoir imaginé de me demander du secours !

En entendant cette phrase arrachée au fond du cœur de sa sœur par la violence de l'orage qu'elle y avait versé, de même que la fonte des neiges soulève les pierres les mieux enfoncées au lit des torrens, la comtesse regarda d'un air stupide la femme du banquier, le feu de la terreur sécha ses larmes, ses yeux demeurèrent fixes.

— Es-tu donc aussi dans un abîme, mon ange ? dit-elle à voix basse.

— Mes maux ne calmeront pas tes douleurs.

— Dis-les, chère enfant. Je ne suis pas encore assez égoïste pour ne pas t'écouter ! Nous souffrons donc encore ensemble comme dans notre jeunesse ?

— Mais nous souffrons séparées, répondit mélancoliquement la femme du banquier. Nous vivons dans deux sociétés ennemies. Je vais aux Tuileries quand tu n'y vas plus. Nos maris appartiennent à deux partis contraires. Je suis la femme d'un banquier ambitieux, d'un mauvais homme, mon cher trésor ! toi ; tu es celle d'un bon être, noble, généreux...

— Oh ! pas de reproches, dit la comtesse. Pour m'en faire, une femme devrait avoir subi les ennuis d'une vie terne et décolorée, en être sortie pour entrer dans le paradis de l'amour ; il lui faudrait connaître le bonheur qu'on éprouve à sentir toute sa vie chez un autre, à épouser les émotions infinies d'une âme de poëte, à vivre doublement : aller, venir avec lui dans ses courses à travers les espaces, dans le monde de l'ambition ; souffrir de ses chagrins, monter sur les ailes de ses immenses plaisirs, se déployer sur un vaste théâtre, et tout cela pendant que l'on est calme, froide, sereine devant un monde observateur.

Oui, ma chère, on doit soutenir souvent tout un océan dans son cœur en se trouvant, comme nous sommes ici, devant le feu, chez soi, sur une causeuse. Quel bonheur, cependant, que d'avoir à toute minute un intérêt énorme qui multiplie les fibres du cœur et les étend, de n'être froide à rien, de trouver sa vie attachée à une promenade où l'on verra dans la foule un œil scintillant qui fait pâlir le soleil, d'être émue par un retard, d'avoir envie de tuer un importun qui vole un de ces rares momens où le bonheur palpite dans les plus petites veines ! Quelle ivresse que de vivre enfin ! Ah ! chère, vivre quand tant de femmes demandent à genoux des émotions qui les fuient ! Songe, mon enfant, que pour ces poèmes il n'est qu'un temps, la jeunesse. Dans quelques années, vient l'hiver, le froid. Ah ! si tu possédais ces vivantes richesses du cœur et que tu fusses menacée de les perdre...

Madame du Tillet effrayée s'était voilée la figure avec ses mains en entendant cette horrible antienne.

— Je n'ai pas eu la pensée de te faire le moindre reproche, ma bien-aimée, dit-elle enfin en voyant le visage de sa sœur baigné de larmes chaudes. Tu viens de jeter dans mon âme, en un moment, plus de brandons que n'en ont éteint mes larmes. Oui, la vie que je mène légitimerait dans mon cœur un amour comme celui que tu viens de me peindre. Laisse-moi croire que si nous nous étions vues plus souvent nous ne serions pas où nous en sommes. Si tu avais su mes souffrances, tu aurais apprécié ton bonheur, tu m'aurais peut-être enhardie à la résistance et je serais heureuse. Ton malheur est un accident auquel un hasard obviera, tandis que mon malheur est de tous les momens. Pour mon mari, je suis le porte-manteau de son luxe, l'enseigne de ses ambitions, une de ses vaniteuses satisfactions. Il n'a pour moi ni affection vraie ni confiance, Ferdinand est sec et poli comme ce marbre, dit-elle en frappant le manteau de la cheminée. Il se défie de moi. Tout ce que je demanderais pour moi-même est refusé d'avance ; mais quant à ce qui le flatte et annonce sa fortune, je n'ai pas même à désirer : il décore mes appartemens, il dépense des sommes exorbitantes pour ma table. Mes gens, mes loges au théâtre, tout ce qui est extérieur est du dernier goût. Sa vanité n'épargne rien, il mettra des dentelles aux langes de ses enfans, mais il n'entendra pas leurs cris, ne devinera pas leurs besoins. Me comprends-tu ? Je suis couverte de diamans quand je vais à la cour ; à la ville, je porte les bagatelles les plus riches ; mais je ne dispose pas d'un liard. Madame du Tillet, qui peut-être excite des jalousies, qui paraît nager dans l'or, n'a pas cent francs à elle. Si le père ne se soucie pas de ses enfans, il se soucie bien moins de leur mère. Ah ! il m'a fait bien rudement sentir qu'il m'a payée, et que ma fortune personnelle, dont je ne dispose point, lui a été arrachée. Si je n'avais qu'à me rendre maîtresse de lui, peut-être le séduirais-je ; mais je subis une influence étrangère, celle d'une femme de cinquante ans passés qui a des prétentions et qui le domine, la veuve d'un notaire. Je le sens, je ne serai libre qu'à sa mort. Ici ma vie est réglée comme celle d'une reine : on sonne mon déjeuner et mon dîner comme à un château. Je sors infailliblement à une certaine heure pour aller au bois. Je suis toujours accompagnée de deux domestiques en grande tenue, et dois être revenue à la même heure. Au lieu de donner des ordres, j'en reçois. Au bal, au théâtre, un valet vient me dire : « La voiture de madame est avancée, » et je dois partir souvent au milieu de mon plaisir. Ferdinand se fâcherait si je n'obéissais pas à l'étiquette créée pour sa femme, et il me fait peur. Au milieu de cette opulence maudite, je conçois des regrets et trouve notre mère une bonne mère : elle nous laissait les nuits et je pouvais causer avec toi. Enfin je vivais près d'une créature qui m'aimait et souffrait avec moi ; tandis qu'ici, dans cette somptueuse maison, je suis au milieu d'un désert.

A ce terrible aveu, la comtesse saisit à son tour la main de sa sœur et la baisa en pleurant.

— Comment puis-je t'aider ? dit Eugénie à voix basse à

Angélique. S'il nous surprenait, il entrerait en défiance et voudrait savoir ce que tu m'as dit depuis une heure ; il faudrait lui mentir, chose difficile avec un homme fin et traître : il me tendrait des pièges. Mais laissons mes malheurs et pensons à toi. Tes quarante mille francs, ma chère, ne seraient rien pour Ferdinand qui remue des millions avec un autre gros banquier, le baron de Nucingen. Quelquefois j'assiste à des dîners où ils disent des choses à faire frémir. Du Tillet connaît ma discrétion, et l'on parle devant moi sans se gêner : on est sûr de mon silence. Hé bien ! les assassinats sur la grande route me semblent des actes de charité comparés à certaines combinaisons financières. Nucingen et lui se soucient de ruiner les gens comme je me soucie de leurs profusions. Souvent je reçois de pauvres dupes de qui j'ai entendu faire le compte la veille, et qui se lancent dans des affaires où ils doivent laisser leur fortune : il me prend envie, comme à Léonarde dans la caverne des brigands, de leur dire : prenez garde ! Mais que deviendrais-je ? je me tais. Ce somptueux hôtel est un coupe-gorge. Et du Tillet, Nucingen jettent les billets de mille francs par poignées pour leurs caprices. Ferdinand achète au Tillet l'emplacement de l'ancien château pour le rebâtir, il veut y joindre une forêt et de magnifiques domaines. Il prétend que son fils sera comte, et qu'à la troisième génération il sera noble. Nucingen, las de son hôtel de la rue Saint-Lazare, construit un palais. Sa femme est une de mes amies... Ah ! s'écria-t-elle, elle peut nous être utile, elle est hardie avec son mari, elle a la disposition de sa fortune, elle te sauvera.

— Chère minette, je n'ai plus que quelques heures, allons-y ce soir, à l'instant, dit madame de Vandenesse en se jetant dans les bras de madame du Tillet et y fondant en larmes.

— Et puis-je sortir à onze heures du soir ?

— J'ai ma voiture.

— Que complotez-vous donc là ? dit du Tillet en poussant la porte du boudoir.

Il montrait aux deux sœurs un visage anodin éclairé par un air faussement aimable. Les tapis avaient assourdi ses pas, et la préoccupation des deux femmes les avait empêchées d'entendre le bruit que fit la voiture de du Tillet en entrant. La comtesse, chez qui l'usage du monde et la liberté que lui laissait Félix avaient développé l'esprit et la finesse, encore comprimés chez sa sœur par le despotisme marital qui continuait celui de leur mère, aperçut chez Eugénie une terreur près de se trahir, et la sauva par une réponse franche.

— Je croyais ma sœur plus riche qu'elle ne l'est, répondit la comtesse en regardant son beau-frère. Les femmes sont parfois dans des embarras qu'elles ne veulent pas dire à leurs maris, comme Joséphine avec Napoléon, et je venais lui demander un service.

— Elle peut vous le rendre facilement, ma sœur. Eugénie est très riche, répondit du Tillet avec une mielleuse aigreur.

— Elle ne l'est que pour vous, mon frère, répliqua la comtesse en souriant avec amertume.

— Que vous faut-il ? dit du Tillet qui n'était pas fâché d'enlacer sa belle-sœur.

— Nigaud, ne vous ai-je pas dit que nous ne voulons pas nous commettre avec nos maris ? répondit sagement madame de Vandenesse en comprenant qu'elle se mettait à la merci de l'homme dont le portrait venait heureusement de lui être tracé par sa sœur. Je viendrai chercher Eugénie demain.

— Demain, répondit froidement le banquier, non. Madame du Tillet dîne demain chez un futur pair de France, le baron de Nucingen, qui me laisse sa place à la Chambre des députés.

— Ne lui permettrez-vous pas d'accepter ma loge à l'Opéra ? dit la comtesse sans même échanger un regard avec sa sœur, tant elle craignait de lui voir trahir leur secret.

— Elle a la sienne, ma sœur, dit du Tillet piqué.

— Eh bien ! je l'y verrai, répliqua la comtesse.

— Ce sera la première fois que vous me ferez cet honneur, dit du Tillet.

La comtesse sentit le reproche et se mit à rire.

— Soyez tranquille, on ne vous fera rien payer cette fois-ci, dit-elle. Adieu, ma chérie.

— L'impertinente ! s'écria du Tillet en ramassant les fleurs tombées de la coiffure de la comtesse. Vous devriez, dit-il à sa femme, étudier madame de Vandenesse. Je voudrais vous voir dans le monde impertinente comme votre sœur vient de l'être ici. Vous avez un air bourgeois et niais qui me désole.

Eugénie leva les yeux au ciel, pour toute réponse.

— Ah çà ! madame, qu'avez-vous donc fait toutes deux ici ? dit le banquier après une pause en lui montrant les fleurs. Que se passe-t-il pour que votre sœur vienne demain dans votre loge ?

La pauvre ilote se rejeta sur une envie de dormir et sortit pour se faire déshabiller en craignant un interrogatoire. Du Tillet prit alors sa femme par le bras, la ramena devant lui sous le feu des bougies qui flambaient dans des bras de vermeil, entre deux délicieux bouquets de fleurs nouées, et il plongea son regard clair dans les yeux de sa femme.

— Votre sœur est venue pour emprunter quarante mille francs que doit un homme à qui elle s'intéresse et qui dans trois jours sera coffré comme une chose précieuse, rue de Clichy, dit-il froidement.

La pauvre femme fut saisie par un tremblement nerveux qu'elle réprima.

— Vous m'avez effrayée, dit-elle. Mais ma sœur est trop bien élevée, elle aime trop son mari pour s'intéresser à ce point à un homme.

— Au contraire, répondit-il sèchement. Les filles élevées comme vous l'avez été, dans la contrainte et les pratiques religieuses, ont soif de la liberté, désirent le bonheur, et le bonheur dont elles jouissent n'est jamais aussi grand ni aussi beau que celui qu'elles ont rêvé. De pareilles filles font de mauvaises femmes.

— Parlez pour moi, dit la pauvre Eugénie avec un ton de raillerie amère, mais respectez ma sœur. La comtesse de Vandenesse est trop heureuse, son mari la laisse trop libre pour qu'elle ne lui soit pas attachée. D'ailleurs, si votre supposition était vraie, elle ne me l'aurait pas dit.

— Cela est, dit du Tillet. Je vous défends de faire quoi que ce soit dans cette affaire. Il est dans mes intérêts que cet homme aille en prison. Tenez-vous-le pour dit.

Madame du Tillet sortit.

— Elle me désobéira, sans doute, et je pourrai savoir tout ce qu'elles feront en les surveillant, se dit du Tillet resté seul dans le boudoir. Ces pauvres sottes veulent lutter avec nous.

Il haussa les épaules et rejoignit sa femme, ou, pour être vrai, son esclave.

La confidence faite à Madame du Tillet par madame Félix de Vandenesse tenait à tant de points de son histoire depuis six ans, qu'elle serait inintelligible, sans le récit succinct des principaux événemens de sa vie.

Parmi les hommes remarquables qui durent leur destinée à la Restauration et que, malheureusement pour elle, elle mit avec Martignac en dehors des secrets du gouvernement, on comptait Félix de Vandenesse, déporté comme plusieurs autres à la chambre des pairs aux derniers jours de Charles X. Cette disgrâce, quoique momentanée à ses yeux, le fit songer au mariage, vers lequel il fut conduit, comme beaucoup d'hommes le sont, par une sorte de dégoût pour les aventures galantes, ces folles fleurs de la jeunesse. Il est un moment suprême où la vie sociale apparaît dans sa gravité. Félix de Vandenesse avait été tour à tour heureux et malheureux, plus souvent malheureux qu'heureux, comme les hommes qui, dès leur début dans le monde, ont rencontré l'amour sous sa plus belle forme. Ces privilégiés deviennent difficiles. Puis, après avoir expérimenté la vie et comparé les caractères,

ils arrivent à se contenter d'un à peu près, et se réfugient dans une indulgence absolue. On ne les trompe point, car ils ne se détrompent plus ; mais ils mettent de la grâce à leur résignation ; en s'attendant à tout, ils souffrent moins. Cependant Félix pouvait encore passer pour un des plus polis et des plus agréables hommes de Paris. Il avait été surtout recommandé auprès des femmes par une des plus nobles créatures de ce siècle, morte, disait-on, de douleur et d'amour pour lui ; mais il avait été formé spécialement par la belle lady Dudley. Aux yeux de beaucoup de Parisiennes, Félix, espèce de héros de roman, avait dû plusieurs conquêtes à tout le mal qu'on disait de lui. Madame de Manerville avait clos la carrière de ses aventures. Sans être un don Juan, il remportait du monde amoureux le désenchantement qu'il remportait du monde politique. Cet idéal de la femme et de la passion, dont, pour son malheur, le type avait éclairé, dominé sa jeunesse, il désespérait de jamais pouvoir le rencontrer.

Vers trente ans, le comte Félix résolut d'en finir avec les ennuis de ses félicités par un mariage. Sur ce point, il était fixé ; il voulait une jeune fille élevée dans les données les plus sévères du catholicisme. Il lui suffit d'apprendre comment la comtesse de Granville tenait ses filles pour rechercher la main de l'aînée. Il avait, lui aussi, subi la despotie d'une mère ; il se souvenait encore assez de sa cruelle jeunesse pour reconnaître, à travers les dissimulations de la pudeur féminine, en quel état le joug aurait mis le cœur d'une jeune fille : si ce cœur était aigri, chagrin, révolté ; s'il était demeuré paisible, aimable, prêt à s'ouvrir aux beaux sentiments. La tyrannie produit deux effets contraires dont les symboles existent dans deux grandes figures de l'esclavage antique : Epictète et Spartacus, la haine et ses sentiments mauvais, la résignation et ses tendresses chrétiennes. Le comte de Vandenesse se reconnut dans Marie-Angélique de Granville. En prenant pour femme une jeune fille naïve, innocente et pure, il avait résolu d'avance, en jeune vieillard qu'il était, de mêler le sentiment paternel au sentiment conjugal. Il se sentait le cœur desséché par le monde, par la politique, et savait qu'en échange d'une vie adolescente, il allait donner les restes d'une vie usée. Auprès des fleurs du printemps, il mettrait les glaces de l'hiver, l'expérience chenue auprès de la pimpante, de l'insouciante imprudence. Après avoir ainsi jugé sainement sa position, il se cantonna dans ses quartiers conjugaux avec d'amples provisions. L'indulgence et la confiance furent les deux ancres sur lesquelles il s'amarra. Les mères de famille devraient rechercher de pareils hommes pour leurs filles : l'Esprit est protecteur comme la Divinité, le Désenchantement est perspicace comme un chirurgien, l'Expérience est prévoyante comme une mère. Ces trois sentiments sont les vertus théologales du mariage.

Les recherches, les délices que ses habitudes d'homme à bonnes fortunes et d'homme élégant avaient apprises à Félix de Vandenesse, les enseignemens de la haute politique, les observations de sa vie tour à tour occupée, pensive, littéraire, toutes ses forces furent employées à rendre sa femme heureuse, et il y appliqua son esprit. Au sortir du purgatoire maternel, Marie-Angélique monta tout à coup au paradis conjugal que lui avait élevé Félix, rue du Rocher, dans un hôtel où les moindres choses avaient un parfum d'aristocratie, mais où le vernis de la bonne compagnie ne gênait pas cet harmonieux laisser-aller que souhaitent les cœurs aimans et jeunes. Marie-Angélique savoura d'abord les jouissances de la vie matérielle dans leur entier, son mari se fit pendant deux ans son intendant. Félix expliqua lentement et avec beaucoup d'art à sa femme les choses de la vie, l'initia par degrés aux mystères de la haute société, lui apprit les généalogies de toutes les maisons nobles, lui enseigna le monde, la guida dans l'art de la toilette et de la conversation, la mena de théâtre en théâtre, lui fit faire un cours de littérature et d'histoire. Il acheva cette éducation avec un soin d'amant, de père, de maître et de mari ; mais avec une sobriété bien entendue, il ménageait les jouissances et les leçons, sans détruire les idées religieuses. Enfin, il s'acquitta de son entreprise en grand maître. Au bout de quatre années, il eut le bonheur d'avoir formé dans la comtesse de Vandenesse une des femmes les plus aimables et les plus remarquables du temps actuel.

Marie-Angélique éprouva précisément pour Félix le sentiment que Félix souhaitait de lui inspirer : une amitié vraie, une reconnaissance bien sentie, un amour fraternel qui se mélangeait à propos de tendresse noble et digne comme elle doit être entre mari et femme. Elle était mère, et bonne mère. Félix s'attachait donc sa femme par tous les liens possibles sans avoir l'air de la garrotter, comptant pour être heureux sans nuage sur les attraits de l'habitude. Il n'y a que les hommes rompus au manége de la vie et qui ont parcouru le cercle des désillusionnemens politiques et amoureux, pour avoir cette science et se conduire ainsi. Félix trouvait d'ailleurs dans son œuvre les plaisirs que rencontrent dans leurs créations les peintres, les écrivains, les architectes qui élèvent des monumens ; il jouissait doublement en s'occupant de l'œuvre et en voyant le succès, en admirant sa femme instruite et naïve, spirituelle et naturelle, aimable et chaste, jeune fille et mère, parfaitement libre et enchaînée. L'histoire des bons ménages est comme celle des peuples heureux, elle s'écrit en deux lignes et n'a rien de littéraire. Aussi, comme le bonheur ne s'explique que par lui-même, ces quatres années ne peuvent-elles rien fournir qui ne soit tendre comme le gris de lin des éternelles amours, fade comme la manne, et amusant comme le roman de l'*Astrée*.

En 1833, l'édifice de bonheur cimenté par Félix fut près de crouler, miné dans ses bases sans qu'il s'en doutât. Le cœur d'une femme de vingt-cinq ans n'est pas plus celui de la jeune fille de dix-huit, que celui de la femme de quarante n'est celui de la femme de trente ans. Il y a quatre âges dans la vie des femmes. Chaque âge crée une nouvelle femme. Vandenesse connaissait sans doute les lois de ces transformations dues à nos mœurs modernes; mais il les oublia pour son propre compte, comme le plus fort grammairien peut oublier les règles en composant un livre ; comme sur le champ de bataille, au milieu du feu, pris dans les accidens d'un site, le plus grand général oublie une règle absolue de l'art militaire. L'homme qui peut empreindre perpétuellement la pensée dans le fait est un homme de génie ; mais l'homme qui a le plus de génie ne le déploie pas à tous les instans, il ressemblerait trop à Dieu. Après quatre ans de cette vie sans un choc d'âme, sans une parole qui produisît la moindre discordance dans ce suave concert de sentiment, en se sentant parfaitement développée comme une belle plante dans un bon sol, sous les caresses d'un beau soleil qui rayonnait au milieu d'un éther constamment azuré, la comtesse eut comme un retour sur elle-même. Cette crise de sa vie, l'objet de cette scène, serait incompréhensible sans des explications qui peut-être atténueront, aux yeux des femmes les torts de cette jeune comtesse, aussi heureuse femme qu'heureuse mère, et qui doit, au premier abord, paraître sans excuse.

La vie résulte du jeu de deux principes opposés : quand l'un manque, l'être souffre. Vandenesse, en satisfaisant à tout, avait supprimé le Désir, ce roi de la création, qui emploie une somme énorme des forces morales. L'extrême chaleur, l'extrême malheur, le bonheur complet, tous les principes absolus trônent sur des espaces dénués de productions : ils veulent être seuls, ils étouffent tout ce qui n'est pas eux. Vandenesse n'était pas femme, et les femmes seules connaissent l'art de varier la félicité : de là procèdent leur coquetterie, leurs refus, leurs craintes, leurs querelles, et les savantes, les spirituelles niaiseries par lesquelles elles mettent le lendemain en question ce qui n'offrait aucune difficulté la veille. Les hommes peuvent fatiguer de leur constance, les femmes jamais. Vandenesse était une nature trop complétement bonne pour tourmenter par parti pris une femme aimée ; il la jeta dans l'infini le plus bleu, le

moins nuageux de l'amour. Le problème de la béatitude éternelle est un de ceux dont la solution n'est connue que de Dieu dans l'autre vie. Ici-bas, des poëtes sublimes ont éternellement ennuyé leurs lecteurs en abordant la peinture du paradis. L'écueil de Dante fut aussi l'écueil de Vandenesse : honneur au courage malheureux! Sa femme finit par trouver quelque monotonie dans un Éden si bien arrangé, le parfait bonheur que la première femme éprouva dans le Paradis terrestre lui donna les nausées que donne à la longue l'emploi des choses douces, et fit souhaiter à la comtesse, comme à Rivarol lisant Florian, de rencontrer quelque loup dans la bergerie. Ceci, de tout temps, a semblé le sens du serpent emblématique auquel Ève s'adressa probablement par ennui. Cette morale paraîtra peut-être hasardée aux yeux des protestans qui prennent la Genèse plus au sérieux que ne la prennent les Juifs eux-mêmes. Mais la situation de madame de Vandenesse peut s'expliquer sans figures bibliques : elle se sentait dans l'âme une force immense sans emploi, son bonheur ne la faisait pas souffrir, il allait sans soins ni inquiétudes, elle ne tremblait point de le perdre, il se produisait tous les matins avec le même bleu, le même sourire, la même parole charmante. Ce lac pur n'était ridé par aucun souffle, pas même par le zéphyr : elle aurait voulu onduler cette glace. Son désir comportait je ne sais quoi d'enfantin qui devrait la faire excuser; mais la société n'est pas plus indulgente que ne le fut le dieu de la Genèse. Devenue spirituelle, la comtesse comprenait admirablement combien ce sentiment devait être offensant, et trouvait horrible de le confier à son *cher petit mari*. Dans sa simplicité, elle n'avait pas inventé d'autre mot d'amour, car on ne forge pas à froid la délicieuse langue d'exagération que l'amour apprend à ses victimes au milieu des flammes. Vandenesse, heureux de cette adorable réserve, maintenait par ses savans calculs sa femme dans les régions tempérées de l'amour conjugal. Ce mari modèle trouvait d'ailleurs indignes d'une âme noble les ressources du charlatanisme qui l'eussent grandi, qui lui eussent valu des récompenses de cœur; il voulait plaire par lui-même, et ne rien devoir aux artifices de la fortune. La comtesse Marie souriait en voyant au bois un équipage incomplet ou mal attelé ; ses yeux se reportaient alors complaisamment sur le sien, dont les chevaux avaient une tenue anglaise, étaient libres dans leurs harnais, chacun à sa distance. Félix ne descendait pas jusqu'à ramasser les bénéfices des peines qu'il se donnait, sa femme trouvait son luxe et son bon goût naturels; elle ne lui savait aucun gré de ce qu'elle n'éprouvait aucune souffrance d'amour-propre. Il en était de tout ainsi. La bonté n'est pas sans écueils : on l'attribue au caractère, on veut rarement y reconnaître les efforts secrets d'une belle âme, tandis qu'on récompense les gens méchans du mal qu'ils ne font pas. Vers cette époque, madame Félix de Vandenesse était arrivée à un degré d'instruction mondaine qui lui permit de quitter le rôle assez insignifiant de comparse timide, observatrice, écouteuse, que joua, dit-on, pendant quelque temps, Giulia Grisi dans les chœurs au théâtre de la Scala. La jeune comtesse se sentait capable d'aborder l'emploi de prima donna, elle s'y hasarda plusieurs fois. Au grand contentement de Félix, elle se mêla aux conversations. D'ingénieuses reparties et de fines observations semées dans son esprit par son commerce avec son mari la firent remarquer, et le succès l'enhardit. Vandenesse, à qui on avait accordé que sa femme était jolie, fut enchanté quand elle parut spirituelle. Au retour du bal, du concert, du raout, où Marie avait brillé, quand elle quittait ses atours elle prenait un petit air joyeux et délibéré pour dire à Félix :

— Avez-vous été content de moi ce soir

La comtesse excita quelques jalousies, entre autres celle de la sœur de son mari, la marquise de Listomère, qui jusqu'alors l'avait patronée, en croyant protéger une ombre destinée à la faire ressortir. Une comtesse du nom de Marie, belle, spirituelle et vertueuse, musicienne et peu coquette, quelle proie pour le monde! Félix de Vandenesse comptait dans la société plusieurs femmes avec lesquelles il avait rompu ou qui avaient rompu avec lui, mais qui ne furent pas indifférentes à son mariage. Quand ces femmes virent dans madame de Vandenesse une petite femme à mains rouges, assez embarrassée d'elle, parlant peu, n'ayant pas l'air de penser beaucoup, elles se crurent suffisamment vengées. Les désastres de juillet 1830 vinrent, la société fut dissoute pendant deux ans, les gens riches allèrent durant la tourmente dans leurs terres ou voyagèrent en Europe, et les salons ne s'ouvrirent guère qu'en 1833. Le faubourg Saint-Germain bouda, mais il considéra quelques maisons, celle entre autres de l'ambassadeur d'Autriche, comme des terrains neutres: la société légitimiste et la société nouvelle s'y rencontrèrent représentées par leurs sommités les plus élégantes. Attaché par mille liens de cœur et de reconnaissance à la famille exilée, mais fort de ses convictions, Vandenesse ne se crut pas obligé d'imiter les niaises exagérations de son parti : dans le danger, il avait fait son devoir au péril de ses jours en traversant les flots populaires pour proposer des transactions; il mena donc sa femme dans le monde où sa fidélité ne pouvait jamais être compromise. Les anciennes amies de Vandenesse retrouvèrent difficilement la nouvelle mariée dans l'élégante, la spirituelle, la douce comtesse, qui se produisit elle-même avec les manières les plus exquises de l'aristocratie féminine. Mesdames d'Espard, de Manerville, lady Dudley, quelques autres moins connues, sentirent au fond de leur cœur des serpens se réveiller; elles entendirent les sifflemens flûtés de l'orgueil en colère, elles furent jalouses du bonheur de Félix, elles auraient volontiers donné leurs plus jolies pantoufles pour qu'il lui arrivât malheur. Au lieu d'être hostiles à la comtesse, ces bonnes mauvaises femmes l'entourèrent, lui témoignèrent une excessive amitié, la vantèrent aux hommes. Suffisamment édifié sur leurs intentions, Félix surveilla leurs rapports avec Marie en lui disant de se défier d'elles. Toutes devinèrent les inquiétudes que leur commerce causait au comte, elles ne lui pardonnèrent point sa défiance et redoublèrent de soins et de prévenances pour leur rivale, à laquelle elles firent un succès énorme au grand déplaisir de la marquise de Listomère qui n'y comprenait rien. On citait la comtesse Félix de Vandenesse comme la plus charmante, la plus spirituelle femme de Paris. L'autre belle-sœur de Marie, la marquise Charles de Vandenesse, éprouvait mille désappointemens à cause de la confusion que le même nom produisait parfois et des comparaisons qu'il occasionnait. Quoique la marquise fût aussi très belle femme et très spirituelle, ses rivales lui opposaient d'autant mieux sa belle-sœur que la comtesse était de douze ans moins âgée. Ces femmes savaient combien d'aigreur le succès de la comtesse devrait mettre dans son commerce avec ses deux belles-sœurs, qui devinrent froides et désobligeantes pour la triomphante Marie-Angélique. Ce fut de dangereuses parentes, d'intimes ennemies. Chacun sait que la littérature se défendait alors contre l'insouciance générale engendrée par le drame politique, en produisant des œuvres plus ou moins byroniennes où il n'était question que des délits conjugaux. En ce temps, les infractions aux contrats de mariage défrayaient les revues, les livres et le théâtre. Cet éternel sujet fut plus que jamais à la mode. L'amant, ce cauchemar des maris, était partout, excepté peut-être dans le ménage, où, par cette bourgeoise époque, il donnait moins qu'en aucun temps. Est-ce quand tout le monde court à ses fenêtres et crie : A la garde! éclaire les rues, que les voleurs s'y promènent? Si, durant ces années fertiles en agitations urbaines, politiques et morales, il y eut des catastrophes matrimoniales, elles constituèrent des exceptions qui ne furent pas autant remarquées que sous la Restauration. Néanmoins, les femmes causaient beaucoup entre elles de ce qui occupait alors les deux formes de la poésie : le Livre et le Théâtre. Il était souvent question de l'amant, cet être si rare et si souhaité. Les aventures connues donnaient matière à des discussions, et ces discussions étaient,

comme toujours, soutenues par des femmes irréprochables. Un fait digne de remarque est l'éloignement que manifestent pour ces sortes de conversations les femmes qui jouissent d'un bonheur illégal, elles gardent dans le monde une contenance prude, réservée et presque timide; elles ont l'air de demander le silence à chacun, ou pardon de leur plaisir à tout le monde. Quand au contraire une femme se plaît à entendre parler de catastrophes, se laisse expliquer les voluptés qui justifient les coupables, croyez qu'elle est dans le carrefour de l'indécision, et ne sait quel chemin prendre. Pendant cet hiver, la comtesse de Vandenesse entendit mugir à ses oreilles la grande voix du monde, le vent des orages siffla autour d'elle. Ses prétendues amies, qui dominaient leur réputation de toute la hauteur de leurs noms et de leurs positions, lui dessinèrent à plusieurs reprises la séduisante figure de l'amant, et lui jetèrent dans l'âme des paroles ardentes sur l'amour, le mot de l'énigme que la vie offre aux femmes, la grande passion, suivant madame de Staël qui prêcha d'exemple. Quand la comtesse demandait naïvement en petit comité quelle différence il y avait entre un amant et un mari, jamais une des femmes qui souhaitait quelque malheur à Vandenesse ne faillait à lui répondre de manière à piquer sa curiosité, à solliciter son imagination, à frapper son cœur, à intéresser son âme.

— On vivote avec son mari, ma chère, on ne vit qu'avec son amant, lui disait sa belle-sœur, la marquise de Vandenesse.

— Le mariage, mon enfant, est notre purgatoire; l'amour est le paradis, disait lady Dudley.

— Ne la croyez pas, s'écriait la duchesse de Grandlieu, c'est l'enfer.

— Mais c'est un enfer où l'on aime, faisait observer la marquise de Rochegude. On a souvent plus de plaisir dans la souffrance que dans le bonheur, voyez les martyrs.

— Avec un mari, petite niaise, nous vivons pour ainsi dire de notre vie; mais aimer, c'est vivre de la vie d'un autre, lui disait la marquise d'Espard.

— Un amant, c'est le fruit défendu, mot qui pour moi résume tout, disait en riant la jolie Moïna de Saint-Hérem.

Quand elle n'allait pas à des raoûts diplomatiques ou au bal chez quelques riches étrangers, comme lady Dudley ou la princesse Galathionne, la comtesse allait presque tous les soirs dans le monde, après les Italiens ou l'Opéra, soit chez la marquise d'Espard, soit chez madame de Listomère, mademoiselle des Touches, la comtesse de Montcornet ou le vicomtesse de Grandlieu, les seules maisons aristocratiques ouvertes; et jamais elle n'en sortait sans que de mauvaises graines n'eussent été semées dans son cœur. On lui parlait de compléter sa vie, un mot à la mode dans ce temps-là; d'être comprise, autre mot auquel les femmes donnent d'étranges significations. Elle revenait chez elle inquiète, émue, curieuse, pensive. Elle trouvait je ne sais quoi de moins dans sa vie, mais elle n'allait pas jusqu'à la voir déserte.

La société la plus amusante, mais la plus mêlée, des salons où allait madame Félix de Vandenesse, se trouvait chez la comtesse de Montcornet, charmante petite femme qui recevait les artistes illustres, les sommités de la finance, les écrivains distingués, mais après les avoir soumis à un si sévère examen, que les plus difficiles en fait de bonne compagnie n'avaient pas à craindre d'y rencontrer qui que ce soit de la société secondaire. Les plus grandes prétentions y étaient en sûreté. Pendant l'hiver, où la société s'était ralliée, quelques salons, au nombre desquels étaient ceux de mesdames d'Espard et de Listomère, de mademoiselle des Touches et de la duchesse de Grandlieu, avaient recruté parmi les célébrités nouvelles de l'art, de la science, de la littérature et de la politique. La société ne perd jamais ses droits, elle veut toujours être amusée. A un concert donné par la comtesse vers la fin de l'hiver, apparut chez elle une des illustrations contemporaines de la littérature et de la politique, Raoul Nathan, présenté par un des écrivains les plus spirituels mais les plus paresseux de l'époque, Emile Blondet, autre homme célèbre, mais à huis-clos ; vanté par les journalistes, mais inconnu au delà des barrières : Blondet le savait ; d'ailleurs, il ne se faisait aucune illusion, et entre autres paroles de mépris, il a dit que la gloire est un poison bon à prendre par petites doses. Depuis le moment où il s'était fait jour après avoir longtemps lutté, Raoul Nathan avait profité du subit engouement que manifestèrent pour la forme ces élégans sectaires du moyen-âge si plaisamment nommés Jeune-France. Il s'était donné les singularités d'un homme de génie en s'enrôlant parmi ces adorateurs de l'art dont les intentions furent d'ailleurs excellentes ; car rien de plus ridicule que le costume des Français au dix-neuvième siècle, il y avait du courage à le renouveler.

Raoul, rendons-lui cette justice, offre dans sa personne je ne sais quoi de grand, de fantasque et d'extraordinaire qui veut un cadre. Ses ennemis ou ses amis, les uns valent les autres, conviennent que rien au monde ne concorde mieux avec son esprit que sa forme. Raoul Nathan serait peut-être plus singulier au naturel qu'il ne l'est avec ses accompagnemens. Sa figure ravagée, détruite, lui donne l'air de s'être battu avec les anges ou les démons, elle ressemble à celle que les peintres allemands attribuent au Christ mort : il y paraît mille signes d'une lutte constante entre la faible nature humaine et les puissances d'en haut. Mais les rides creuses de ses joues, les redans de son crâne tortueux et sillonné, les salières qui marquent ses yeux et ses tempes, n'indiquent rien de débile dans sa constitution. Ses membranes dures, ses os apparens ont une solidité remarquable ; et quoique sa peau, tannée par des excès, s'y colle comme si des feux intérieurs l'avaient desséchée, elle n'en couvre pas moins une formidable charpente. Il est maigre et grand. Sa chevelure longue et toujours en désordre vise à l'effet. Ce Byron mal peigné, mal construit, a des jambes de héron, des genoux engorgés, une cambrure exagérée, des mains cordées de muscles, fermes comme les pattes d'un crabe, à doigts maigres et nerveux. Raoul a des yeux napoléoniens, des yeux bleus dont le regard traverse l'âme ; un nez tourmenté, plein de finesse ; une charmante bouche, embellie par les dents les plus blanches que puisse souhaiter une femme. Il y a du mouvement et du feu dans cette tête, et du génie sur ce front. Raoul appartient au petit nombre d'hommes qui vous frappent au passage, qui dans un salon forment aussitôt un point lumineux où vont tous les regards. Il se fait remarquer par son négligé, s'il est permis d'emprunter à Molière le mot employé par Elianthe pour peindre le malpropre sur soi. Ses vêtements semblent toujours avoir été tordus, fripés, recroquevillés exprès pour s'harmonier à sa physionomie. Il tient habituellement l'une de ses mains dans son gilet ouvert, dans une pose que le portrait de monsieur de Chateaubriand par Girodet a rendue célèbre ; mais il la prend moins pour lui ressembler, il ne veut ressembler à personne, que pour déflorer les plis réguliers de sa chemise. Sa cravate est en un moment roulée sous les convulsions de ses mouvemens de tête, qu'il a remarquablement brusques et vifs, comme ceux des chevaux de race qui s'impatientent dans leurs harnais et relèvent constamment la tête pour se débarrasser de leur mors ou de leurs gourmettes. Sa barbe longue et pointue n'est ni peignée, ni parfumée, ni brossée, ni lissée comme le sont celles des élégans qui portent la barbe en éventail ou en pointe ; il la laisse comme elle est. Ses cheveux, mêlés entre le collet de son habit et sa cravate, luxurians sur les épaules, graissent les places qu'ils caressent. Ses mains sèches et filandreuses ignorent les soins de la brosse à ongles et le luxe du citron. Plusieurs feuilletonistes prétendent que les eaux lustrales ne rafraîchissent pas souvent leur peau calcinée. Enfin le terrible Raoul est grotesque. Ses mouvemens sont saccadés comme s'ils étaient produits par une mécanique imparfaite. Sa démarche froisse toute idée d'ordre par des zigzags enthousiastes, par des suspensions

inattendues qui lui font heurter les bourgeois pacifiques en promenade sur les boulevards de Paris. Sa conversation, pleine d'humeur caustique, d'épigrammes âpres, imite l'allure de son corps : elle quitte subitement le ton de la vengeance et devient suave, poétique, consolante, douce, hors de propos ; elle a des silences inexplicables, des soubresauts d'esprit qui fatiguent parfois. Il apporte dans le monde une gaucherie hardie, un dédain des conventions, un air de critique pour tout ce qu'on y respecte, qui lui met mal avec les petits esprits comme avec ceux qui s'efforcent de conserver les doctrines de l'ancienne politesse ; mais c'est quelque chose d'original comme les créations chinoises et que les femmes ne haïssent pas. D'ailleurs, pour elles, il se montre souvent d'une amabilité recherchée, il semble se complaire à faire oublier ses formes bizarres, à remporter sur les antipathies une victoire qui flatte sa vanité, son amour-propre ou son orgueil. — Pourquoi êtes-vous comme cela ? lui dit un jour la marquise de Vandenesse. — Les perles ne sont-elles pas dans des écailles ? répondit-il fastueusement. A un autre qui lui adressait la même question, il répondit : — Si j'étais bien pour tout le monde, comment pourrais-je paraître mieux à une personne choisie entre toutes ? Raoul Nathan porte dans sa vie intellectuelle le désordre qu'il prend pour enseigne. Son annonce n'est pas menteuse : son talent ressemble à celui de ces pauvres filles qui se présentent dans les maisons bourgeoises pour tout faire : il fut d'abord critique, et grand critique ; mais il trouva de la duperie à ce métier. Ses articles valaient des livres, disait-il. Les revenus du théâtre l'avaient séduit ; mais incapable du travail lent et soutenu que veut la mise en scène, il avait été obligé de s'associer à un vaudevilliste, à du Bruel, qui mettait en œuvre ses idées et les avait toujours réduites en petites pièces productives, pleines d'esprit, toujours faites pour des acteurs ou pour des actrices. A eux deux, ils avaient inventé Florine, une actrice à recette. Humilié de cette association semblable à celle des frères siamois, Nathan avait produit à lui seul au Théâtre-Français un grand drame tombé avec les honneurs de la guerre, aux salves d'articles foudroyans. Dans sa jeunesse, il avait déjà tenté le grand, le noble Théâtre-Français, par une magnifique pièce romantique dans le genre de Pinto, à une époque où le classique régnait en maître : l'Odéon avait été si rudement agité pendant trois soirées que la pièce fut défendue. Aux yeux de beaucoup de gens, cette seconde pièce passait comme la première pour un chef d'œuvre, et lui valait plus de réputation que toutes les pièces si productives faites avec ses collaborateurs, mais dans un monde peu écouté, celui des connaisseurs et des vrais gens de goût. — Encore une chute semblable, lui dit Emile Blondet, et tu deviens immortel. Mais, au lieu de marcher dans cette voie difficile, Nathan était retombé par nécessité dans la poudre et les mouches du vaudeville dix-huitième siècle, dans la pièce à costumes, et la réimpression scénique des livres à succès. Néanmoins, il passait pour un grand esprit qui n'avait pas donné son dernier mot. Il avait d'ailleurs abordé la haute littérature et publié trois romans, sans compter ceux qu'il entretenait sous presse comme des poissons dans un vivier. L'un de ces trois livres, le premier, comme chez plusieurs écrivains qui n'ont pu faire qu'un premier ouvrage, avait obtenu le plus brillant succès. Cet ouvrage, imprudemment mis alors en première ligne, cette œuvre d'artiste, il la faisait appeler à tout propos le plus beau livre de l'époque, l'unique roman du siècle. Il se plaignait d'ailleurs beaucoup des exigences de l'art ; il était un de ceux qui contribuèrent le plus à faire ranger toutes les œuvres, le tableau, la statue, le livre, l'édifice, sous la bannière unique de l'Art. Il avait commencé par commettre un livre de poésies qui lui méritait une place dans la pléiade des poëtes actuels, et parmi lesquelles se trouvait un poëme nébuleux assez admiré. Tenu de produire par son manque de fortune, il allait du théâtre à la presse, et de la presse au théâtre, se dissipant, s'éparpillant et croyant toujours en sa veine. Sa gloire n'était donc pas inédite comme celle de plusieurs célébrités à l'agonie, soutenues par les titres d'ouvrages à faire, lesquels n'auront pas autant d'éditions qu'ils ont nécessité de marchés. Nathan ressemblait à un homme de génie ; et s'il eût marché à l'échafaud, comme l'envie lui en prit, il aurait pu se frapper le front à la manière d'André de Chénier. Saisi d'une ambition politique en voyant l'irruption au pouvoir d'une douzaine d'auteurs, de professeurs, de métaphysiciens et d'historiens qui s'incrustèrent dans la machine pendant les tourmentes de 1830 à 1833, il regretta de ne pas avoir fait des articles politiques au lieu d'articles littéraires. Il se croyait supérieur à ces parvenus dont la fortune lui inspirait alors une dévorante jalousie. Il appartenait à ces esprits jaloux de tout, capables de tout, à qui l'on vole tous les succès, et qui vont se heurtant à mille endroits lumineux sans se fixer à un seul, épuisant toujours la volonté du voisin. En ce moment, il allait du saint-simonisme au républicanisme, pour revenir peut-être au ministéralisme. Il guettait son os à ronger dans tous les coins, et cherchait une place sûre d'où il pût aboyer à l'abri des coups et se rendre redoutable ; mais il avait la honte de ne pas se voir prendre au sérieux par l'illustre de Marsay, qui dirigeait alors le gouvernement, et qui n'avait aucune considération pour les auteurs chez lesquels il ne trouvait pas ce que Richelieu nommait l'esprit de suite, ou, mieux, de la suite dans les idées. D'ailleurs tout ministère eût compté sur le dérangement continuel des affaires de Raoul. Tôt ou tard la nécessité devait l'amener à subir des conditions au lieu d'en imposer.

Le caractère réel et soigneusement caché de Raoul concorde à son caractère public. Il est comédien de bonne foi, personnel comme si l'État était *lui*, et très habile déclamateur. Nul ne sait mieux jouer les sentimens, se targuer de grandeurs fausses, se parer de beautés morales, se respecter en paroles, et se poser comme un Alceste en agissant comme Philinte. Son égoïsme trotte à couvert de cette armure en carton peint, et touche souvent au but caché qu'il se propose. Paresseux au superlatif, il n'a rien fait que piqué par les hallebardes de la nécessité. La continuité du travail appliquée à la création d'un monument, il l'ignore ; mais dans le paroxysme de rage que lui ont causé ses vanités blessées, ou dans un moment de crise amené par le créancier, il saute l'Eurotas, il triomphe des plus difficiles escomptes de l'esprit. Puis, fatigué, surpris d'avoir créé quelque chose, il retombe dans le marasme des jouissances parisiennes. Le besoin se représente formidable : il est sans force, il descend alors et se compromet. Mu par une fausse idée de sa grandeur et de son avenir, dont il prend mesure sur la haute fortune d'un de ses anciens camarades, un des rares talens ministériels mis en lumière par la révolution de juillet, pour sortir d'embarras il se permet avec les personnes qui l'aiment des barbarismes de conscience enterrés dans les mystères de la vie privée, mais dont personne ne parle ni ne se plaint. La banalité de son cœur, l'impudeur de sa poignée de main qui serre tous les vices, tous les malheurs, toutes les trahisons, toutes les opinions, l'ont rendu inviolable comme un roi constitutionnel. Le péché véniel, qui exciterait clameur de haro sur un homme d'un grand caractère, de lui n'est rien ; un acte peu délicat est à peine quelque chose, tout le monde s'excuse en l'excusant. Celui même qui serait tenté de le mépriser lui tend la main en ayant peur d'avoir besoin de lui. Il a tant d'amis qu'il souhaite des ennemis. Cette bonhomie apparente qui séduit les nouveaux venus et n'empêche aucune trahison, qui se permet et justifie tout, qui jette les hauts cris à une blessure et la pardonne, est un des caractères distinctifs du journaliste. Cette *camaraderie*, mot créé par un homme d'esprit, corrode les plus belles âmes : elle rouille leur fierté, tue le principe des grandes œuvres, et consacre la lâcheté de l'esprit. En exigeant cette mollesse de conscience chez tout le monde, certaines gens se ménagent l'absolution de leurs traîtrises, de leurs changemens

de parti. Voilà comment la portion la plus éclairée d'une nation devient la moins estimable.

Jugé du point de vue littéraire, il manque à Nathan le style et l'instruction. Comme la plupart des jeunes ambitieux de la littérature, il dégorge aujourd'hui son instruction d'hier. Il n'a ni le temps ni la patience d'écrire ; il n'a pas observé, mais il écoute. Incapable de construire un plan vigoureusement charpenté, peut-être se sauve-t-il par la fougue de son dessin. Il *faisait de la passion*, selon un mot de l'argot littéraire, parce qu'en fait de passion tout est vrai ; tandis que le génie a pour mission de chercher, à travers les hasards du vrai, ce qui doit sembler probable à tout le monde. Au lieu de réveiller des idées, ses héros sont des individualités agrandies qui n'excitent que des sympathies fugitives ; ils ne se relient pas aux grands intérêts de la vie, et dès lors ne représentent rien ; mais il se soutient par la rapidité de son esprit, par ces bonheurs de rencontre que les joueurs de billard nomment des raccrocs. Il est le plus habile tireur au vol des idées qui s'abattent sur Paris, ou que Paris fait lever. Sa fécondité n'est pas à lui, mais à l'époque : il vit sur la circonstance, et, pour la dominer, il en outre la portée. Enfin, il n'est pas vrai, sa phrase est menteuse ; il y a chez lui, comme le disait le comte Félix, du joueur de gobelets. Cette plume prend son encre dans le cabinet d'une actrice, on le sent. Nathan offre une image de la jeunesse littéraire d'aujourd'hui, de ses fausses grandeurs et de ses misères réelles ; il la représente avec ses beautés incorrectes et ses chutes profondes, sa vie à cascades bouillonnantes, à revers soudains, à triomphes inespérés. C'est bien l'enfant de ce siècle dévoré de jalousie, où mille rivalités à couvert sous les systèmes nécrossent à leur profit l'hydre de l'anarchie de tous leurs mécomptes, qui veut la fortune sans le travail, la gloire sans le talent, et le succès sans peine ; mais qu'après bien des rébellions, bien des escarmouches, ses vices amènent à émarger le Budget sous le bon plaisir du Pouvoir. Quand tant de jeunes ambitions sont parties à pied et se sont toutes donné rendezvous au même point, il y a concurrence de volontés, misères inouïes, luttes acharnées. Dans cette bataille horrible, l'égoïsme le plus violent ou le plus adroit gagne la victoire. L'exemple est envié, justifié malgré les criailleries, dirait Molière : on le suit. Quand, en sa qualité d'ennemi de la nouvelle dynastie, Raoul fut introduit dans le salon de madame de Montcornet, ses apparentes grandeurs florissaient. Il était accepté comme le critique politique des de Marsay, des Rastignac, des La Roche Hugon, arrivés au pouvoir. Victime de ses fatales hésitations, de sa répugnance pour l'action qui ne concernait que lui-même, Émile Blondet, l'introducteur de Nathan, continuait son métier de moqueur, ne prenait parti pour personne et tenait à tout le monde. Il était l'ami de Raoul, l'ami de Rastignac, l'ami de Montcornet.

—Tu es un triangle politique, lui disait en riant de Marsay quand il le rencontrait à l'Opéra, cette forme géométrique n'appartient qu'à Dieu qui n'a rien à faire ; mais les ambitieux doivent aller en ligne courbe, le chemin le plus court en politique.

Vu à distance, Raoul Nathan était un très beau météore. La mode autorisait ses façons et sa tournure. Son républicanisme emprunté lui donnait momentanément cette âpreté janséniste que prennent les défenseurs de la cause populaire desquels il se moquait intérieurement, et qui n'est pas sans charme aux yeux des femmes. Les femmes aiment à faire des prodiges, à briser les rochers, à fondre les caractères qui paraissent être de bronze. La toilette du moral était donc alors chez Raoul en harmonie avec son vêtement. Il devait être et fut, pour l'Ève ennuyée de son paradis de la rue du Rocher, le serpent chatoyant, coloré, beau diseur, aux yeux magnétiques, aux mouvemens harmonieux, qui perdit la première femme. Dès que la comtesse Marie aperçut Raoul, elle éprouva ce mouvement intérieur dont la violence cause une sorte d'effroi. Ce prétendu grand homme eut sur elle par son regard une influence physique qui rayonna jusque dans son cœur en le troublant. Ce trouble lui fit plaisir. Ce manteau de pourpre que la célébrité drapait pour un moment sur les épaules de Nathan éblouit cette femme ingénue. A l'heure du thé, Marie quitta la place où, parmi quelques femmes occupées à causer, elle s'était tue en voyant cet être extraordinaire. Ce silence avait été remarqué par ses fausses amies. La comtesse s'approcha du divan carré placé au milieu du salon où pérorait Raoul. Elle se tint debout donnant le bras à madame Octave de Camps, excellento femme qui lui garda le secret sur les tremblemens involontaires par lesquels se trahissaient ses violentes émotions. Quoique l'œil d'une femme éprise ou surprise laisse échapper d'incroyables douceurs, Raoul tirait en ce moment un véritable feu d'artifice; il était trop au milieu de ses épigrammes qui partaient comme des fusées, de ses accusations enroulées et déroulées comme des soleils, des flamboyans portraits qu'il dessinait en traits de feu, pour remarquer le bras à la naïve admiration d'une pauvre petite Eve cachée dans le groupe de femmes qui l'entouraient. Cette curiosité, semblable à celle qui précipiterait Paris vers le Jardin des Plantes pour y voir une licorne, si l'on en trouvait une dans ces célèbres montagnes de la Lune, encore vierges des pas d'un Européen, enivre les petits esprits secondaires autant qu'elle attriste les âmes vraiment élevées; mais elle enchantait Raoul : il était donc trop à toutes les femmes pour être à une seule.

— Prenez garde, ma chère, dit à l'oreille de Marie sa gracieuse et adorable compagne, allez-vous-en.

La comtesse regarda son mari pour lui demander son bras par une de ces œillades que les maris ne comprennent pas toujours : Félix l'emmena.

— Mon cher, dit madame d'Espard à l'oreille de Raoul, vous êtes un heureux coquin. Vous avez fait ce soir plus d'une conquête, mais entre autres, celle de la charmante femme qui nous a si brusquement quittés.

— Sais-tu ce que la marquise d'Espard a voulu me dire? demanda Raoul à Blondet en lui rappelant le propos de cette grande dame quand ils furent à peu près seuls, entre une heure et deux du matin.

— Mais je viens d'apprendre que la comtesse de Vandenesse est tombée amoureuse-folle de toi. Tu n'es pas à plaindre.

— Je ne l'ai pas vue, dit Raoul.

— Oh ! tu la verras, fripon, dit Emile Blondet en éclatant de rire. Lady Dudley t'a engagé à son grand bal précisément pour que tu la rencontres.

Raoul et Blondet partirent ensemble avec Rastignac, qui leur offrit sa voiture. Tous trois se mirent à rire de la réunion d'un sous-secrétaire d'Etat éclectique, d'un républicain féroce et d'un athée politique.

— Si nous soupions aux dépens de l'ordre de choses actuel ? dit Blondet qui voulait remettre les soupers en honneur.

Rastignac les ramena chez Véry, renvoya sa voiture, et tous trois s'attablèrent en analysant la société présente et riant d'un rire rabelaisien. Au milieu du souper, Rastignac et Blondet conseillèrent à leur ennemi postiche de ne pas négliger une bonne fortune aussi capitale que celle qui s'offrait à lui. Ces deux roués firent d'un style moqueur l'histoire de cette Marie de Vandenesse ; ils portèrent le scalpel de l'épigramme et la pointe aiguë du bon mot dans cette enfance candide, dans cet heureux mariage. Blondet félicita Raoul de rencontrer une femme qui n'était encore coupable que de mauvais desseins au crayon rouge, de maigres paysages à l'aquarelle, de pantoufles brodées pour son mari, de sonates exécutées avec la plus chaste intention, cousue pendant dix-huit ans à la jupe maternelle, confite dans les pratiques religieuses, élevée par Vandenesse, et cuite à point pour le mariage pour être dégustée par l'amour. A la troisième bouteille de vin de Champagne, Raoul Nathan s'abandonna plus qu'il ne l'avait jamais fait avec personne.

— Mes amis, leur dit-il, vous connaissez mes relations avec Florine, vous savez ma vie, vous ne serez pas étonnés de m'entendre vous avouer que j'ignore absolument la couleur de l'amour d'une comtesse. J'ai souvent été très humilié en pensant que je ne pouvais pas me donner une Béatrix, une Laure, autrement qu'en poésie ! Une femme noble et pure est comme une conscience sans tache, qui nous représente à nous-mêmes sous une belle forme. Ailleurs, nous pouvons nous souiller; mais là, nous restons grands, fiers, immaculés. Ailleurs, nous menons une vie enragée; mais là, se respire le calme, la fraîcheur, la verdure de l'oasis.

— Va, va, mon bonhomme, lui dit Rastignac ; démanche sur la quatrième corde la prière de Moïse, comme Paganini.

Raoul resta muet, les yeux fixes, hébétés.

— Ce vil apprenti ministre ne me comprend pas, dit-il après un moment de silence.

Ainsi, pendant que la pauvre Eve de la rue du Rocher se couchait dans les langes de la honte, s'effrayait du plaisir avec lequel elle avait écouté ce prétendu grand poëte, et flottait entre la voix sévère de sa reconnaissance pour Vandenesse et les paroles dorées du serpent, ces trois esprits effrontés marchaient sur les tendres et blanches fleurs de son amour naissant. Ah ! si les femmes connaissaient l'allure cynique que ces hommes si patiens, si patelins près d'elles prennent loin d'elles ! combien ils se moquent de ce qu'ils adorent ! Fraîche, gracieuse et pudique créature, comme la plaisanterie bouffonnerie la déshabillait et l'analysait ! mais aussi quel triomphe ! Plus elle perdait de voiles, plus elle montrait de beautés.

Marie, en ce moment, comparait Raoul et Félix, sans se douter du danger que court le cœur à faire de semblables parallèles. Rien au monde ne contrastait mieux que le désordonné, le vigoureux Raoul, et Félix Vandenesse, soigné comme une petite maîtresse, serré dans ses habits, doué d'une charmante *disinvoltura*, sectateur de l'élégance anglaise à laquelle l'avait jadis habitué lady Dudley. Ce contraste plaît à l'imagination des femmes, assez portées à passer d'une extrémité à l'autre. La comtesse, femme sage et pieuse, se défendit à elle-même de penser à Raoul, en se trouvant une infâme ingrate, le lendemain au milieu de son paradis.

— Que dites-vous de Raoul Nathan, demanda-t-elle en déjeunant à son mari.

— Un joueur de gobelets, répondit le comte, un de ces volcans qui se calment avec un peu de poudre d'or. La comtesse de Montcornet a eu tort de l'admettre chez elle. Cette réponse froissa d'autant plus Marie que Félix, au fait du monde littéraire, appuya son jugement de preuves en racontant ce qu'il savait de la vie de Raoul Nathan, vie précaire, mêlée à celle de Florine, une actrice en renom. — Si cet homme a du génie, dit-il en terminant, il n'a ni la constance ni la patience qui le consacrent et le rendent chose divine. Il veut en imposer au monde en se mettant sur un rang où il ne peut se soutenir. Les vrais talens, les gens studieux, honorables, n'agissent pas ainsi : ils marchent courageusement dans leur voie, ils acceptent leurs misères et ne les couvrent pas d'oripeaux.

La pensée d'une femme est douée d'une incroyable élasticité : quand elle reçoit un coup d'assommoir, elle plie, paraît écrasée, et reprend sa forme dans un temps donné.

— Félix a sans doute raison, se dit d'abord la comtesse. Mais trois jours après, elle pensait au serpent, ramené par cette émotion à la fois douce et cruelle que lui avait donnée Raoul, et que Vandenesse avait eu le tort de ne pas lui faire connaître. Le comte et la comtesse allèrent au grand bal de lady Dudley, où de Marsay parut pour la dernière fois dans le monde, car il mourut deux mois après en laissant la réputation d'un homme d'Etat immense, dont la portée fut, disait Blondet, incompréhensible. Vandenesse et sa femme retrouvèrent Raoul Nathan dans cette assemblée remarquable par la réunion de plusieurs personnages du drame politique très étonnés de se trouver ensemble. Ce fut une des premières solennités du grand monde. Les salons offraient à l'œil un spectacle magique : des fleurs, des diamans, des chevelures brillantes, tous les écrins vidés, toutes les ressources de la toilette mises à contribution. Le salon pouvait se comparer à l'une des serres coquettes où de riches horticulteurs rassemblent les plus magnifiques raretés. Même éclat, même finesse de tissu. L'industrie humaine semblait aussi vouloir lutter avec les créations animées. Partout des gazes blanches ou peintes comme les ailes des plus jolies libellules, des crêpes, des dentelles, des blondes, des tulles variés comme les fantaisies de la nature entomologique, découpés, ondés, dentelés, des fils d'aranéïde en or, en argent, des brouillards de soie, des fleurs brodées par les fées ou fleuries par des génies emprisonnés, des plumes colorées par les feux du tropique, en saule pleureur au-dessus des têtes orgueilleuses, des perles tordues en nattes, des étoffes laminées, côtelées, déchiquetées, comme si le génie des arabesques avait conseillé l'industrie française. Ce luxe était en harmonie avec les beautés réunies là comme pour réaliser un *keepsake*. L'œil embrassait les plus blanches épaules, les unes de couleur d'ambre, les autres d'un lustré qui faisait croire qu'elles avaient été cylindrées, celles-ci satinées, celle-là mattes et grasses comme si Rubens en avait préparé la pâte, enfin toutes les nuances trouvées par l'homme dans le blanc. C'était des yeux étincelans comme des onyx ou des turquoises bordées de velours noir ou de franges blondes ; des coupes de figures variées qui rappelaient les types les plus gracieux des différens pays, des fronts sublimes et majestueux, ou doucement bombés comme si la pensée y abondait, ou plats comme si la résistance y siégeait invaincue ; puis ce qui donne tant d'attrait à ces fêtes préparées pour le regard, des gorges repliées comme les aimait Georges IV, ou séparées à la mode du dix-huitième siècle, ou tendant à se rapprocher, comme le voulait Louis XV ; mais montrées avec audace, sans voiles, ou sous ces jolies gorgerettes froncées des portraits de Raphaël, le triomphe de ses patiens élèves. Les plus jolis pieds tendus pour la danse, les tailles abandonnées dans les bras de la valse, stimulaient l'attention des plus indifférens. Les bruissemens des plus douces voix, le frôlement des robes, les murmures de la danse, les chocs de la valse accompagnaient fantastiquement la musique. La baguette d'une fée semblait avoir ordonné cette sorcellerie étouffante, cette mélodie de parfums, ces lumières irisées dans les cristaux où pétillaient les bougies, ces tableaux multipliés par les glaces. Cette assemblée des plus jolies femmes et des plus jolies toilettes se détachait sur la masse noire des hommes, où se remarquaient les profils élégans, fins, corrects des nobles, les moustaches fauves et les figures graves des Anglais, les visages gracieux de l'aristocratie française. Tous les ordres de l'Europe scintillaient sur les poitrines, pendus au cou, en sautoir, ou tombant à la hanche. En examinant ce monde, il ne présentait pas seulement les brillantes couleurs de la parure, il avait une âme, il vivait, il pensait, il sentait. Des passions cachées lui donnaient une physionomie : vous eussiez surpris des regards malicieux échangés, de blanches têtes étourdies et curieuses trahissant un désir, des femmes jalouses se confiant des méchancetés dites sous l'éventail, ou se faisant des complimens exagérés. La société, parée, frisée, musquée, se laissait aller à une folie de fête qui portait au cerveau comme une fumée capiteuse. Il semblait que de tous les fronts, comme de tous les cœurs, il s'échappait des sentimens et des idées qui se condensaient et dont la masse réagissaient sur les personnes les plus froides pour les exalter. Par le moment le plus animé de cette enivrante soirée, dans un coin du salon doré où jouaient un ou deux banquiers, des ambassadeurs, d'anciens ministres, et le vieux, l'immoral lord Dudley qui par hasard était venu, madame Félix de Vandenesse fut irrésistiblement entraînée à causer avec Nathan. Peut-être cédait-elle à cette ivresse du bal, qui a souvent arraché des aveux aux plus discrètes.

À l'aspect de cette fête et des splendeurs d'un monde où

il n'était pas encore venu, Nathan fut mordu au cœur par un redoublement d'ambition. En voyant Rastignac. dont le frère cadet venait d'être nommé évêque à vingt-sept ans. dont Martial de la Roche-Hugon, le beau-frère, était directeur général, qui lui-même était sous-secrétaire d'Etat et allait, suivant une rumeur, épouser la fille unique du baron de Nucingen ; en voyant dans le corps diplomatique un écrivain inconnu qui traduisait les journaux étrangers pour un journal devenu dynastique dès 1830, puis des faiseurs d'articles passés au conseil d'Etat, des professeurs pairs de France, lui et avec douleur dans une mauvaise voie en prêchant le renversement de cette aristocratie où brillaient les talens heureux, les adresses couronnées par le succès, les supériorités réelles. Blondet, si malheureux, si exploité dans le journalisme. mais si bien accueilli là, pouvant encore, s'il le voulait, entrer dans le sentier de la fortune par suite de sa liaison avec madame de Montcornet, fut aux yeux de Nathan un frappant exemple de la puissance des relations sociales. Au fond de son cœur, il résolut de se jouer des opinions à l'instar des de Marsay, Rastignac, Blondet, Talleyrand, le chef de cette secte, de n'accepter que les faits, de les tordre à son profit, de voir dans tout système une arme, et de ne point déranger une société si bien constituée, si belle, si naturelle. — Mon avenir, se dit-il, dépend d'une femme qui appartienne à ce monde. Dans cette pensée, conçue au feu d'un désir frénétique, il tomba sur la comtesse de Vandenesse comme un milan sur sa proie. Cette charmante créature. si jolie dans sa parure de marabouts qui produisait ce *flou* délicieux des peintures de Lawrence, en harmonie avec la douceur de son caractère, fut pénétrée par la bouillante énergie de ce poëte enragé d'ambition. Lady Dudley, à qui rien n'échappait, protégea cet *aparte* en livrant le comte de Vandenesse à madame de Manerville. Forte d'un ancien ascendant, cette femme prit Félix dans les lacs d'une querelle pleine d'agaceries, de confidences embellies de rougeurs, de regrets finement jetés comme des fleurs à ses pieds, de récriminations où elle se donnait raison pour se faire donner tort. Ces deux amans brouillés se parlaient pour la première fois d'oreille à oreille. Pendant que l'ancienne maîtresse de son mari fouillait la cendre des plaisirs éteints pour y trouver quelques charbons, madame Félix de Vandenesse éprouvait ces violentes palpitations que cause à une femme la certitude d'être en faute et de marcher dans le terrain défendu : émotions qui ne sont pas sans charmes et qui réveillent tant de puissances endormies. Aujourd'hui, comme dans le conte de la *Barbe-Bleue*, toutes les femmes aiment à se servir de la clef tachée de sang ; magnifique idée mythologique, une des gloires de Perrault.

Le dramaturge, qui connaissait son Shakespeare, déroula ses misères, raconta sa lutte avec les hommes et les choses, fit entrevoir ses grandeurs sans base, son génie politique inconnu, sa vie sans affection noble. Sans en dire un mot, il suggéra l'idée à cette charmante femme de jouer pour lui le rôle sublime que joue Rebecca dans *Ivanhoë* : l'aimer, le protéger. Tout se passa dans les régions éthérées du sentiment. Les myosotis ne sont pas plus bleus, les lis ne sont pas plus candides, les fronts des séraphins ne sont pas plus blancs que ne l'étaient les images, les choses et le front éclairci, radieux de cet artiste, qui devait envoyer sa conversation chez son libraire. Il s'acquitta bien de son rôle de reptile, il fit briller aux yeux de la comtesse les éclatantes couleurs de la fatale pomme. Marie quitta ce bal en proie à des remords qui ressemblaient à des espérances, chatouillés par les complimens qui flattaient sa vanité, émue dans les moindres replis du cœur, prise par ses vertus, séduite par sa pitié pour le malheur.

Peut-être madame de Manerville avait-elle amené Vandenesse jusqu'au salon où sa femme causait avec Nathan ; peut-être y était-il venu de lui-même en cherchant Marie pour partir ; peut-être sa conversation avait-elle remué des chagrins assoupis. Quoi qu'il en fût, quand elle vint lui demander son bras, sa femme lui trouva le front attristé, l'air rêveur. La comtesse craignit d'avoir été vue. Dès qu'elle fut seule en voiture avec Félix, elle lui jeta le sourire le plus fin, et lui dit : — Ne causiez-vous pas là, mon ami, avec madame de Manerville ?

Félix n'était pas encore sorti des broussailles où sa femme l'avait promené par une charmante querelle au moment où la voiture entrait à l'hôtel. Ce fut la première ruse que dicta l'amour. Marie fut heureuse d'avoir triomphé d'un homme qui jusqu'alors lui semblait si supérieur. Elle goûta la première joie que donne un succès nécessaire.

Entre la rue Basse-du-Rempart et la rue Neuve-des-Mathurins, Raoul avait, dans un passage, au troisième étage d'une maison mince et laide, un petit appartement désert, nu, froid, où il demeurait pour le public des indifférens, pour les néophytes littéraires, pour ses créanciers, pour les importuns et les divers ennuyeux qui doivent rester sur le seuil de la vie intime. Son domicile réel, sa grande existence, sa représentation étaient chez mademoiselle Florine, comédienne de second ordre, mais que depuis dix ans les amis de Nathan, des journaux, quelques auteurs intronisaient parmi les illustres actrices. Depuis dix ans, Raoul s'était si bien attaché à cette femme qu'il passait la moitié de sa vie chez elle ; il y mangeait quand il n'avait ni ami à traiter, ni dîner en ville. A une corruption accomplie, Florine joignait un esprit exquis que le commerce des artistes avait développé et que l'usage aiguisait chaque jour. L'esprit passe pour une qualité rare chez les comédiens. Il est si naturel de supposer que les gens qui dépensent leur vie à tout mettre en dehors n'aient rien au dedans ! Mais si l'on pense au petit nombre d'acteurs et d'actrices qui vivent dans chaque siècle, et à la quantité d'auteurs dramatiques et de femmes séduisantes que cette population a fournis, il est permis de réfuter cette opinion qui repose sur une éternelle critique faite aux artistes, accusés tous de perdre leurs sentimens personnels dans l'expression plastique des passions ; tandis qu'ils n'y emploient que les forces de l'esprit, de la mémoire et de l'imagination. Les grands artistes sont des êtres qui, suivant un mot de Napoléon, interceptent à volonté la communication que la nature a mise entre les sens et la pensée. Molière et Talma, dans leur vieillesse, ont été plus amoureux que ne le sont les hommes ordinaires. Forcée d'écouter des journalistes qui devinent et calculent tout, des écrivains qui prévoient et disent tout, d'observer certains hommes politiques qui profitaient chez elle des saillies de chacun, Florine offrait en elle un mélange de démon et d'ange qui la rendait digne de recevoir ces roués ; elle les ravissait par son sang-froid. Sa monstruosité d'esprit et de cœur leur plaisait infiniment. Sa maison, enrichie de tributs galans, présentait la magnificence exagérée des femmes qui, peu soucieuses du prix des choses, ne se soucient que des choses elles-mêmes, et leur donnent la valeur de leurs caprices ; qui cassent dans un accès de colère un éventail, une cassolette dignes d'une reine, et jettent les hauts cris si l'on brise une porcelaine de dix francs dans laquelle boivent leurs petits chiens. Sa salle à manger, pleine des offrandes les plus distinguées, peut servir à faire comprendre le pêle-mêle de ce luxe royal et dédaigneux. C'était partout, même au plafond, des boiseries en chêne naturel sculpté rehaussées par des filets d'or mat, et dont les panneaux avaient pour cadre des enfans jouant avec des chimères, où la lumière papillottait, éclairant ici une croquade de Decamps, là un plâtre d'ange tenant un bénitier donné par Antonin Moine ; plus loin quelque tableau coquet d'Eugène Devéria, une sombre figure d'alchimiste espagnol par Louis Boulanger, un autographe de lord Byron à Caroline encadré dans de l'ébène sculpté par Elschoet ; en regard, une autre lettre de Napoléon à Joséphine. Tout cela placé sans aucune symétrie, mais avec un art inaperçu. L'esprit était comme surpris. Il y avait de la coquetterie et du laisser-aller, deux qualités qui ne se trouvent réunies que chez les artistes. Sur la cheminée en bois délicieusement sculpté, rien qu'une étrange et florentine statue d'ivoire attribuée à Michel-Ange, qui représentait un Égypan trouvant une femme sous la peau d'un jeune pâtre, et dont l'original est

au trésor de Vienne ; puis, de chaque côté, des torchères dues à quelque ciseau de la Renaissance. Une horloge de Boule, sur un piédestal d'écaille incrusté d'arabesques en cuivre, étincelait au milieu d'un panneau, entre deux statuettes échappées à quelque démolition abbatiale. Dans les angles brillaient sur des piédestaux des lampes d'une magnificence royale, par lesquelles un fabricant avait payé quelques sonores réclames sur la nécessité d'avoir des lampes richement adaptées à des cornets du Japon. Sur une étagère mirifique se prélassait une argenterie précieuse bien gagnée dans un combat où quelque lord avait reconnu l'ascendant de la nation française ; puis des porcelaines à reliefs ; enfin le luxe exquis de l'artiste qui n'a d'autre capital que son mobilier. La chambre en violet était un rêve de danseuse à son début : des rideaux en velours doublés de soie blanche, drapés sur un voile de tulle ; un plafond en cachemire blanc relevé de satin violet ; au pied du lit un tapis d'hermine, dans le lit, dont les rideaux ressemblaient à un lis renversé, se trouvait une lanterne pour y lire les journaux avant qu'ils ne parussent. Un salon jaune rehaussé par des ornemens couleur de bronze florentin était en harmonie avec toutes ces magnificences ; mais une description exacte ferait ressembler ces pages à l'affiche d'une vente par autorité de justice. Pour trouver des comparaisons à toutes ces belles choses, il aurait fallu aller à deux pas de là, chez les Rothschild.

Sophie Grignoult, qui s'était surnommée Florine par un baptême assez commun au théâtre, avait débuté sur les scènes inférieures, malgré sa beauté. Son succès et sa fortune, elle les devait à Raoul Nathan. L'association de ces deux destinées, assez commune dans le monde dramatique et littéraire, ne faisait aucun tort à Raoul, qui gardait les convenances en homme de haute portée. La fortune de Florine n'avait néanmoins rien de stable. Ses rentes aléatoires étaient fournies par ses engagemens, par ses congés, et payaient à peine sa toilette et son ménage. Nathan lui donnait quelques contributions levées sur les entreprises nouvelles de l'industrie ; mais, quoique toujours galant et protecteur avec elle, cette protection n'avait rien de régulier ni de solide. Cette incertitude, cette vie en l'air n'effrayaient point Florine. Florine croyait en son talent, elle croyait en sa beauté. La foi robuste avait quelque chose de comique pour ceux qui l'entendaient hypothéquer son avenir là-dessus. Quand on lui faisait des remontrances :

— J'aurai des rentes lorsqu'il me plaira d'en avoir, disait-elle. J'ai déjà cinquante francs sur le grand-livre.

Personne ne comprenait comment elle avait pu rester sept ans oubliée, belle comme elle était ; mais, à la vérité, Florine fut enrôlée comme comparse à treize ans, et débutait deux ans après dans un obscur théâtre des boulevards. A quinze ans, ni la beauté ni le talent n'existent : une femme est tout promesse. Elle avait alors vingt-huit ans, le moment où les beautés des femmes françaises ont dans tout leur éclat. Les peintres voyaient avant tout dans Florine des épaules d'un blanc lustré, teintes de tons olivâtres aux environs de la nuque, mais fermes et polies ; la lumière glissait dessus comme sur une étoffe moirée. Quand elle tournait la tête, il se formait dans son cou des plis magnifiques, l'admiration des sculpteurs. Elle avait sur ce cou triomphant une petite tête d'impératrice romaine, la tête élégante et fine, ronde et volontaire de Poppée, des traits d'une correction spirituelle, le front lisse des femmes qui chassent le souci et les réflexions, qui cèdent facilement, mais qui se butent aussi comme des mules et n'écoutent alors plus rien. Ce front taillé comme d'un seul coup de ciseau faisait valoir de beaux cheveux cendrés presque toujours relevés par-devant en deux masses égales, à la romaine, et mis en mamelon derrière la tête pour la prolonger et rehausser par leur couleur le blanc du col. Des sourcils noirs et fins, dessinés par quelque peintre chinois, encadraient des paupières molles où se voyait un réseau de fibrilles roses. Ses prunelles allumées par une vive lumière, mais tigrées par des rayures brunes, donnaient à son regard la cruelle fixité des bêtes fauves et révélaient la malice froide de la courtisane. Ses adorables yeux de gazelle étaient d'un beau gris et frangés de longs cils noirs, charmante opposition qui rendait encore plus sensible leur expression d'attentive et calme volupté; le tour offrait des tons fatigués; mais à la manière artiste dont elle savait couler sa prunelle dans le coin ou en haut de l'œil, pour observer ou pour avoir l'air de méditer, la façon dont elle la tenait fixe en lui faisant jeter tout son éclat sans déranger la tête, sans ôter à son visage son immobilité, manœuvre apprise à la scène; mais la vivacité de ses regards quand elle embrassait toute une salle en y cherchant quelqu'un, rendaient ses yeux les plus terribles, les plus doux, les plus extraordinaires du monde. Le rouge avait détruit les délicieuses teintes diaphanes de ses joues, dont la chair était délicate; mais, si elle ne pouvait plus ni rougir ni pâlir, elle avait un nez mince, coupé de narines roses et passionnées, fait pour exprimer l'ironie, la moquerie des servantes de Molière. Sa bouche sensuelle et dissipatrice, aussi favorable au sarcasme qu'à l'amour, était embellie par les deux arêtes du sillon qui rattachait la lèvre supérieure au nez. Son menton blanc, un peu gros, annonçait une certaine violence amoureuse. Ses mains et ses bras étaient dignes d'une souveraine. Mais elle avait le pied gros et court, signe indélébile de sa naissance obscure. Jamais un héritage ne causa plus de soucis. Florine avait tout tenté, excepté l'amputation, pour le changer. Ses pieds furent obstinés, comme les Bretons auxquels elle devait le jour; ils résistèrent à tous les savans, à tous les traitemens; Florine portait des brodequins longs et garnis de coton à l'intérieur pour figurer une courbure à son pied. Elle était de moyenne taille, menacée d'obésité, mais assez cambrée et bien faite. Au moral, elle possédait à fond les minauderies et les querelles, les condimens et les chatteries de son métier; elle leur imprimait une saveur particulière en jouant l'enfance et glissant au milieu de ses rires ingénus des malices philosophiques. En apparence ignorante, étourdie, elle était très forte sur l'escompte et sur toute la jurisprudence commerciale. Elle avait éprouvé tant de misères avant d'arriver au jour de son douteux succès! Elle était descendue d'étage en étage jusqu'au premier par tant d'aventures! Elle savait la vie, depuis celle qui commence au fromage de Brie jusqu'à celle qui vous dédaigneusement des beignets d'ananas; depuis celle qui se cuisine et se savonne au coin de la cheminée d'une mansarde avec un fourneau de terre, jusqu'à celle qui convoque le ban et l'arrière-ban des chefs à grosse panse et des gâte-sauces effrontés. Elle avait entretenu le Crédit sans le tuer. Elle n'ignorait rien de ce que les honnêtes femmes ignorent, elle parlait tous les langages; elle était Peuple par l'expérience, et Noble par sa beauté distinguée. Difficile à surprendre, elle supposait toujours tout comme un espion, comme un juge ou comme un vieil homme d'Etat, et pouvait ainsi tout pénétrer. Elle connaissait le manège à employer avec les fournisseurs et leurs ruses, elle savait le prix des choses comme un commissaire-priseur. Quand elle était étalée dans sa chaise longue, comme une jeune mariée blanche et fraîche, tenant un rôle et l'apprenant, vous eussiez dit une enfant de seize ans, naïve, ignorante, faible, sans autre artifice que son innocence. Qu'un créancier importun vînt alors, elle se dressait comme un faon surpris et jurait un vrai juron.

— Eh! mon cher, vos insolences sont un intérêt assez cher de l'argent que je vous dois, lui disait-elle; je suis fatiguée de vous voir, envoyez-moi des huissiers, je les préfère à votre sotte figure.

Florine donnait de charmans dîners, des concerts et des soirées très suivis: on y jouait un jeu d'enfer. Ses amies étaient toutes belles. Jamais une vieille femme n'avait paru chez elle: elle ignorait la jalousie, elle y trouvait d'ailleurs l'aveu d'une infériorité. Elle avait connu Coralie, la Torpille, elle connaissait les Tullia, Euphrasie, les Aquilina, madame du Val-Noble, Mariette, ces femmes qui passent à

travers Paris comme les fils de la Vierge dans l'atmosphère, sans qu'on sache où elles vont ni d'où elles viennent, aujourd'hui reines, demain esclaves; puis les actrices, ses rivales, les cantatrices, enfin toute cette société féminine exceptionnelle, si bienfaisante, si gracieuse dans son sans-souci, dont la vie bohémienne absorbe ceux qui se laissent prendre dans la danse échevelée de son entrain, de sa verve, de son mépris de l'avenir. Quoique la vie de la Bohême se déployât chez elle dans tout son désordre, au milieu des rires de l'artiste, la reine du logis avait dix doigts et savait aussi bien compter que pas un de tous ses hôtes. Là se faisaient les saturnales secrètes de la littérature et de l'art mêlés à la politique et à la finance. Là le Désir régnait en souverain; là le Spleen et la Fantaisie étaient sacrés comme chez une bourgeoise l'honneur et la vertu. Là venaient Blondet, Finot, Étienne Lousteau son septième amant et cru le premier, Félicien Vernou le feuilletoniste, Couture, Bixiou, Rastignac autrefois, Claude Vignon le critique, Nucingen le banquier, du Tillet, Conti le compositeur, enfin cette légion endiablée des plus féroces calculateurs en tout genre; puis les amis des cantatrices, des danseuses et des actrices que connaissait Florine. Tout ce monde se haïssait ou s'aimait suivant les circonstances. Cette maison banale, où il suffisait d'être célèbre pour y être reçu, était comme le mauvais lieu de l'esprit et comme le bagne de l'intelligence: on n'y arrivait pas sans avoir légalement attrapé sa fortune, fait dix ans de misère, égorgé deux ou trois passions, acquis une célébrité quelconque par des livres ou des gilets, par un drame ou par un bel équipage; on y complotait les mauvais tours à jouer, on y scrutait les moyens de fortune, on s'y moquait des émeutes qu'on avait fomentées la veille, on y soupesait la hausse et la baisse. Chaque homme, en sortant, reprenait la livrée de son opinion; il pouvait, sans se compromettre, critiquer son propre parti, avouer la science et le bienjoure de ses adversaires, formuler les pensées que personne n'avoue, enfin tout dire en gens qui pouvaient tout faire. Paris est le seul lieu du monde où il existe de ces maisons éclectiques où tous les goûts, tous les vices, toutes les opinions sont reçus avec une mise décente. Aussi n'est-il pas dit encore que Florine reste une comédienne du second ordre. La vie de Florine n'est pas d'ailleurs une vie oisive ni une vie à envier. Beaucoup de gens, séduits par le magnifique piédestal que le Théâtre fait à une femme, la supposent menant la joie d'un perpétuel carnaval. Au fond de bien des loges de portiers, sous la tuile de plus d'une mansarde, de pauvres créatures rêvent, au retour du spectacle, perles et diamans, robes lamées d'or et cordelières somptueuses, se voient les chevelures illuminées, se supposent applaudies, achetées, adorées, enlevées; mais toutes ignorent les réalités de cette vie de cheval de manège où l'actrice est soumise à des répétitions sous peine d'amende, à des lectures de pièces, à des études constantes de rôles nouveaux, par un temps où l'on joue deux ou trois cents pièces par an à Paris. Pendant chaque représentation, Florine change deux ou trois fois de costume, et rentre souvent dans sa loge, épuisée, demi-morte. Elle est obligée alors d'enlever à grand renfort de cosmétique son rouge ou son blanc, se dépoudrer si elle a joué un rôle du dix-huitième siècle. A peine a-t-elle eu le temps de dîner. Quand elle joue, une actrice ne peut ni se serrer, ni manger, ni parler. Florine n'a pas plus le temps de souper. Au retour de ces représentations qui, de nos jours, finissent le lendemain, n'a-t-elle pas sa toilette de nuit à faire, ses ordres à donner? Couchée à une ou deux heures du matin, elle doit se lever assez matinalement pour repasser ses rôles, ordonner les costumes, les expliquer, les essayer, puis déjeuner, lire les billets doux, y répondre, travailler avec les entrepreneurs d'applaudissemens pour faire soigner ses entrées et ses sorties, solder le compte des triomphes du mois passé en achetant en gros ceux du mois courant. Du temps de saint Genest, comédien canonisé, qui remplissait ses devoirs religieux et portait un cilice, il est à croire que le Théâtre n'exigeait pas cette féroce activité.

Souvent Florine, pour pouvoir aller cueillir bourgeoisement des fleurs à la campagne, est obligée de se dire malade. Ces occupations purement mécaniques ne sont rien en comparaison des intrigues à mener, des chagrins de la vanité blessée, des préférences accordées par les auteurs, des rôles enlevés ou à enlever, des exigences des acteurs, des malices d'une rivale, des tiraillemens de directeurs, de journalistes, et qui demandent une autre journée dans la journée. Jusqu'à présent il ne s'est point encore agi de l'art, de l'expression des passions, des détails de la mimique, des exigences de la scène où mille lorgnettes découvrent les taches de toute splendeur, et qui employaient la vie, la pensée de Talma, de Lekain, de Baron, de Contat, de Clairon, de Champmeslé. Dans ces infernales coulisses, l'amour-propre n'a point de sexe : l'artiste qui triomphe, homme ou femme, a contre soi les hommes et les femmes. Quant à la fortune, quelque considérables que soient les engagemens de Florine, ils ne couvrent pas les dépenses de la toilette du théâtre, qui, sans compter les costumes, exige énormément de gants longs, de souliers, et n'exclut ni la toilette du soir ni celle de la ville. Le tiers de cette vie se passe à mendier, l'autre à se soutenir, le dernier à se défendre : tout y est travail. Si le bonheur y est ardemment goûté, c'est qu'il y est comme dérobé, rare, espéré longtemps, trouvé par hasard au milieu de détestables plaisirs imposés et de sourires au parterre. Pour Florine, la puissance de Raoul était comme un sceptre protecteur : il lui épargnait bien des ennuis, bien des soucis, comme autrefois les grands seigneurs à leurs maîtresses, comme aujourd'hui quelques vieillards qui courent implorer les journalistes quand un mot dans un petit journal a effrayé leur idole : elle y tenait plus qu'à un amant, elle y tenait comme à un appui, elle en avait soin comme d'un père, elle le trompait comme un mari; mais elle lui aurait tout sacrifié. Raoul pouvait tout pour sa vanité d'artiste, pour la tranquillité de son amour-propre, pour son avenir au théâtre. Sans l'intervention d'un grand auteur, pas de grande actrice ; on a dû la Champmeslé à Racine, comme Mars à Monvel et à Andrieux. Florine ne pouvait rien pour Raoul, elle aurait bien voulu lui être utile ou nécessaire. Elle comptait sur les alléchemens de l'habitude, elle était toujours prête à ouvrir ses salons, à déployer le luxe de sa table pour ses projets, pour ses amis. Enfin, elle aspirait à être pour lui ce qu'était madame Pompadour pour Louis XV. Les actrices enviaient la position de Florine, comme quelques journalistes enviaient celle de Raoul. Maintenant, ceux à qui la pente de l'esprit humain vers les oppositions et les contraires est connue concevront bien qu'après dix ans de cette vie débraillée, bohémienne, pleine de hauts et de bas, de fêtes et de saisies, de sobriétés et d'orgies, Raoul fût entraîné vers un amour chaste et pur, vers la maison douce et harmonieuse d'une grande dame, de même que la comtesse Félix désirait introduire les tourmentes de la passion dans sa vie monotone à force de bonheur. Cette loi de la vie est celle de tous les arts qui n'existent que par les contrastes. L'œuvre faite sans cette ressource est la dernière expression du génie, comme le cloître est le plus grand effort du chrétien.

En rentrant chez lui, Raoul trouva deux mots de Florine apportés par la femme de chambre, un sommeil invincible ne lui permit pas de les lire; il se coucha dans les fraîches délices du suave amour qui manquait à sa vie. Quelques heures après, il lut dans cette lettre d'importantes nouvelles que ni Rastignac ni de Marsay n'avaient laissé transpirer. Une indiscrétion avait appris à l'actrice la dissolution de la chambre après la session. Raoul vint chez Florine aussitôt et envoya quérir Blondet. Dans le boudoir de la comédienne, Emile et Raoul analysèrent, les pieds sur les chenets, la situation politique de la France en 1834. De quel côté se trouvaient les meilleures chances de fortune? Ils passèrent en revue les républicains purs, républicains à présidence, républicains sans république, constitutionnels sans dynastie, constitutionnels dynastiques, ministériels conservateurs, ministériels absolutistes; puis la

droite à concessions, la droite aristocratique, la droite légitimiste, henriquinquiste, et la droite carliste. Quant au parti de la Résistance et à celui du Mouvement, il n'y avait pas à hésiter : autant aurait valu discuter la vie ou la mort.

A cette époque, une foule de journaux créés pour chaque nuance accusaient l'effroyable pêle-mêle politique appelé *gâchis* par un soldat. Blondet, l'esprit le plus judicieux de l'époque, mais judicieux pour autrui, jamais pour lui, semblable à ces avocats qui font mal leurs propres affaires, était sublime dans ces discussions privées. Il conseilla donc à Nathan de ne pas apostasier brusquement.

— Napoléon l'a dit, on ne fait pas de jeunes républiques avec de vieilles monarchies. Ainsi, mon cher, deviens le héros, l'appui, le créateur du centre gauche de la future chambre, et tu arriveras au pouvoir. Une fois admis, une fois dans le gouvernement, on est ce qu'on veut, on est de toutes les opinions qui triomphent!

Nathan décida de créer un journal politique quotidien, d'y être le maître absolu, de rattacher à ce journal un des petits journaux qui foisonnaient dans la Presse, et d'établir des ramifications avec une Revue. La Presse avait été le moyen de tant de fortunes faites autour de lui, que Nathan n'écouta pas l'avis de Blondet, qui lui dit de ne pas s'y fier. Blondet lui représenta la spéculation comme mauvaise, tant alors était grand le nombre des journaux qui se disputaient les abonnés, tant la presse lui semblait usée. Raoul, fort de ses prétendues amitiés et de son courage, s'élança plein d'audace ; il se leva par un mouvement orgueilleux et dit :

— Je réussirai!

— Tu n'as pas le sou!

— Je ferai un drame!

— Il tombera.

— Eh bien! il tombera, dit Nathan.

Il parcourut, suivi de Blondet, qui le croyait fou, l'appartement de Florine; regarda d'un œil avide les richesses qui y étaient entassées. Blondet le comprit alors.

— Il y a là cent et quelques mille francs, dit Emile.

— Oui, dit en soupirant Raoul devant le somptueux lit de Florine ; mais j'aimerais mieux être toute ma vie marchand de chaînes de sûreté sur le boulevard et vivre de pommes de terre frites que de vendre une patère de cet appartement.

— Pas une patère, dit Blondet, mais tout! l'ambition est comme la mort, elle doit mettre sa main sur tout, elle sait que la vie la talonne.

— Non? cent fois non! J'accepterais tout de la comtesse d'hier, mais ôter à Florine sa coquille?...

— Renverser son hôtel des monnaies, dit Blondet d'un air tragique, casser le balancier, briser le coin, c'est grave.

— D'après ce que j'ai compris, lui dit Florine en se montrant soudain, tu vas faire de la politique au lieu de faire du théâtre.

— Oui, ma fille, oui, dit avec un ton de bonhomie Raoul en la prenant par le cou et en la baisant au front. Tu fais la moue? Y perdras-tu ? le ministre ne fera-t-il pas obtenir mieux que le journaliste à la reine des planches un meilleur engagement? N'auras-tu pas des rôles et des congés?

— Où prendras-tu de l'argent? dit-elle.

— Chez mon oncle, répondit Raoul.

Florine connaissait l'*oncle* de Raoul. Ce mot symbolisait l'usure, comme dans la langue populaire *ma tante* signifie le prêt sur gage.

— Ne t'inquiète pas, mon petit bijou, dit Blondet à Florine en lui tapotant ses épaules, je lui procurerai l'assistance de Massol, un avocat qui veut être garde des sceaux, du Tillet qui veut être député, de Finot qui se trouve encore derrière un petit journal, de Plantin qui veut être maître des requêtes et qui trempe dans une Revue. Oui, je le sauverai de lui-même : nous convoquerons ici Etienne Lousteau qui fera le feuilleton, Claude Vignon qui fera la haute critique ; Félicien Vernou sera la femme de ménage du journal, l'avocat travaillera, du Tillet s'occupera de la Bourse et de l'Industrie, et nous verrons où toutes ces volontés et ces esclaves réunis arriveront.

— A l'hôpital ou au ministère, où vont les gens ruinés de corps ou d'esprit, dit Raoul.

— Quand les traitez-vous ?

— Ici, dit Raoul, dans cinq jours.

— Tu me diras la somme qu'il faudra, demanda simplement Florine.

— Mais l'avocat, mais du Tillet et Raoul ne peuvent pas s'embarquer sans chacun une centaine de mille francs, dit Blondet. Le journal ira bien ainsi pendant dix-huit mois, le temps de s'élever ou de tomber à Paris.

Florine fit une petite moue d'approbation. Les deux amis montèrent dans un cabriolet pour aller raccoler les convives, les plumes, les idées et les intérêts.

La belle actrice fit venir, elle, quatre riches marchands de meubles, de curiosités, de tableaux et de bijoux. Ces hommes entrèrent dans ce sanctuaire et y inventorièrent tout, comme si Florine était morte. Elle les menaça d'une vente publique au cas où ils serreraient leur conscience pour une meilleure occasion. Elle venait, disait-elle, de plaire à un lord anglais dans un rôle moyen-âge, elle voulait placer toute sa fortune mobilière pour avoir l'air pauvre et se faire donner un magnifique hôtel qu'elle meublerait de façon à rivaliser les Rothschild. Quoi qu'elle fît pour les entortiller, ils ne donnèrent que soixante-dix mille francs de toute cette défroque qui en valait cent cinquante mille. Florine, qui n'en aurait pas voulu pour deux liards, promit de livrer tout le septième jour pour quatre-vingt mille francs.

— A prendre ou à laisser, dit-elle.

Le marché fut conclu. Quand les marchands eurent décampé, l'actrice sauta de joie comme les collines du roi David. Elle fit mille folies, elle ne se croyait pas si riche. Quand vint Raoul, elle joua la fâchée avec lui. Elle se dit abandonnée, elle avait réfléchi : les hommes ne passaient pas d'un parti à un autre, ni du Théâtre à la Chambre, sans des instants : elle avait une rivale ! Ce que c'est que l'instinct ! Elle se fit jurer un amour éternel. Cinq jours après, elle donna le repas le plus splendide du monde. Le journal fut baptisé chez elle dans des flots de vin et de plaisanteries, de sermens de fidélité, de bon campagnonnage et de camaraderie sérieuse. Le nom, oublié maintenant comme le *Libéral*, le *Communal*, le *Départemental*, le *Garde National*, le *Fédéral*, l'*Impartial*, fut quelque chose en *al* qui dut aller fort mal. Après les nombreuses descriptions d'orgies qui marquèrent cette phase littéraire, où il s'en fit si peu dans les mansardes où elles furent écrites, il est difficile de pouvoir peindre celle de Florine. Un mot seulement. A trois heures après minuit, Florine put se déshabiller et se coucher comme si elle eût été seule, quoique personne ne fût sorti. Ces flambeaux de l'époque dormaient comme des brutes. Quand, de grand matin, les emballeurs, commissionnaires et porteurs vinrent enlever tout le luxe de la célèbre actrice, elle se mit à rire en voyant ces gens prenant ces illustrations comme de gros meubles et les posant sur les parquets. Ainsi s'en allèrent ces belles choses. Florine déporta tous ses souvenirs chez les marchands, où personne en passant ne put à leur aspect savoir ni où ni comment ces fleurs du luxe avaient été payées. On laissa par convention jusqu'au soir à Florine ses choses réservées : son lit, sa table, son service pour pouvoir faire déjeuner ses hôtes. Après s'être endormis sous les courtines élégantes de la richesse, les beaux esprits se réveillèrent dans les murs froids et démeublés de la misère, pleins de marques de clous, déshonorés par les bizarreries discordantes qui sont sous les tentures comme les ficelles derrière les décorations d'Opéra.

— Tiens, Florine, la pauvre fille est saisie ! cria Bixiou, l'un des convives ; A vos poches ! une souscription !

En entendant ces mots, l'assemblée fut sur pied. Toutes les poches vidées produisirent trente-sept francs, que Raoul apporta railleusement à la rieuse. L'heureuse courtisane souleva sa tête de dessus son oreiller, et montra sur le drap une masse de billets de banque, épaisse comme au temps où les oreillers des courtisanes pouvaient en rapporter autant, bon an mal an. Raoul appela Blondet.

— J'ai compris, dit Blondet. La friponne s'est exécutée sans nous le dire. Bien, mon petit ange !

Ce trait fit porter l'actrice en triomphe et en déshabillé dans la salle à manger par les quelques amis qui restaient. L'avocat et les banquiers étaient partis. Le soir, Florine eut un succès étourdissant au théâtre. Le bruit de son sacrifice avait circulé dans la salle.

— J'aimerais mieux être applaudie pour mon talent, lui dit sa rivale au foyer.

— C'est un désir bien naturel chez une artiste qui n'est encore applaudie que pour ses bontés, lui répondit-elle.

Pendant la soirée, la femme de chambre de Florine l'avait installée au passage Sandrié dans l'appartement de Raoul. Le journaliste devait camper dans la maison où les bureaux du journal furent établis.

Telle était la rivale de la candide madame de Vandenesse. La fantaisie de Raoul unissait comme par un anneau la comédienne à la comtesse ; horrible nœud qu'une duchesse trancha, sous Louis XV, en faisant empoisonner la Lecouvreur, vengeance très-concevable quand on songe à la grandeur de l'offense.

Florine ne gêna pas les débuts de la passion de Raoul. Elle prévit des mécomptes d'argent dans la difficile entreprise où il se jetait, et voulut un congé de six mois. Raoul conduisit vivement la négociation, et la fit réussir de manière à se rendre encore plus cher à Florine. Avec le bon sens du paysan de la fable de La Fontaine, qui assure le dîner pendant que les patriciens devisent, l'actrice alla couper les fagots en province et à l'étranger, pour entretenir l'homme célèbre pendant qu'il donnait la chasse au pouvoir.

Jusqu'à présent peu de peintres ont abordé le tableau de l'amour comme il est dans les hautes sphères sociales, plein de grandeurs et de misères secrètes, terrible en ses désirs réprimés par les plus sots, par les plus vulgaires accidens, rompu souvent par la lassitude. Peut-être le verra-t-on ici par quelques échappées. Dès le lendemain du bal donné par lady Dudley, sans avoir fait ni reçu la plus timide déclaration, Marie se croyait aimée de Raoul selon le programme de ses rêves, et Raoul se savait choisi pour amant par Marie. Quoique ni l'un ni l'autre ne fussent arrivés à ce déclin où les hommes et les femmes abrègent les préliminaires, tous deux allèrent rapidement au but. Raoul, rassasié de jouissances, tendait au monde idéal ; tandis que Marie, à qui la pensée d'une faute était loin de venir, n'imaginait pas qu'elle pût en sortir. Ainsi aucun amour ne fut, en fait, plus innocent ni plus pur que fut l'amour de Raoul et de Marie ; mais aucun ne fut plus emporté ni plus délicieux en pensée. La comtesse avait été prise par des idées dignes du temps de la chevalerie, mais complètement modernisées. Dans l'esprit de son rôle, la répugnance de son mari pour Nathan n'était plus un obstacle à son amour. Moins Raoul eût mérité d'estime, plus elle eût été grande. La conversation enflammée du poëte avait eu plus de retentissement dans son sein que dans son cœur. La Charité s'était éveillée à la voix du Désir. Cette reine des vertus sanctionna presque aux yeux de la comtesse les émotions, les plaisirs, l'action violente de l'amour. Elle trouva beau d'être une Providence humaine pour Raoul. Quelle douce pensée ! soutenir de sa main blanche et faible ce colosse à qui elle ne voulait pas voir des pieds d'argile, jeter la vie là où elle manquait, être secrètement la créatrice d'une grande fortune, aider un homme de génie à lutter avec le sort et à le dompter, lui broder une écharpe pour le tournoi, lui procurer des armes, lui donner l'amulette contre les sortiléges et le baume pour les blessures ! Chez une femme élevée comme le fut Marie, religieuse et noble comme elle, l'amour devait être une voluptueuse charité. De là vint la raison de sa hardiesse. Les sentimens purs se compromettent avec un superbe dédain qui ressemble à l'impudeur des courtisanes. Dès que, par une captieuse distinction, elle fut sûre de ne point entamer la foi conjugale, la comtesse s'élança donc pleinement dans le plaisir d'aimer Raoul. Les moindres choses de la vie lui parurent alors charmantes. Son boudoir où elle penserait à lui, elle en fit un sanctuaire. Il n'y eut pas jusqu'à sa jolie écritoire qui ne réveillât dans son âme mille plaisirs de la correspondance ; elle allait avoir à lire, à cacher des lettres, à y répondre. La toilette, cette magnifique poésie de la vie féminine, épuisée ou méconnue pour elle, reparut douée d'une magie inaperçue jusqu'alors. La toilette devint tout à coup pour elle ce qu'elle est pour toutes les femmes, une manifestation constante de la pensée intime, un langage, un symbole. Combien de jouissances dans une parure méditée pour *lui* plaire, pour *lui* faire honneur ! Elle se livra très naïvement à ces adorables-gentillesses qui occupent tant la vie des Parisiennes, et qui donnent d'amples significations à tout ce que vous voyez chez elles, en elles, sur elles. Bien peu de femmes courent chez les marchands de soieries, chez les modistes, chez les bons faiseurs dans leur seul intérêt. Vieilles, elles ne songent plus à se parer. Lorsqu'en vous promenant vous verrez une figure arrêtée pendant un instant devant la glace d'une montre, examinez-la bien ;—Me trouverait-il mieux avec ceci ? est une phrase écrite sur les fronts éclaircis, dans les yeux éclatans d'espoir, dans le sourire qui badine sur les lèvres.

Le bal de lady Dudley avait eu lieu un samedi soir ; le lundi, la comtesse vint à l'Opéra, poussée par la certitude d'y voir Raoul. Raoul était en effet planté sur un des escaliers qui descendent aux stalles d'amphithéâtre. Il baissa les yeux quand la comtesse entra dans sa loge. Avec quelles délices madame de Vandenesse remarqua le soin nouveau que son amant avait mis à sa toilette ! Ce contempteur des lois de l'élégance montrait une chevelure soignée, où les parfums reluisaient dans les mille contours des boucles ; son gilet obéissait à la mode, son col était bien noué, sa chemise offrait des plis irréprochables. Sous le gant jaune, suivant l'ordonnance en vigueur, les mains lui semblèrent très-blanches. Raoul tenait les bras croisés sur sa poitrine comme s'il posait pour son portrait, magnifique d'indifférence pour toute la salle, plein d'impatience mal contenue. Quoique baissés, ses yeux semblaient tournés vers l'appui de velours rouge où s'allongeait le bras de Marie. Félix, assis dans l'autre coin de la loge, tournait alors le dos à Nathan. La spirituelle comtesse s'était placée de manière à plonger sur la colonne contre laquelle s'adossait Raoul. En un moment Marie avait donc fait abjurer à cet homme d'esprit son cynisme en fait de vêtement. La plus vulgaire comme la plus haute femme est enivrée en voyant la première proclamation de son pouvoir dans quelqu'une de ces métamorphoses. Tout changement est un aveu de servage. — Elles avaient raison, il y a bien du bonheur à être comprise, se dit-elle en pensant à ses détestables institutrices. Quand ces deux amans eurent embrassé la salle par ce rapide coup d'œil qui voit tout, ils échangèrent un regard d'intelligence. Ce fut pour l'un et l'autre comme si quelque rosée céleste eût rafraîchi leurs cœurs brûlés par l'attente. — Je suis là depuis une heure dans l'enfer, et maintenant les cieux s'entr'ouvrent, disaient les yeux de Raoul. — Je te savais là, mais suis-je libre ? disaient les yeux de la comtesse. Les voleurs, les espions, les amans, les diplomates, enfin tous les esclaves connaissent seuls les ressources et les réjouissances du regard. Eux seuls savent tout ce qu'il tient d'intelligence, de douceur, d'esprit, de colère et de scélératesse dans les modifications de cette lumière chargée d'âme. Raoul sentit son amour regimbant sous les éperons de la nécessité, mais grandissant à la vue des obstacles. Entre la marche sur laquelle il perchait et la loge de la comtesse Félix de Vandenesse, il y avait à peine trente pieds, et il lui était impossible d'annuler cet intervalle. A un homme plein de fougue, et qui jusqu'a-

lors avait trouvé peu d'espace entre un désir et le plaisir, cet abîme de pied ferme, mais infranchissable, inspirait le désir de sauter jusqu'à la comtesse par un bond de tigre. Dans un paroxysme de rage, il essaya de tâter le terrain. Il salua visiblement la comtesse, qui répondit par une de ces légères inclinations de tête, pleines de mépris, avec lesquelles les femmes ôtent à leurs adorateurs l'envie de recommencer. Le comte Félix se tourna pour voir qui s'adressait à sa femme ; il aperçut Nathan, ne le salua point, parut lui demander compte de son audace, et se retourna lentement en disant quelque phrase par laquelle il approuvait sans doute le faux dédain de la comtesse. La porte de la loge était évidemment fermée à Nathan, qui jeta sur Félix un regard terrible. Ce regard, tout le monde l'eût interprété par un des mots de Florine : « Toi, tu ne pourras bientôt plus mettre ton chapeau ! » Madame d'Espard, l'une des femmes les plus impertinentes de ce temps, avait tout vu de sa loge ; elle éleva la voix en disant quelque insignifiant bravo. Raoul, au-dessus de qui elle était, finit par se retourner ; il la salua, et reçut d'elle un gracieux sourire qui semblait si bien lui dire : « Si l'on vous chasse de là, venez ici ! » que Raoul quitta sa colonne et vint faire une visite à madame d'Espard. Il avait besoin de se montrer là pour apprendre à ce petit monsieur de Vandenesse que la Célébrité valait la Noblesse, et que devant Nathan toutes les portes armoriées tournaient sur leurs gonds. La marquise l'obligea de s'asseoir en face d'elle, sur le devant. Elle voulait lui donner la question.

— Madame Félix de Vandenesse est ravissante ce soir, lui dit-elle en le complimentant de cette toilette comme d'un livre qu'il aurait publié la veille.

— Oui, dit Raoul avec indifférence ; les marabouts lui vont à merveille ; mais elle y est bien fidèle, elle les avait avant-hier, ajouta-t-il d'un air dégagé pour répudier par cette critique la charmante complicité dont l'accusait la marquise.

— Vous connaissez le proverbe ? répondit-elle. Il n'y a pas de bonne fête sans lendemain.

Au jeu des reparties, les célébrités littéraires ne sont pas toujours aussi fortes que les marquises. Raoul prit le parti de faire la bête, dernière ressource des gens d'esprit.

— Le proverbe est vrai pour moi, dit-il en regardant la marquise d'un air galant.

— Mon cher, votre mot vient trop tard pour que je l'accepte, répliqua-t-elle en riant. Ne soyez pas si bégueule ; allons, vous avez trouvé hier matin, au bal, madame de Vandenesse charmante en marabouts ; elle le sait, elle les a remis pour vous. Elle vous aime, vous l'adorez ; c'est un peu prompt, mais je ne vois là rien que de très-naturel. Si je me trompais, vous ne tordriez pas les gants comme un homme qui enrage d'être à côté de moi, au lieu de se trouver dans la loge de son idole, d'où il vient d'être repoussé par un dédain officiel, et de s'entendre dire tout bas ce qu'il voudrait entendre dire très-haut. Raoul tortillait en effet un de ses gants et montrait une main étonnamment blanche. — Elle a obtenu de vous dit-elle, en regardant fixement cette main de la façon la plus impertinente, des sacrifices que vous ne faisiez pas à la société. Elle doit être ravie de son succès, elle en sera sans doute un peu vaine ; mais, à sa place, je le serais peut être davantage. Elle n'était que femme d'esprit, elle va passer femme de génie. Vous allez nous la peindre dans quelque livre délicieux comme vous savez les faire. Mon cher, n'y oubliez pas Vandenesse, faites cela pour moi. Vraiment, il est trop sûr de lui. Je ne passerais pas cet air radieux au Jupiter Olympien, le seul dieu mythologique exempt, dit-on, de tout accident.

— Madame, s'écria Raoul, vous me douez d'une âme bien basse, si vous me supposez capable de trafiquer de mes sensations, de mon amour. Je préférerais à cette lâcheté littéraire de passer une corde au cou d'une femme et de la mener au marché.

— Mais je connais Marie, elle vous le demandera.

— Elle en est incapable, dit Raoul avec chaleur.

— Vous la connaissez donc bien?

Nathan se mit à rire de lui-même, de lui, faiseur de scènes, qui s'était laissé prendre à un jeu de scène.

— La comédie n'est plus là, dit-il en montrant la rampe, elle est chez vous.

Il prit sa lorgnette et se mit à examiner la salle par contenance.

— M'en voulez-vous? dit la marquise en le regardant de côté. N'aurais-je pas toujours eu votre secret? Nous ferons facilement la paix. Venez chez moi; je reçois tous les mercredis, la chère comtesse ne manquera pas une soirée dès qu'elle vous y trouvera. J'y gagnerai. Quelquefois je la vois entre quatre et cinq heures, je serai bonne femme, je vous joins au petit nombre de favoris que j'admets à cette heure.

— Hé bien! dit Raoul, voyez comme est le monde, on vous disait méchante.

— Moi! dit-elle, je le suis à propos. Ne faut-il pas se défendre? Mais votre comtesse, je l'adore, vous en serez content, elle est charmante. Vous allez être le premier dont le nom sera gravé dans son cœur avec cette joie enfantine qui porte tous les amoureux, même les caporaux, à graver leur chiffre sur l'écorce des arbres. Le premier amour d'une femme est un fruit délicieux. Voyez-vous, plus tard il y a de la science dans nos tendresses, dans nos soins. Une vieille femme comme moi peut tout dire, elle ne craint plus rien, pas même un journaliste. Eh bien! dans l'arrière-saison nous savons vous rendre heureux; mais quand nous commençons à aimer nous sommes heureuses, et nous vous donnons ainsi mille plaisirs d'orgueil. Chez nous tout est alors d'un inattendu ravissant, le cœur est plein de naïveté. Vous êtes trop poëte pour ne par préférer les fleurs aux fruits. Je vous attends dans six mois d'ici.

Raoul, comme tous les criminels, entra dans le système des dénégations; mais c'était donner des armes à cette rude joûteuse. Empêtré bientôt dans les nœuds coulans de la plus spirituelle, de la plus dangereuse de ces conversations où excellent les Parisiennes, il craignit de se laisser surprendre des aveux que la marquise aurait aussitôt exploités dans ses moqueries; il se retira prudemment en voyant entrer lady Dudley.

— Hé bien! dit l'Anglaise à la marquise, où en sont-ils?

— Ils s'aiment à la folie. Nathan vient de me le dire.

— Je l'aurais voulu plus laid, répondit lady Dudley, qui jeta sur le comte Félix un regard de vipère. D'ailleurs, il est bien ce que je le voulais; il est fils d'un brocanteur juif, mort en banqueroute dans les premiers jours de son mariage; mais sa mère était catholique, elle en a malheureusement fait un chrétien.

Cette origine que Nathan cache avec tant de soin, lady Dudley venait de l'apprendre, elle jouissait d'avance du plaisir qu'elle aurait à tirer de là quelque terrible épigramme contre Vandenesse.

— Et moi qui viens de l'inviter à venir chez moi! dit la marquise.

— Ne l'ai-je pas reçu hier? répondit lady Dudley. Il y a, mon gare, des plaisirs qui nous coûtent bien cher.

La nouvelle de la passion mutuelle de Raoul et de madame de Vandenesse circula dans le monde pendant cette soirée, non sans exciter des réclamations et des incrédulités; mais la comtesse fut défendue par ses amies, par lady Dudley, mesdames d'Espard et de Manerville, avec une maladroite chaleur qui put donner quelque créance à ce bruit. Vaincu par la nécessité, Raoul alla le mercredi soir chez la marquise d'Espard, et il y trouva la bonne compagnie qui y venait. Comme Félix n'accompagna point sa femme, Raoul put échanger avec Marie quelques phrases plus expressives par leur accent que par les idées. La comtesse, mise en garde contre la médisance par madame Octave de Camps, avait compris l'importance de sa situation en face du monde, et la fit comprendre à Raoul.

Au milieu de cette belle assemblée, l'un et l'autre eurent donc pour tout plaisir ces sensations alors si profon-

dément savourées que donnent les idées, la voix, les gestes, l'attitude d'une personne aimée. L'âme s'accroche violemment à des riens. Quelquefois les yeux s'attachent de part et d'autre sur le même objet en y incrustant, pour ainsi dire, une pensée prise, reprise et comprise. On admire pendant une conversation le pied légèrement avancé, la main qui palpite, les doigts occupés à quelque bijou frappé, laissé, tourmenté d'une manière significative. Ce n'est plus ni les idées, ni le langage, mais les choses qui parlent; elles parlent tant que souvent un homme épris laisse à d'autres le soin d'apporter une tasse, le sucrier pour le thé, le *je ne sais quoi* que demande la femme qu'il aime, de peur de montrer son trouble à des yeux qui semblent ne rien voir et voient tout. Des myriades de désirs, de souhaits insensés, de pensées violentes passent étouffés dans los regards. Là, les serremens de main dérobés aux mille yeux d'argus acquièrent l'éloquence d'une longue lettre et la volupté d'un baiser. L'amour se grossit alors de tout ce qu'il se refuse, il s'appuie sur tous les obstacles pour se grandir. Enfin ces barrières, plus souvent maudites que franchies, sont hachées et jetées au feu pour l'entretenir. Là, les femmes peuvent mesurer l'étendue de leur pouvoir dans la petitesse à laquelle arrive un immense amour qui se replie sur lui-même, se cache dans un regard altéré, dans une contraction nerveuse, derrière une banale formule de politesse. Combien de fois, sur la dernière marche d'un escalier, n'a-t-on pas récompensé par un seul mot les tourmens inconnus, le langage insignifiant de toute une soirée? Raoul, homme peu soucieux du monde, lâcha sa colère dans le discours, et fut étincelant. Chacun entendit les rugissemens inspirés par la contrariété que les artistes savent si peu supporter. Cette fureur à la Roland, cet esprit qui cassait, brisait tout, en se servant de l'épigramme comme d'une massue, enivra Marie et amusa le cercle comme si l'on eût vu quelque taureau bardé de banderoles en fureur dans un cirque espagnol.

— Tu auras beau tout abattre, tu ne feras pas la solitude autour de toi, lui dit Blondet.

Ce mot rendit à Raoul sa présence d'esprit, il cessa de donner son irritation en spectacle. La marquise vint lui offrir une tasse de thé, et dit assez haut pour que madame Vandenesse entendît: — Vous êtes vraiment bien amusant, venez donc quelquefois me voir à quatre heures.

Raoul s'offensa du mot amusant, quoiqu'il eût été pris pour servir de passe-port à l'invitation. Il se mit à écouter comme des acteurs qui regardent la salle au lieu d'être en scène. Blondet eut pitié de lui.

— Mon cher, lui dit-il en l'emmenant dans un coin, tu te tiens dans le monde comme si tu étais chez Florine. Ici, l'on ne s'emporte jamais, on ne fait pas de longs articles, on dit de temps en temps un mot spirituel, on prend un air calme au moment où l'on éprouve le plus d'envie de jeter les gens par les fenêtres, on raille doucement, on feint de distinguer la femme que l'on adore, et l'on ne se roule pas comme un âne au milieu du grand chemin. Ici, mon cher, on aime suivant la formule. Ou enlève madame de Vandenesse, ou montre-toi gentilhomme. Tu es trop l'amant d'un de tes livres.

Nathan écoutait, la tête baissée, il était comme un lion pris dans des toiles.

— Je ne remettrai jamais les pieds ici, dit-il. Cette marquise de papier mâché me vend son thé trop cher. Elle me trouve amusant! Je comprends maintenant pourquoi Saint-Just guillotinait tout ce monde-là!

— Tu y reviendras demain.

Blondet avait dit vrai. Les passions sont aussi lâches que cruelles. Le lendemain, après avoir longtemps flotté entre: J'irai, je n'irai pas, Raoul quitta ses associés au milieu d'une discussion importante, et courut au faubourg Saint-Honoré, chez madame d'Espard. En voyant entrer le brillant cabriolet de Rastignac pendant qu'il payait son cocher à la porte, la vanité de Nathan fut blessée; il résolut d'avoir un élégant cabriolet et le tigre obligé. L'équipage de la comtesse était dans la cour. A cette vue, le cœur de

Raoul se gonfla de plaisir. Marie marchait sous la pression de ses désirs avec la régularité d'une aiguille d'horloge animée par son ressort. Elle était au coin de la cheminée, dans le petit salon, étendue dans un fauteuil. Au lieu de regarder Nathan quand on l'annonça, elle le contempla dans la glace, sûre que la maîtresse de la maison se tournerait vers lui. Traqué comme il l'est dans le monde, l'amour est obligé d'avoir recours à ces petites ruses : il donne la vie aux miroirs, aux manchons, aux éventails, à une foule de choses dont l'utilité n'est pas tout d'abord démontrée et dont beaucoup de femmes usent sans s'en servir.

— Monsieur le ministre, dit madame d'Espard en s'adressant à Nathan et lui présentant de Marsay par un regard, soutenez, au moment où vous entriez, que les royalistes et les républicains s'entendent ; vous devez en savoir quelque chose, vous ?

— Quand cela serait, dit Raoul, où est le mal ? Nous haïssons le même objet, nous sommes d'accord dans notre haine, nous différons dans notre amour. Voilà tout.

— Cette alliance est au moins bizarre, dit de Marsay en enveloppant d'un coup d'œil la comtesse Félix et Raoul.

— Elle ne durera pas, dit Rastignac qui pensait un peu trop à la politique, comme tous les nouveaux venus.

— Qu'en dites-vous, ma chère amie ? demanda madame d'Espard à la comtesse.

— Je n'entends rien à la politique.

— Vous vous y mettrez, madame, dit de Marsay, et vous serez alors doublement notre ennemie.

Nathan et Marie ne comprirent le mot que quand de Marsay fut parti. Rastignac le suivit, et madame d'Espard les accompagna jusqu'à la porte de son premier salon. Les deux amans ne pensèrent plus aux épigrammes du ministre, ils se voyaient riches de quelques minutes. Marie tendit sa main vivement dégantée à Raoul, qui la prit et la baisa comme s'il n'avait eu que dix-huit ans. Les yeux de la comtesse exprimaient une noble tendresse, si entière que Raoul eut aux yeux cette larme que trouvent toujours à leur service les hommes à tempérament nerveux.

— Où vous voir, où pouvoir vous parler ? dit-il. Je mourrais s'il fallait toujours déguiser ma voix, mon regard, mon cœur, mon amour.

Emue par cette larme, Marie promit d'aller se promener au Bois toutes les fois que le temps ne serait pas détestable. Cette promesse causa plus de bonheur à Raoul que ne lui en avait donné Florine pendant cinq ans.

— J'ai tant de choses à vous dire ! Je souffre tant du silence auquel nous sommes condamnés !

La comtesse le regardait avec ivresse sans pouvoir répondre, quand la marquise rentra.

— Comment, vous n'avez rien su répondre à de Marsay ? dit-elle en entrant.

— On doit respecter les morts, répondit Raoul. Ne voyez-vous pas qu'il expire ? Rastignac est son garde-malade, il espère être mis sur le testament.

La comtesse feignit d'avoir des visites à faire et voulut sortir pour ne pas se compromettre. Pour ce quart d'heure, Raoul avait sacrifié son temps le plus précieux et ses intérêts les plus palpitans. Marie ignorait encore les détails de cette vie d'oiseau sur la branche, mêlée aux affaires les plus compliquées, au travail le plus exigeant. Quand deux êtres unis par un éternel amour mènent une vie resserrée chaque jour par les nœuds de la confidence, par l'examen en commun des difficultés surgies ; quand deux cœurs échangent le soir ou le matin leurs regrets, comme la bouche échange les soupirs, s'attendent dans de mêmes anxiétés, palpitent ensemble à la vue d'un obstacle, tout compte alors : une femme sait combien d'amour dans un retard évité, combien d'efforts dans une course rapide ; elle s'occupe, va, vient, espère, s'agite avec l'homme occupé, tourmenté ; ses murmures, elle les adresse aux choses ; elle ne doute plus, elle connaît et apprécie les dé-

tails de la vie. Mais au début d'une passion où tant d'ardeur, de défiances, d'exigences se déploient, où l'on ne se sait ni l'un ni l'autre ; mais auprès des femmes oisives, à la porte desquelles l'amour doit être toujours en faction ; mais auprès de celles qui s'exagèrent leur dignité et veulent être obéies en tout, même quand elles ordonnent une faute à ruiner un homme, l'amour comporte à Paris, dans notre époque, des travaux impossibles. Les femmes du monde sont restées sous l'empire des traditions du dix-huitième siècle où chacun avait une position sûre et définie. Peu de femmes connaissent les embarras de l'existence chez la plupart des hommes, qui tous ont une position à se faire, une gloire en train, une fortune à consolider. Aujourd'hui, les gens dont la fortune est assise se comptent, les vieillards seuls ont le temps d'aimer, les jeunes gens rament sur les galères de l'ambition comme y ramait Nathan. Les femmes, encore peu résignées à ce changement dans les mœurs, prêtent le temps qu'elles ont de trop à ceux qui n'en ont pas assez ; elles n'imaginent pas d'autres occupations, d'autre but que les leurs. Quand l'amant aurait vaincu l'hydre de Lerne pour arriver, il n'a pas le moindre mérite ; tout s'efface devant le bonheur de le voir ; elles ne lui savent gré que de leurs émotions, sans s'informer de ce qu'elles coûtent. Si elles ont inventé dans leurs heures oisives un de ces stratagèmes qu'elles ont à commandement, elles le font briller comme un bijou. Vous avez tordu les barres de fer de quelque nécessité tandis qu'elles chaussaient le mitaine, endossaient le manteau d'une ruse : à elles la palme, et ne la leur disputez point. Elles ont raison d'ailleurs, comment ne pas tout briser pour une femme qui brise tout pour vous ? elles exigent autant qu'elles donnent. Raoul aperçut en revenant combien il lui serait difficile de mener un amour dans le monde, le char à dix chevaux du journalisme, ses pièces au théâtre, et ses affaires embourbées.

— Le journal sera détestable ce soir, dit-il en s'en allant, il n'y aura pas d'article de moi, et pour un second numéro encore !

Madame Félix de Vandenesse alla trois fois au bois de Boulogne sans y voir Raoul, elle revenait désespérée, inquiète. Nathan ne voulait pas s'y montrer autrement que dans l'éclat d'un prince de la presse. Il employa toute la semaine à chercher deux chevaux, un cabriolet et un tigre convenables, à convaincre ses associés de la nécessité d'épargner un temps aussi précieux que le sien, et à faire imputer son équipage sur les frais généraux du journal. Ses associés, Massol et du Tillet, accédèrent si complaisamment à sa demande, qu'il les trouva les meilleurs enfans du monde. Sans ce secours, la vie eût été impossible à Raoul ; elle devint d'ailleurs si rude, quoique mélangée par les plaisirs les plus délicats de l'amour idéal, que beaucoup de gens, même les mieux constitués, n'eussent pas suffire à de telles dissipations. Une passion violente et heureuse prend déjà beaucoup de place dans une existence ordinaire ; mais quand elle s'attaque à une femme posée comme madame de Vandenesse, elle devait dévorer la vie d'un homme occupé comme Raoul. Voici les obligations que sa passion inscrivait avant toutes les autres. Il lui fallait se trouver presque chaque jour à cheval au bois de Boulogne, entre deux et trois heures, dans la tenue du plus fainéant gentleman. Il apprenait là dans quelle maison, à quel théâtre il reverrait, le soir, madame de Vandenesse. Il ne quittait les salons que vers minuit, après avoir happé quelques phrases longtemps attendues, quelques bribes de tendresse dérobées sous la table, entre deux portes, ou en montant en voiture. La plupart du temps, Marie, qui l'avait lancé dans le grand monde, le faisait inviter à dîner dans certaines maisons où elle allait. N'était-ce pas tout simple ? Par orgueil, entraîné par sa passion, Raoul n'osait parler de ses travaux. Il devait obéir aux volontés les plus capricieuses de cette innocente souveraine, et suivre les débats parlementaires, le torrent de la politique, veiller à la direction du journal, et mettre en scène deux pièces dont les recettes étaient indispensables. Il suffisait que madame de Vandenesse fît une petite moue quand il voulait se dispenser d'être à un bal, à un concert, à une promenade, pour qu'il sacrifiât ses intérêts à son plaisir. En quittant le monde entre une heure et deux heures du matin, il revenait travailler jusqu'à huit ou neuf heures, il dormait à peine, se réveillait pour concerter les opinions du journal avec les gens influens desquels il dépendait, pour débattre les mille et une affaires intérieures. Le journalisme touche à tout dans cette époque, à l'industrie, aux intérêts publics et privés, aux entreprises nouvelles, à tous les amours-propres de la littérature et à ses produits. Quand harrassé, fatigué, Nathan courait de son bureau de rédaction au Théâtre, du Théâtre à la Chambre, et de la Chambre chez quelques créanciers ; il devait se présenter calme, heureux devant Marie, galoper à sa portière avec le laisser-aller d'un homme sans soucis et qui n'a d'autres fatigues que celles du bonheur. Quand, pour prix de tant de dévouemens ignorés, il n'eut que les plus douces paroles, les certitudes les plus mignonnes d'un attachement éternel, d'ardens serremens de main obtenus pendant quelques secondes de solitude, des mots passionnés en échange des siens, il trouva quelque duperie à laisser ignorer le prix énorme avec lequel il payait ces *menus suffrages*, auraient dit nos pères. L'occasion de s'expliquer ne se fit pas attendre. Par une belle journée du mois d'avril, la comtesse accepta le bras de Nathan dans un endroit écarté du bois de Boulogne ; elle avait à lui faire une de ces jolies querelles à propos de ces riens sur lesquels les femmes savent bâtir des montagnes. Au lieu de l'accueillir le sourire sur les lèvres, le front illuminé par le bonheur, les yeux animés de quelque pensée fine et gaie, elle se montra grave et sérieuse.

— Qu'avez-vous ? lui dit Nathan.

— Ne vous occupez pas de ces riens, dit-elle ; vous devez savoir que les femmes sont des enfans.

— Vous aurais-je déplu ?

— Serais-je ici ?

— Mais vous ne me souriez pas, vous ne paraissez pas heureuse de me voir.

— Je vous boude, n'est-ce pas ? dit-elle en le regardant de cet air soumis par lequel les femmes se posent en victimes.

Nathan fit quelques pas dans une appréhension qui lui serrait le cœur et l'attristait.

— Ce sera, dit-il après un moment de silence, quelques unes de ces craintes frivoles, de ces soupçons nuageux que vous mettez au-dessus des plus grandes choses de la vie ; vous avez l'art de faire pencher le monde en y jetant un brin de paille, un fétu !

— De l'ironie !... Je m'y attendais, dit-elle en baissant la tête.

— Marie, ne vois-tu pas, mon ange, que j'ai dit ces paroles pour t'arracher ton secret ?

— Mon secret sera toujours un secret, même après vous avoir été confié.

— Eh bien ! dis...

— Je ne suis pas aimée, reprit-elle en lui lançant ce regard oblique et fin par lequel les femmes interrogent si malicieusement l'homme qu'elles veulent tourmenter.

— Pas aimée !... s'écria Nathan.

— Oui, vous vous occupez de trop de choses. Que suis-je au milieu de tout ce mouvement ? oublié à tout propos. Hier, je suis venue au Bois, je vous y ai attendu...

— Mais...

— J'avais mis une nouvelle robe pour vous, et vous n'êtes pas venu, où étiez-vous ?

— Mais...

— Je ne le savais pas. Je vais chez madame d'Espard, je ne vous y trouve point.

— Mais...

— Le soir, à l'Opéra, mes yeux n'ont pas quitté le balcon. Chaque fois que la porte s'ouvrait, c'était des palpitations à me briser le cœur.

— Mais...

— Quelle soirée ! Vous ne vous doutez pas de ces tempêtes du cœur.

— Mais...

— La vie s'use à ces émotions...

— Mais...

— Eh bien ! dit-elle.

— Oui, la vie s'use, dit Nathan, et vous aurez en quelques mois dévoré la mienne. Vos reproches insensés m'arrachent aussi mon secret, dit-il. Ah ! vous n'êtes pas aimée ?... vous l'êtes trop.

Il peignit vivement sa situation, raconta ses veilles, détailla ses obligations à heure fixe, la nécessité de réussir, les insatiables exigences d'un journal où l'on était tenu de juger, avant tout le monde, les événemens sans se tromper, sous peine de perdre son pouvoir, enfin combien d'études rapides sur les questions qui passaient aussi rapidement que des nuages à cette époque dévorante.

Raoul eut tort en un moment. La marquise d'Espard le lui avait dit : rien de plus naïf qu'un premier amour. Il se trouva bientôt que la comtesse était coupable d'aimer trop. Une femme aimante répond à tout avec une jouissance, avec un aveu ou un plaisir. En voyant se dérouler cette vie immense, la comtesse fut saisie d'admiration. Elle avait fait Nathan très grand, elle le trouva sublime. Elle s'accusa d'aimer trop, le pria de venir à ses heures ; elle aplatit ces travaux d'ambitieux par un regard levé vers le ciel. Elle attendrait ! Désormais elle sacrifierait ses jouissances. En voulant n'être qu'un marche-pied, elle était un obstacle !... elle pleura de désespoir.

— Les femmes, dit-elle les larmes aux yeux, ne peuvent donc qu'aimer, les hommes ont mille moyens d'agir ; nous autres, nous ne pouvons que penser, prier, adorer.

Tant d'amour voulait une récompense. Elle regarda, comme un rossignol qui veut descendre de sa branche à une source, si elle était seule dans la solitude, si le silence ne cachait aucun témoin ; puis elle leva la tête vers Raoul, qui pencha la sienne ; elle lui laissa prendre un baiser, le premier, le seul qu'elle dût donner en fraude, et se sentit plus heureuse en ce moment qu'elle ne l'avait été depuis cinq années. Raoul trouva toutes ses peines payées. Tous deux marchaient sans trop savoir où, sur le chemin d'Auteuil à Boulogne ; ils furent obligés de revenir à leurs voitures en allant de ce pas égal et cadencé que connaissent les amans. Raoul avait foi dans ce baiser livré avec la facilité décente que donne la sainteté du sentiment. Tout le mal venait du monde, et non de cette femme si entièrement à lui. Raoul ne regretta plus les tourmens de sa vie enragée, que Marie devait oublier au feu de son premier désir, comme toutes les femmes qui ne voient pas à toute heure les terribles débats de ces existences exceptionnelles. En proie à cette admiration reconnaissante qui distingue la passion de la femme, Marie courait d'un pas délibéré, disant, comme Raoul, peu de paroles, mais senties et portant coup. Le ciel était pur, les gros arbres bourgeonnaient, et quelques pointes vertes animaient déjà leurs mille pinceaux bruns. Les arbustes, les bouleaux, les saules, les peupliers, montraient leur premier, leur tendre feuillage encore diaphane. Aucune âme ne résiste à de pareilles harmonies. L'Amour expliquait la Nature à la comtesse comme il lui avait expliqué la Société.

— Je voudrais que vous n'eussiez jamais aimé que moi ! dit-elle.

— Votre vœu est réalisé, répondit Raoul. Nous nous sommes révélé l'un à l'autre le véritable amour.

Il disait vrai. En se posant devant ce jeune cœur en homme pur, Raoul s'était pris à ces phrases panachées de beaux sentimens. D'abord purement spéculatrice et vaniteuse, sa passion était devenue sincère. Il avait commencé par mentir, il finissait par dire vrai. Il y a d'ailleurs chez tout écrivain un sentiment difficilement étouffé qui le porte à l'admiration du beau moral. Enfin, à force de faire des sacrifices, un homme s'intéresse à l'être qui les exige. Les femmes du monde, de même que les courtisanes, ont l'instinct de cette vérité; peut-être même la pratiquent-elles sans la connaître. Aussi la comtesse, après son premier élan de reconnaissance et de surprise, fut-elle charmée d'avoir inspiré tant de sacrifices, d'avoir fait surmonter tant de difficultés. Elle était aimée d'un homme digne d'elle. Raoul ignorait à quoi l'engagerait sa fausse grandeur; car les femmes ne permettent pas à leur amant de descendre de son piédestal. On ne pardonne pas à un dieu la moindre petitesse. Marie ne savait pas le mot de cette énigme que Raoul avait dit à ses amis au souper chez Véry. La lutte de cet écrivain parti des rangs inférieurs avait occupé les dix premières années de sa jeunesse; il voulait être aimé par une des reines du beau monde. La vanité, sans laquelle l'amour est bien faible, a dit Champfort, soutenait sa passion et devait l'accroître de jour en jour.

— Vous pouvez me jurer, dit Marie, que vous n'êtes et ne serez jamais à aucune femme?

— Il n'y aurait pas plus de temps dans ma vie pour une autre femme que de dans mon cœur, répondit-il sans croire faire un mensonge, tant il méprisait Florine.

— Je vous crois, dit-elle.

Arrivés dans l'allée où stationnaient les voitures, Marie quitta le bras de Nathan, qui prît une attitude respectueuse comme s'il venait de la rencontrer; il l'accompagna chapeau bas jusqu'à sa voiture; puis il la suivit par l'avenue Charles X en humant la poussière que faisait la calèche, en regardant les plumes en saule pleureur que le vent agitait en dehors. Malgré les nobles renonciations de Marie, Raoul, excité par sa passion, se trouva partout où elle était; il adorait l'air à la fois mécontent et heureux que prenait la comtesse pour le gronder sans le pouvoir en lui voyant dissiper ce temps qui lui était si nécessaire. Marie prit la direction des travaux de Raoul, elle lui intima des ordres formels sur l'emploi de ses heures, demeura chez elle pour lui ôter tout prétexte de dissipation. Elle lisait tous les matins le journal, et devint le héraut de la gloire d'Étienne Lousteau, le feuilletoniste, qu'elle trouvait ravissant, de Félicien Vernou, de Claude Vignon, de tous les rédacteurs. Elle donna le conseil à Raoul de rendre justice à de Marsay quand il mourut, et lut avec ivresse le grand et bel éloge que Raoul fit du ministre mort, tout en blâmant son machiavélisme et sa haine pour les masses. Elle assista naturellement, à l'avant-scène du Gymnase, à la première représentation de la pièce sur laquelle Nathan comptait pour soutenir son entreprise, et dont le succès parut immense. Elle fut la dupe des applaudissemens achetés.

— Vous n'êtes pas venu dire adieu aux Italiens? lui demanda lady Dudley chez laquelle elle se rendit après cette représentation.

— Non, je suis allée au Gymnase. On donnait une première représentation.

— Je ne puis souffrir le vaudeville. Je suis pour cela comme Louis XIV pour les Téniers, dit lady Dudley.

— Moi, répondit madame d'Espard, je trouve que les auteurs ont fait des progrès. Les vaudevilles sont aujourd'hui de charmantes comédies, pleines d'esprit, qui demandent beaucoup de talent, et je m'y amuse fort.

— Les acteurs sont d'ailleurs excellens, dit Marie. Ceux du Gymnase ont très bien joué ce soir; la pièce leur plaisait, le dialogue est fin, spirituel.

— Comme celui de Beaumarchais, dit lady Dudley.

— Monsieur Nathan n'est point encore Molière; mais... dit madame d'Espard en regardant la comtesse.

— Il fait des vaudevilles, dit madame Charles de Vandenesse.

— Et défait des ministères, reprit madame de Manerville.

— La comtesse garda le silence; elle cherchait à répondre par des épigrammes acérées; elle se sentait le cœur agité

par des mouvemens de rage; elle ne trouva rien de mieux que dire : — Il en fera peut-être.

Toutes les femmes échangèrent un regard de mystérieuse intelligence. Quand Marie de Vandenesse partit, Moïna de Saint-Hérem s'écria : — Mais elle adore Nathan !

— Elle ne fait pas de cachotteries, dit madame d'Espard.

Le mois de mai vint, Vandenesse emmena sa femme à sa terre où elle ne fut consolée que par les lettres passionnées de Raoul, à qui elle écrivit tous les jours.

L'absence de la comtesse aurait pu sauver Raoul du gouffre dans lequel il avait mis le pied, si Florine eût été près de lui; mais il était seul, au milieu d'amis devenus ses ennemis secrets dès qu'il eut manifesté l'intention de les dominer. Ses collaborateurs le haïssaient momentanément, prêts à lui tendre la main et à le consoler en cas de chute, prêts à l'adorer en cas de succès. Ainsi va le monde littéraire. On n'y aime que ses inférieurs. Chacun est l'ennemi de quiconque tend à s'élever. Cette envie générale décuple les chances des gens médiocres, qui n'excitent ni l'envie ni le soupçon, font leur chemin à la manière des taupes, et, quelque sots qu'ils soient, se trouvent casés au *Moniteur* dans trois ou quatre places au moment où les gens de talent se battent encore à la porte pour s'empêcher d'entrer. La sourde inimitié de ces prétendus amis, que Florine aurait dépistée avec la science innée des courtisanes pour deviner le vrai entre mille hypothèses, n'était pas le plus grand danger de Raoul. Ses deux associés, Massol l'avocat et du Tillet le banquier, avaient médité d'atteler son ardeur au char dans lequel ils se prélassaient, de l'évincer dès qu'il serait hors d'état de nourrir le journal, ou de le priver de ce grand pouvoir au moment où ils voudraient en user. Pour eux, Nathan représentait une certaine somme à dévorer, une force littéraire de la puissance de dix plumes à employer. Massol, un de ces avocats qui prennent la faculté de parler indéfiniment pour de l'éloquence, qui possèdent le secret d'ennuyer en disant tout, la peste des as semblées, où ils rapetissent toute chose, et qui veulent devenir des personnages à tout prix, ne tenait plus à être garde des sceaux; il en avait vu passer cinq à six en quatre ans, il s'était dégoûté de la simarre. Comme monnaie du portefeuille, il voulut une chaire dans l'instruction publique, une place au conseil d'État, le tout assaisonné de la croix de la Légion d'honneur. Du Tillet et le baron de Nucingen lui avaient garanti la croix et sa nomination de maître des requêtes s'il entrait dans leurs vues; il les trouva plus en position de réaliser leurs promesses que Nathan, et il leur obéissait aveuglément. Pour mieux abuser Raoul, ces gens-là lui laissaient exercer le pouvoir sans contrôle. Du Tillet n'usait du journal que dans ses intérêts d'agiotage, auxquels Raoul n'entendait rien; mais il avait déjà fait savoir par le baron de Nucingen à Rastignac que la feuille serait tacitement complaisante au pouvoir, sous la seule condition d'appuyer sa candidature en remplacement de monsieur de Nucingen, futur pair de France, et qui avait été élu dans une espèce de bourg-pourri, un collège à peu d'électeurs, où le journal fut envoyé gratis à profusion. Ainsi Raoul était joué par le banquier et par l'avocat, qui le voyaient avec un plaisir infini trônant au journal, y profitant de tous les avantages, percevant tous les fruits d'amour-propre ou autres. Nathan, enchanté d'eux, les trouvait, en fait de sa demande de fonds équestres, les meilleurs enfans du monde, il croyait les jouer. Jamais les hommes d'imagination, pour lesquels l'espérance est le fond de la vie, ne veulent se dire qu'un des momens le plus périlleux est celui où tout va selon leurs souhaits. Ce fut un moment de triomphe dont profita d'ailleurs Nathan, qui se produisit dans le monde politique et financier; du Tillet le présenta chez Nucingen. Madame de Nucingen accueillit Raoul à merveille, moins pour lui que pour madame de Vandenesse; mais quand elle lui toucha quelques mots de la comtesse, il crut faire merveille en faisant de Florine un paravent; il s'étendit avec une fatuité généreuse sur ses relations avec l'actrice, impossibles à rompre. Quitte-t-on un bonheur certain pour les coquetteries du faubourg Saint-Germain; Nathan, joué par Nucingen et Rastignac, par du Tillet et Blondet, prêta son appui fastueusement aux doctrinaires pour la formation d'un de leurs cabinets éphémères. Puis, pour arriver pur aux affaires, il dédaigna par ostentation de se faire avantager dans quelques entreprises qui se formèrent à l'aide de sa feuille, lui qui ne regardait pas à compromettre ses amis, et à se comporter peu délicatement avec quelques industriels dans certains momens critiques. Ces contrastes, engendrés par sa vanité, par son ambition, se retrouvent dans beaucoup d'existences semblables. Le manteau doit être splendide pour le public, on prend du drap chez ses amis pour en boucher les trous. Néanmoins, deux mois après le départ de la comtesse, Raoul eut un certain quart d'heure de Rabelais qui lui causa quelques inquiétudes au milieu de son triomphe. Du Tillet était en avance de cent mille francs. L'argent donné par Florine, le tiers de sa première mise de fonds, avait été dévoré par le fisc, par les frais de premier établissement qui furent énormes. Il fallait prévoir l'avenir. Le banquier favorisa l'écrivain en prenant pour cinquante mille francs de lettres de change à quatre mois. Du Tillet tenait ainsi Raoul par le licou de la lettre de change. Au moyen de ce supplément, les fonds du journal furent faits pour six mois. Aux yeux de quelques écrivains, six mois sont une éternité. D'ailleurs, à coups d'annonces, à force de voyageurs, en offrant des avantages illusoires aux abonnés, on en avait raccolé deux mille. Ce demi-succès encourageait à jeter billets de banque dans ce brasier. Encore un peu de talent, vienne un procès politique, une apparente persécution, et Raoul devenait un de ces condottieri modernes dont l'encre vaut aujourd'hui la poudre à canon d'autrefois. Malheureusement, cet arrangement était pris quand Florine revint avec environ cinquante mille francs. Au lieu de se créer un fonds de réserve, Raoul, sûr du succès en le voyant nécessaire, humilié déjà d'avoir accepté de l'argent de l'actrice, se sentant intérieurement grandi par son amour, ébloui par les captieux éloges de ses courtisans, abusa Florine sur sa position et la força d'employer cette somme à remonter sa maison. Dans les circonstances présentes, une magnifique représentation devenait une nécessité. L'actrice, qui n'avait pas besoin d'être excitée, s'embarrassa de trente mille francs de dettes. Florine eut une délicieuse maison tout entière à elle, rue Pigale, où revint son ancienne société. La maison d'une fille posée comme Florine était un terrain neutre, très favorable aux ambitieux politiques qui traitaient, comme Louis XIV chez les Hollandais, sans Raoul, chez Raoul. Nathan avait réservé à l'actrice pour sa rentrée une pièce dont le principal rôle lui allait admirablement: Ce drame-vaudeville devait être l'adieu de Raoul au théâtre. Les journaux, à qui cette complaisance pour Raoul ne coûtait rien, préméditèrent une telle ovation à Florine, que la Comédie-Française parla d'un engagement. Les feuilletons montraient dans Florine l'héritière de mademoiselle Mars. Ce triomphe étourdit assez l'actrice pour l'empêcher d'étudier le terrain sur lequel marchait Nathan, elle vécut dans un monde de fêtes et de festins. Reine de cette cour pleine de courtisans empressés autour d'elle, qui pour son livre, qui pour sa pièce, qui pour sa danseuse, qui pour son théâtre, qui pour son entreprise, qui pour une réclame, elle se laissait aller à tous les plaisirs du pouvoir de la presse, en y voyant l'aurore du crédit ministériel. A entendre ceux qui vinrent chez elle, Nathan était un grand homme politique. Nathan avait un raison dans son entreprise, il serait député, certainement ministre, pendant quelque temps, comme tant d'autres. Les actrices disent rarement non à ce qui les flatte. Florine avait trop de talent dans le feuilleton pour se défier du journal et de ceux qui le faisaient. Elle connaissait trop peu le mécanisme de la presse pour s'inquiéter des moyens. Les filles

de la trempe de Florine ne voient jamais que les résultats. Quant à Nathan, il crut dès lors qu'à la prochaine session il arriverait aux affaires, avec deux anciens journalistes, dont l'un alors ministre cherchait à évincer ses collègues pour se consoler. Après six mois d'absence, Nathan retrouva Florine avec plaisir et retomba nonchalamment dans ses habitudes. La lourde trame de cette vie, il la broda secrètement des plus belles fleurs de sa passion idéale et des plaisirs qu'y semait Florine. Ses lettres à Marie étaient des chefs-d'œuvre d'amour, de grâce et de style; Nathan faisait d'elle la lumière de sa vie, il n'entreprenait rien sans consulter ce bon génie. Désolé d'être du côté populaire, il voulait par momens embrasser la cause de l'aristocratie; mais, malgré son habitude des tours de force, il voyait une impossibilité absolue à sauter de gauche à droite; il était plus facile de devenir ministre. Les précieuses lettres de Marie étaient déposées dans un de ces portefeuilles à secret offerts par Huret ou Fichet, un de ces deux mécaniciens qui se battaient à coups d'annonces et d'affiches dans Paris à qui ferait les serrures les plus impénétrables et les plus discrètes. Ce portefeuille restait dans le nouveau boudoir de Florine, où travaillait Raoul. Personne n'est plus facile à tromper qu'une femme à qui l'on a l'habitude de tout dire; elle ne se défie de rien, elle croit tout voir et tout savoir. D'ailleurs, depuis son retour, l'actrice assistait à la vie de Nathan et n'y trouvait aucune irrégularité. Jamais elle n'eût imaginé que ce portefeuille, à peine entrevu, serré sans affectation, contînt des trésors d'amour, les lettres d'une rivale que, selon la demande de Raoul, la comtesse adressait au bureau du journal. La situation de Nathan paraissait donc extrêmement brillante. Il avait beaucoup d'amis. Deux pièces faites en collaboration et qui venaient de réussir fournissaient à son luxe et lui ôtaient tout souci pour l'avenir. D'ailleurs, il ne s'inquiétait en aucune manière de sa dette envers du Tillet, son ami.

— Comment se défier d'un ami? disait-il quand en certains momens Blondet se laissait aller à des doutes, entraîné par son habitude de tout analyser.

— Mais nous n'avons pas besoin de nous méfier de nos ennemis, disait Florine.

Nathan défendait du Tillet. Du Tillet était le meilleur, le plus facile, le plus probe des hommes. Cette existence de danseur de corde sans balancier eût effrayé tout le monde, même un indifférent, s'il en eût pénétré le mystère; mais du Tillet la contemplait avec le stoïcisme et l'œil sec d'un parvenu. Il y avait dans l'amicale bonhomie de ses procédés avec Nathan d'atroces railleries. Un jour, il lui serrait la main en sortant de chez Florine, et le regardait monter en cabriolet.

— Ça va au bois de Boulogne avec un train magnifique, dit-il à Lousteau l'envieux par excellence, et ça sera peut-être dans six mois à Clichy.

— Lui? jamais, s'écria Lousteau, Florine est là.

— Qui te dit, mon petit, qu'il la conservera? Quant à toi, qui le vaux mille fois, tu seras sans doute notre rédacteur en chef dans six mois.

En octobre, les lettres de change échurent, du Tillet les renouvela gracieusement, mais à deux mois, augmentées de l'escompte et d'un nouveau prêt. Sûr de la victoire, Raoul puisait à même les sacs. Madame Félix de Vandenesse devait revenir dans quelques jours, un mois plutôt que de coutume, ramenée par un désir effréné de voir Nathan, qui ne voulut pas être à la merci d'un besoin d'argent au moment où il reprendrait sa vie militante. La correspondance, où la plume est toujours plus hardie que la parole, où la pensée revêtue de ses fleurs aborde tout et peut tout dire, avait fait arriver la comtesse au plus haut degré d'exaltation; elle voyait en Raoul l'un des plus beaux génies de l'époque, un cœur exquis et méconnu, sans souillure et digne d'adoration; elle le voyait avançant une main hardie sur le festin du pouvoir. Bientôt cette parole si belle en amour tonnerait à la tribune. Marie ne vivait plus que de cette vie à cercles entrelacés comme ceux d'une sphère, et au centre desquels est le monde. Sans goût pour les tranquilles félicités du ménage, elle recevait les agitations de cette vie à tourbillons, communiquées par une plume habile et amoureuse ; elle baisait ces lettres écrites au milieu des batailles livrées par la presse, prélevées sur des heures studieuses ; elle sentait tout leur prix ; elle était sûre d'être aimée uniquement, de n'avoir que la gloire et l'ambition pour rivales ; elle trouvait au fond de sa solitude à employer toutes ses forces, elle était heureuse d'avoir bien choisi : Nathan était un ange. Heureusement sa retraite à sa terre et les barrières qui existaient entre elle et Raoul avaient éteint les médisances du monde. Durant les derniers jours de l'automne, Marie et Raoul reprirent donc leurs promenades au bois de Boulogne, ils ne pouvaient se voir que là jusqu'au moment où les salons se rouvriraient. Raoul put savourer un peu plus à l'aise les exquises jouissances de sa vie idéale et la cacher à Florine : il travaillait un peu moins, les choses avaient pris leur train au journal, chaque rédacteur connaissait sa besogne. Il fit involontairement des comparaisons, toutes à l'avantage de l'actrice, sans que néanmoins la comtesse y perdît. Brisé de nouveau par les manœuvres auxquelles le condamnait sa passion de cœur et de tête pour une femme du grand monde, Raoul trouva des forces surhumaines pour être à fois sur trois théâtres : le Monde, le Journal et les Coulisses. Au moment où Florine, qui lui savait gré de tout, qui partageait presque ses travaux et ses inquiétudes, se montrait et disparaissait à propos, lui versait à flots un bonheur réel, sans phrases, sans aucun accompagnement de remords ; la comtesse, aux yeux insatiables, au corsage chaste, oubliait ces travaux gigantesques et les peines prises souvent pour la voir un instant. Au lieu de dominer, Florine se laissait prendre, quitter, reprendre, avec la complaisance d'un chat qui retombe sur ses pattes et secoue ses oreilles. Cette facilité de mœurs concorde admirablement aux allures des hommes de pensée ; et tout artiste en eût profité, comme le fit Nathan, sans abandonner la poursuite de ce bel amour idéal, de cette splendide passion qui charmait ses instincts de poète, ses grandeurs secrètes, ses vanités sociales. Convaincu de la catastrophe que suivrait une indiscrétion, il se disait : « La comtesse ni Florine ne sauront rien ! » Elles étaient si loin l'une de l'autre ! A l'entrée de l'hiver, Raoul reparut dans le monde à son apogée : il était presque un personnage. Rastignac, tombé avec le ministère disloqué par la mort de Marsay, s'appuyait sur Raoul et l'appuyait par ses éloges. Madame de Vandenesse voulut alors savoir si son mari était revenu sur le compte de Nathan. Après une année, elle l'interrogea de nouveau, croyant avoir à prendre une de ces éclatantes revanches qui plaisent à toutes les femmes, même les plus nobles, les moins terrestres ; car on peut gager à coup sûr que les anges ont encore de l'amour-propre en se rangeant autour du Saint des Saints.—Il ne lui manquait plus que d'être la dupe des intrigans, répondit le comte.

Félix, à qui l'habitude du monde et de la politique permettait de voir clair, avait pénétré la situation de Raoul. Il expliqua tranquillement à sa femme que la tentative de Fieschi avait pour résultat de rattacher beaucoup de gens tièdes aux intérêts menacés dans la personne du roi Louis-Philippe. Les journaux dont la couleur n'était pas tranchée y perdraient leurs abonnés, car le journalisme allait se simplifier avec la politique. Si Nathan avait mis sa fortune dans son journal, il périrait bientôt. Ce coup d'œil si juste, si net, quoique succinct et jeté dans l'intention d'approfondir une question sans intérêt, par un homme qui savait calculer les chances de tous les partis, effraya madame de Vandenesse.

— Vous vous intéressez donc bien à lui ? demanda Félix à sa femme.

— Comme à un homme dont l'esprit m'amuse, dont la conversation me plaît.

Cette réponse fut faite d'un air si naturel que le comte ne soupçonna rien.

Le lendemain à quatre heures, chez madame d'Espard, Marie et Raoul eurent une longue conversation à voix basse. La comtesse exprima des craintes que Raoul dissipa, trop heureux d'abattre sous des épigrammes la grandeur conjugale de Félix. Nathan avait une revanche à prendre. Il peignit le comte comme un homme arriéré, qui voulait juger la Révolution de juillet avec la mesure de la Restauration, qui se refusait à voir le triomphe de la classe moyenne, la nouvelle force des sociétés, temporaire ou durable, mais réelle. Il n'y avait plus de grands seigneurs possibles, le règne des véritables supériorités arrivait. Au lieu d'étudier les avis indirects et impartiaux d'un homme politique interrogé sans passion, Raoul parada, monta sur des échasses, et se drapa dans la pourpre de son succès. Quelle est la femme qui ne croit pas plus à son amant qu'à son mari ?

Madame de Vandenesse rassurée commença donc cette vie d'irritations réprimées, de petites jouissances dérobées, de serremens de main clandestins, sa nourriture de l'hiver dernier, mais qui finit par entraîner une femme au delà des bornes quand l'homme qu'elle aime a quelque résolution et s'impatiente des entraves. Heureusement pour elle, Raoul modéré par Florine n'était pas dangereux. D'ailleurs il fut saisi par des intérêts qui ne lui permirent pas de profiter de son bonheur. Néanmoins un malheur soudain arrivé à Nathan, des obstacles renouvelés, une impatience pouvaient précipiter la comtesse dans un abîme. Raoul entrevoyait ces dispositions chez Marie, quand vers la fin de décembre du Tillet voulut être payé. Le riche banquier, qui se disait gêné, donna le conseil à Raoul d'emprunter la somme pour quinze jours à un usurier, à Gigonnet, la providence à vingt-cinq pour cent de tous les jeunes gens embarrassés. Dans quelques jours le journal opérait son grand renouvellement de janvier, il y aurait des sommes en caisse, du Tillet verrait. D'ailleurs pourquoi Nathan ne ferait-il pas une pièce ! Par orgueil, Nathan voulut payer à tout prix. Du Tillet donna une lettre à Raoul pour l'usurier, d'après laquelle Gigonnet lui compta les sommes sur des lettres de change à vingt jours. Au lieu de chercher les raisons d'une semblable facilité, Raoul fut fâché de ne pas avoir demandé davantage. Ainsi se comportent les hommes les plus remarquables par la force de leur pensée ; ils voient matière à plaisanter dans un fait grave, ils semblent réserver leur esprit pour leurs œuvres, et, de peur de l'amoindrir, n'en usent point dans les choses de la vie. Raoul raconta sa matinée à Florine et à Blondet ; il lui peignit Gigonnet tout entier, sa cheminée sans feu, son petit papier de Réveillon, son escalier, sa sonnette asthmatique et le pied de biche, son petit paillasson usé, son âtre sans feu comme son regard ; ils en fit rire de ce nouvel oncle ; ils ne s'inquiétèrent ni de du Tillet qui se disait sans argent, ni d'un usurier si prompt à la détente. Tout cela, caprices !

— Il ne t'a pris que quinze pour cent, dit Blondet, tu lui devais des remercîmens. A vingt-cinq pour cent on ne les salue plus ; l'usure commence à cinquante pour cent : à ce taux on les méprise.

— Les mépriser ! dit Florine. Quels sont ceux de vos amis qui vous prêteraient à ce taux sans se poser comme vos bienfaiteurs ?

— Elle a raison, je suis heureux de ne plus rien devoir à du Tillet, dit Raoul.

Pourquoi ce défaut de pénétration dans leurs affaires personnelles chez des hommes habitués à tout pénétrer ? Peut-être l'esprit ne peut-il pas être complet sur tous les points ; peut-être les artistes vivent-ils trop dans le moment présent pour observer l'avenir ; peut-être observent-ils trop les ridicules pour voir un piége, et croient-ils qu'on n'ose pas les jouer. L'avenir ne se fit pas attendre. Vingt jours après les lettres de change étaient protestées ; mais au Tribunal de commerce, Florine fit demander et obtenir vingt-cinq jours pour payer. Raoul étudia sa position, il demanda des comptes : il en résulta que les recettes du journal couvraient les deux tiers des frais, et que l'abonnement faiblissait. Le grand homme devint inquiet et sombre, mais pour Florine seulement, à laquelle il se confia. Florine lui conseilla d'emprunter sur des pièces de théâtre à faire, en les vendant en bloc et aliénant les revenus de son répertoire. Nathan trouva par ce moyen vingt-mille francs, et réduisit sa dette à quarante mille. Le 10 de février, les vingt-cinq jours expirèrent. Du Tillet, qui ne voulait pas de Nathan pour concurrent dans le collége électoral où il comptait se présenter, en laissant à Massol un autre collége à la dévotion du ministère, fit poursuivre à outrance Raoul par Gigonnet. Un homme écroué pour dettes ne peut pas s'offrir à la candidature. La maison de Clichy pouvait dévorer le futur ministre. Florine était elle-même en conversation suivie avec des huissiers, à raison de ses dettes personnelles; et, dans cette crise, il ne lui restait plus d'autre ressource que le *moi* de Médée, car ses meubles furent saisis. L'ambitieux entendait de toutes parts les craquemens de la destruction dans son jeune édifice, bâti sans fondemens. Déjà sans force pour soutenir une si vaste entreprise, il se sentait incapable de la recommencer; il allait donc périr sous les décombres de sa fantaisie. Son amour pour la comtesse lui donnait encore quelques éclairs de vie; il animait son masque, mais en dedans l'espérance était morte. Il ne soupçonnait point du Tillet, il ne voyait que l'usurier. Rastignac, Blondet, Lousteau, Vernou, Finot, Massol, se gardaient bien d'éclairer cet homme d'une activité si dangereuse. Rastignac, qui voulait ressaisir le pouvoir, faisait cause commune avec Nucingen et du Tillet. Les autres éprouvaient des jouissances infinies à contempler l'agonie d'un de leurs égaux, coupable d'avoir tenté d'être leur maître. Aucun d'eux n'aurait voulu dire un mot à Florine; au contraire, on lui vantait Raoul. « Nathan avait des épaules à soutenir le monde, il s'en tirerait, tout irait à merveille! »

— On a fait deux abonnés hier, disait Blondet d'un air grave, Raoul sera député. Le budget voté, l'ordonnance de dissolution paraîtra.

Nathan, poursuivi, ne pouvait plus compter sur l'usure. Florine, saisie, ne pouvait plus compter que sur les hasards d'une passion inspirée à quelque niais qui ne se trouve jamais à propos. Nathan n'avait pour amis que des gens sans argent et sans crédit. Une arrestation tuait ses espérances de fortune politique. Pour comble de malheur, il se voyait engagé dans d'énormes travaux payés d'avance, il n'entrevoyait pas de fond au gouffre de misère où il allait rouler. En présence de tant de menaces, son audace l'abandonna. La comtesse de Vandenesse s'attacherait-elle à lui, fuirait-elle au loin? Les femmes ne sont jamais conduites à cet abîme que par un entier amour, et leur passion ne les avait pas noués l'un à l'autre par les liens mystérieux du bonheur. Mais la comtesse, le suivît-elle à l'étranger, elle viendrait sans fortune, nue et dépouillée, elle serait un embarras de plus. Un esprit de second ordre, un orgueilleux comme Nathan, devait voir et vit alors dans le suicide l'épée qui trancherait ces nœuds gordiens. L'idée de tomber en face de ce monde où il avait pénétré, qu'il avait voulu dominer, à laisser la comtesse triomphante et de redevenir un fantassin crotté, n'était pas supportable. La Folie dansait et faisait entendre ses grelots à la porte du palais fantastique habité par le poète. En cette extrémité, Nathan attendit un hasard et ne voulut se tuer qu'au dernier moment.

Durant les derniers jours employés par la signification du jugement, par les commandemens et la dénonciation de la contrainte par corps, Raoul porta partout malgré lui cet air froidement sinistre que les observateurs ont pu remarquer chez tous les gens destinés au suicide ou qui le méditent. Les idées funèbres qu'ils caressent impriment à leur front des teintes grises et nébuleuses; leur sourire a je ne sais quoi de fatal, leurs mouvemens sont solennels. Ces malheureux paraissent vouloir sucer jusqu'au zeste les fruits dorés de la vie; leurs regards visent le ciel à tout propos, ils écoutent leur glas dans l'air, ils sont inattentifs. Ces effrayans symptômes, Marie les aperçut un soir chez lady Dudley : Raoul était resté seul sur un divan, dans le boudoir, tandis que tout le monde causait dans le salon; la comtesse vint à la porte, il ne leva pas la tête, il n'entendit ni le souffle de Marie ni le frissonnement de sa robe de soie; il regardait une fleur du tapis, les yeux fixes, hébétés de douleur; il aimait mieux mourir que d'abdiquer. Tout le monde n'a pas le piédestal de Sainte-Hélène. D'ailleurs, le suicide régnait alors à Paris; ne doit-il pas être le dernier mot des sociétés incrédules? Raoul venait de se résoudre à mourir. Le désespoir est en raison des espérances, et celui de Raoul n'avait pas d'autre issue que la tombe.

— Qu'as-tu? lui dit Marie en volant auprès de lui.

— Rien, répondit-il.

Il y a une manière de dire ce mot *rien* entre amans, qui signifie tout le contraire. Marie haussa les épaules.

— Vous êtes un enfant, dit-elle, il vous arrive quelque malheur.

— Non, pas à moi, dit-il. D'ailleurs, vous le saurez toujours trop tôt, Marie, reprit-il affectueusement.

— A quoi pensais-tu quand je suis entrée? demanda-t-elle d'un air d'autorité.

— Veux-tu savoir la vérité? — Elle inclina la tête. — Je songeais à toi, je me disais qu'à ma place bien des hommes auraient voulu être aimés sans réserve : je le suis, n'est-ce pas?

— Oui, dit-elle.

— Et, reprit-il en lui pressant la taille et l'attirant à lui pour la baiser au front, au risque d'être surpris, je te laisse pure et sans remords. Je puis t'entraîner dans l'abîme, et tu demeures dans toute ta gloire au bord, sans souillure. Cependant une seule pensée m'importune...

— Laquelle?

— Tu me mépriseras. — Elle sourit superbement. — Oui, tu ne croiras jamais avoir été saintement aimée; puis on me flétrira, je le sais. Les femmes n'imaginent pas que du fond de notre fange nous levions nos yeux vers le ciel pour y adorer sans partage une Marie. Elles mêlent à ce saint amour de tristes questions, elles ne comprennent pas que des hommes de haute intelligence et de vaste poésie puissent dégager leur âme de la jouissance pour la réserver à quelque autel chéri. Cependant, Marie, le culte de l'idéal est plus fervent chez nous que chez vous : nous le trouvons dans la femme qui ne le cherche même pas en nous.

— Pourquoi cet article? dit-elle railleusement en femme sûre d'elle.

— Je quitte la France, tu apprendras demain pourquoi et comment par une lettre que t'apportera mon valet de chambre. Adieu, Marie.

Raoul sortit après avoir pressé la comtesse sur son cœur par une horrible étreinte, et la laissa stupide de douleur.

— Qu'avez-vous donc, ma chère? lui dit la marquise d'Espard en la venant chercher; que vous a dit monsieur Nathan? il nous a quittées d'un air mélodramatique. Vous êtes peut-être trop raisonnable ou trop déraisonnable...

La comtesse prit le bras de madame d'Espard pour rentrer dans le salon, d'où elle partit quelques instans après.

— Elle va peut-être à son premier rendez-vous, dit lady Dudley à la marquise.

— Je le saurai, répliqua madame d'Espard en s'en allant et suivant la voiture de la comtesse.

Mais le coupé de madame de Vandenesse prit le chemin du faubourg Saint-Honoré. Quand madame d'Espard rentra chez elle, elle vit la comtesse Félix continuant le faubourg pour gagner le chemin de la rue du Rocher. Marie se coucha sans pouvoir dormir, et passa la nuit à lire un voyage au pôle nord sans y rien comprendre. A huit heures et demie, elle reçut une lettre de Raoul, et l'ouvrit précipitamment. La lettre commençait par ces mots classiques :

« Ma chère bien-aimée, quand tu tiendras ce papier, je ne serai plus. »

Elle n'acheva pas, elle froissa le papier par une contraction nerveuse, sonna sa femme de chambre, mit à la hâte un peignoir; chaussa les premiers souliers venus, s'enveloppa dans un châle, prit un chapeau : puis elle sortit en recommandant à sa femme de chambre de dire au comte qu'elle était allée chez sa sœur, madame du Tillet.

— Où avez-vous laissé votre maître ? demanda-t-elle au domestique de Raoul.

— Au bureau du journal.

— Allons-y, dit elle.

Au grand étonnement de sa maison, elle sortit à pied, avant neuf heures, en proie à une visible folie. Heureusement pour elle, la femme de chambre alla dire au comte que madame venait de recevoir une lettre de madame du Tillet qui l'avait mise hors d'elle, et venait de courir chez sa sœur, accompagnée du domestique qui lui avait apporté la lettre. Vandenesse attendit le retour de sa femme pour recevoir des explications. La comtesse monta dans un fiacre et fut rapidement menée au bureau du journal. A cette heure, les vastes appartemens occupés par le journal dans un vieil hôtel de la rue Feydeau étaient déserts; il ne s'y trouvait qu'un garçon de bureau, très étonné de voir une jeune et jolie femme égarée les traverser en courant, et lui demander où était monsieur Nathan.

— Il est sans doute chez mademoiselle Florine, répondit-il en prenant la comtesse pour une rivale qui voulait faire une scène de jalousie.

— Où travaille-t-il ici ? dit-elle.

— Dans un cabinet dont la clef est dans sa poche.

— Je veux y aller.

Le garçon la conduisit à une petite pièce sombre donnant sur une arrière-cour, et qui jadis était un cabinet de toilette attenant à une grande chambre à coucher dont l'alcôve n'avait pas été détruite. Ce cabinet était en retour. La comtesse, en ouvrant la fenêtre de la chambre, put voir par celle du cabinet ce qui s'y passait : Nathan râlait assis sur son fauteuil de rédacteur en chef.

— Enfoncez cette porte et taisez-vous, j'achèterai votre silence, dit-elle. Ne voyez-vous pas que monsieur Nathan se meurt?

Le garçon alla chercher à l'imprimerie un châssis en fer avec lequel il put enfoncer la porte. Raoul s'asphyxiait, comme une simple couturière, au moyen d'un réchaud de charbon. Il venait d'achever une lettre à Blondet pour le prier de mettre son suicide sur le compte d'une apoplexie foudroyante. La comtesse arrivait à temps : elle fit transporter Raoul dans le fiacre, ne sachant où lui donner des soins, elle entra dans un hôtel, y prit une chambre, et envoya le garçon de bureau chercher un médecin. Raoul fut en quelques heures hors de danger; mais la comtesse ne quitta pas son chevet sans avoir obtenu la confession de sa faiblesse. Après que l'ambitieux terrassé lui eût versé dans le cœur ces épouvantables élégies de sa douleur, elle revint chez elle en proie à tous les tourmens, à toutes les idées qui, la veille, assiégeaient le front de Nathan.

— J'arrangerai tout, lui avait-elle dit pour le faire vivre.

— Eh bien! qu'a donc ta sœur? demanda Félix à sa femme en la voyant rentrer. Je te trouve bien changée.

— C'est une horrible histoire sur laquelle je dois garder le plus profond secret, répondit-elle en retrouvant sa force pour affecter le calme.

Afin d'être seule et de penser à son aise, elle était allée le soir aux Italiens, puis elle était venue décharger son cœur dans celui de madame du Tillet en lui racontant l'horrible scène de la matinée, lui demandant des conseils et des secours. Ni l'une ni l'autre ne pouvaient savoir alors que du Tillet avait allumé le feu du vulgaire réchaud

dont la vue avait épouvanté la comtesse Félix de Vandenesse.

— Il n'a que moi dans le monde, avait dit Marie à sa sœur, et je ne lui manquerai point.

Ce mot contient le secret de toutes les femmes : elles sont héroïques alors qu'elles ont la certitude d'être tout pour un homme grand et irréprochable.

Du Tillet avait entendu parler de la passion plus ou moins probable de sa belle-sœur pour Nathan; mais il était de ceux qui la niaient ou la jugeaient incompatible avec la liaison de Raoul et de Florine. L'actrice devait chasser la comtesse, et réciproquement. Mais quand, en rentrant chez lui, pendant cette soirée, il y vit sa belle-sœur, dont déjà le visage lui avait annoncé d'amples perturbations aux Italiens, il devina que Raoul avait confié ses embarras à la comtesse, elle était donc venue demander à Marie-Eugénie les sommes dues au vieux Gigonnet. Madame du Tillet, à qui les secrets de cette pénétration en apparence surnaturelle échappaient, avait montré tant de stupéfaction, que les soupçons de du Tillet se changèrent en certitude. Le banquier crut pouvoir tenir le fil des intrigues de Nathan. Personne ne savait ce malheureux au lit, rue du Mail, dans un hôtel garni, sous le nom du garçon de bureau à qui la comtesse avait promis cinq cents francs s'il gardait le secret sur les événemens de la nuit et de la matinée. Aussi François Quillet avait-il eu soin de dire à la portière que Nathan s'était trouvé mal par suite d'un travail excessif. Du Tillet ne fut pas étonné de ne point voir Nathan. Il était naturel que le journaliste se cachât pour éviter les gens chargés de l'arrêter. Quand les espions vinrent prendre des renseignemens, ils apprirent que le matin une dame était venue enlever le rédacteur en chef. Il se passa deux jours avant qu'ils eussent découvert le numéro du fiacre, questionné le cocher, reconnu, sondé l'hôtel où se ranimait le débiteur. Ainsi les sages mesures prises par Marie avaient fait obtenir à Nathan un sursis de trois jours.

Chacune des deux sœurs passa donc une cruelle nuit. Une catastrophe semblable jette la lueur de son charbon sur toute la vie; elle en éclaire les bas-fonds, les écueils plus que les sommets, qui jusqu'alors ont occupé le regard. Frappée de l'horrible spectacle d'un jeune homme mourant dans son fauteuil, devant son journal, écrivant à la romaine ses dernières pensées, la pauvre madame du Tillet ne pouvait penser qu'à lui porter secours, à rendre la vie à cette âme par laquelle vivait sa sœur. Il est dans la nature de notre esprit de regarder aux effets avant d'analyser les causes. Eugénie approuva de nouveau l'idée qu'elle avait eue de s'adresser à la baronne Delphine de Nucingen, chez laquelle elle dînait, et ne douta pas du succès. Généreuse comme toutes les personnes qui n'ont pas été pressées dans les rouages en acier poli de la société moderne, madame du Tillet résolut de prendre tout sur elle. De son côté, la comtesse, heureuse d'avoir déjà sauvé la vie de Nathan, employa sa nuit à inventer des stratagèmes pour se procurer quarante mille francs. Dans ces crises, les femmes sont sublimes. Conduites par le sentiment, elles arrivent à des combinaisons qui surprendraient les voleurs, les gens d'affaires et les usuriers, si ces trois classes d'industriels, plus ou moins patentés, s'étonnaient de quelque chose. La comtesse vendait ses diamans en songeant à porter de faux. Elle se décidait à demander la somme à Vandenesse, déjà mise en jeu par elle ; mais elle avait trop de noblesse pour ne pas reculer devant les moyens déshonorans ; elle les concevait et les repoussait. L'argent de Vandenesse à Nathan ! Elle bondissait dans son lit effrayée de sa scélératesse. Faire monter de faux diamans ? son mari finirait par s'en apercevoir. Elle voulait aller demander la somme aux Rotschild qui avaient tant d'or, à l'archevêque de Paris qui devait secourir les pauvres, courant ainsi d'une religion à l'autre, implorant tout. Elle déplora de se voir en dehors du gouvernement; jadis elle aurait trouvé son argent à emprunter aux environs du trône. Elle pensait à recourir à son père. Mais l'ancien magistrat avait en horreur les illégalités; ses enfans avaient fini par savoir combien peu il sympathisait avec les malheurs de l'amour; il ne voulait point en entendre parler, il était devenu misanthrope, il avait toute intrigue en horreur. Quant à la comtesse de Granville, elle vivait retirée en Normandie dans une de ses terres, économisant et priant, achevant ses jours entre des prêtres et des sacs d'écus, froide jusqu'au dernier moment. Quand Marie aurait eu le temps d'arriver à Bayeux, sa mère lui donnerait-elle tant d'argent sans savoir quel en serait l'usage? Supposer des dettes? Oui, peut-être se laisserait-elle attendrir par sa favorite. Eh bien ! en cas d'insuccès, la comtesse irait donc en Normandie. Le comte de Granville ne refuserait pas de lui fournir un prétexte de voyage en lui donnant le faux avis d'une grave maladie survenue à sa femme. Le désolant spectacle qui l'avait épouvantée le matin, les soins prodigués à Nathan, les heures passées au chevet de son lit, ces narrations entrecoupées, cette agonie d'un grand esprit, ce vol du génie arrêté par un vulgaire, par un ignoble obstacle, tout lui revint en mémoire pour stimuler son amour. Elle repassa ses émotions et se sentit encore plus éprise par les misères que par les grandeurs. Aurait-elle baisé ce front couronné par le succès? non. Elle trouvait une noblesse infinie aux dernières paroles que Nathan lui avait dites dans le boudoir de lady Dudley. Quelle sainteté dans cet adieu ! Quelle noblesse dans l'immolation d'un bonheur qui serait devenu son tourment à elle ! La comtesse avait souhaité des émotions dans sa vie; elles abondaient terribles, cruelles, mais aimées. Elle vivait plus par la douleur que par le plaisir. Avec quelles délices elle se disait : Je l'ai déjà sauvé, je vais le sauver encore ! Elle l'entendait s'écriant : — Il n'y a que les malheureux qui savent jusqu'où va l'amour ! quand il avait senti les lèvres de Marie posées sur son front.

— Es-tu malade? lui dit son mari, qui vint dans sa chambre la chercher pour le déjeuner.

— Je suis horriblement tourmentée du drame qui se joue chez ma sœur, dit-elle sans faire de mensonge.

— Elle est tombée en de bien mauvaises mains ; c'est une honte pour une famille que d'y avoir un du Tillet, un homme sans noblesse; s'il arrivait quelque désastre à votre sœur, elle ne trouverait guère de pitié chez lui.

— Quelle est la femme qui s'accommode de la pitié ? dit la comtesse en faisant un mouvement convulsif. Impitoyables, votre rigueur est une grâce pour nous.

— Ce n'est pas d'aujourd'hui que je vous sais noble de cœur, dit Félix en baisant la main de sa femme et tout ému de cette fierté. Une femme qui pense ainsi n'a pas besoin d'être gardée.

— Gardée ?... reprit-elle; autre honte qui retombe sur vous.

Félix sourit, mais Marie rougissait. Quand une femme est secrètement en faute, monte ostensiblement l'orgueil féminin au plus haut point. C'est une dissimulation d'esprit dont il faut leur savoir gré. La tromperie est alors pleine de dignité, sinon de grandeur. Marie écrivit deux lignes à Nathan sous le nom de monsieur Quillet, pour lui dire que tout allait bien, et les envoya par un commissionnaire à l'hôtel du Mail. Le soir, à l'Opéra, la comtesse eut les bénéfices de ses mensonges, car son mari trouva très naturel qu'elle quittât sa loge pour aller voir sa sœur. Félix attendit pour lui donner le bras que du Tillet eût laissé sa femme seule. De quelles émotions Marie fut agitée en traversant le corridor, en entrant dans la loge de sa sœur, et s'y posant d'un front calme et serein devant le monde étonné de les voir ensemble !

— Hé bien ? lui dit-elle.

Le visage de Marie-Eugénie était une réponse : il y éclatait une joie naïve que bien des personnages attribuèrent à une vaniteuse satisfaction.

— Il sera sauvé, ma chère, mais pour trois mois seulement, pendant lesquels nous aviserons à le secourir plus efficacement. Madame de Nucingen veut quatre lettres de change de chacune dix mille francs, signées de n'importe qui, pour ne pas te compromettre. Elle m'a expliqué comment elles devaient être faites; je n'y ai rien compris, mais monsieur Nathan te les préparera. J'ai seulement pensé que Schmuke, notre vieux maître, peut nous être très utile en cette circonstance : il les signerait. En joignant à ces quatre valeurs une lettre par laquelle tu garantiras leur paiement à madame de Nucingen, elle te remettras demain l'argent. Fais tout par toi-même, ne te fie à personne. J'ai pensé que Schmuke n'aurait aucune objection à t'opposer. Pour dérouter les soupçons, j'ai dit que tu voulais obliger notre ancien maître de musique, un Allemand dans le malheur. J'ai donc pu demander le plus profond secret.

— Tu as de l'esprit comme un ange ! Pourvu que la baronne de Nucingen n'en cause qu'après avoir donné l'argent ! dit la comtesse en levant les yeux comme pour implorer Dieu, quoiqu'à l'Opéra.

— Schmuke demeure dans la petite rue de Nevers, sur le quai Conti ; ne l'oublie pas, vas-y toi-même.

— Merci ! dit la comtesse en serrant la main de sa sœur. Ah ! je donnerais dix ans de ma vie...

— A prendre dans la vieillesse...

— Pour faire à jamais cesser de pareilles angoisses, dit la comtesse en souriant de l'interruption.

Toutes les personnes qui lorgnaient en ce moment les deux sœurs pouvaient les croire occupées de frivolités en admirant leurs rires ingénus ; mais un de ces oisifs qui viennent à l'Opéra plus pour espionner les toilettes et les figures que par plaisir, aurait pu deviner le secret de la comtesse en remarquant la violente sensation qui éteignit la joie de ces deux charmantes physionomies. Raoul qui, pendant la nuit, ne craignait plus les recors, pâle et blême, l'œil inquiet, le front attristé, parut sur la marche de l'escalier où il se posait habituellement. Il chercha la comtesse dans sa loge, la trouva vide, et se prit alors le front dans ses mains en s'appuyant le coude à la ceinture.

— Peut-elle être à l'Opéra ! pensa-t-il.

— Regarde-nous donc, pauvre grand homme ! dit à voix basse madame du Tillet.

Quant à Marie, au risque de se compromettre, elle attacha sur lui ce regard violent et fixe par lequel la volonté jaillit de l'œil, comme du soleil jaillissent les ondes lumineuses, et qui pénètre, selon les magnétiseurs, la personne sur laquelle il est dirigé. Raoul sembla frappé par une baguette magique ; il leva la tête, et son œil rencontra soudain les yeux des deux sœurs. Avec cet adorable esprit qui n'abandonne jamais les femmes, madame de Vandenesse saisit une croix qui jouait sur sa gorge, et la lui montra par un sourire rapide et significatif. Le bijou rayonna jusque sur le front de Raoul, qui répondit par une expression joyeuse : il avait compris.

— N'est-ce donc rien, Eugénie, dit la comtesse à sa sœur, que de rendre ainsi la vie aux morts ?

— Tu peux entrer dans la Société des Naufrages, répondit Eugénie en souriant.

— Comme il est venu triste, abattu ; mais comme il s'en ira content !

— Hé bien ! comment vas-tu, mon cher ? dit du Tillet en serrant la main à Raoul, et l'abordant avec tous les symptômes de l'amitié.

— Mais comme un homme qui vient de recevoir les meilleurs renseignemens sur les élections. Je serai nommé, répondit le radieux Raoul.

— Ravi ! répliqua du Tillet. Il va nous falloir de l'argent pour le journal.

— Nous en trouverons, dit Raoul.

— Les femmes ont le diable pour elles, dit du Tillet sans se laisser prendre encore aux paroles de Raoul qu'il avait nommé Charnathan.

— A quel propos ? dit Raoul.

— Ma belle sœur est chez ma femme, dit le banquier; il y a quelque intrigue sous jeu. Tu me parais adoré de la comtesse, elle te salue à travers toute la salle.

— Vois, dit madame du Tillet à sa sœur, on nous dit fausses. Mon mari câline monsieur Nathan, et c'est lui qui veut le faire mettre en prison.

— Et les hommes nous accusent ! s'écria la comtesse, je l'éclairerai.

Elle se leva, reprit le bras de Vandenesse qui l'attendait dans le corridor, revint radieuse dans sa loge ; puis elle quitta l'Opéra, commanda sa voiture pour le lendemain avant huit heures, et se trouva dès huit heures et demie au quai Conti, après avoir passé rue du Mail.

La voiture ne pouvait entrer dans la petite rue de Nevers ; mais comme Schmuke habitait une maison située à l'angle du quai, la comtesse n'eut pas à marcher dans la boue, elle sauta presque de son marchepied à l'allée boueuse et ruinée de cette vieille maison noire, raccommodée comme la faïence d'un portier avec des attaches en fer, et surplombant de manière à inquiéter les passans. Le vieux maître de chapelle demeurait au quatrième et jouissait du bel aspect de la Seine depuis le Pont-Neuf jusqu'à la colline de Chaillot. Ce bon être fut si surpris quand le laquais lui annonça la visite de son ancienne écolière, que dans sa stupéfaction il la laissa pénétrer chez lui. Jamais la comtesse n'eût inventé ni soupçonné l'existence qui se révéla soudain à ses regards, quoiqu'elle connût depuis longtemps le profond dédain de Schmuke pour le costume et le peu d'intérêt qu'il portait aux choses de ce monde. Qui aurait pu croire au laisser-aller d'une pareille vie, à une si complète insouciance ? Schmuke était un Diogène musicien, il n'avait point honte de son désordre, il l'eût nié, tant il y était habitué. L'usage incessant d'une bonne grosse pipe allemande avait répandu sur le plafond, sur le misérable papier de tenture, écorché en mille endroits par un chat, une teinte blonde qui donnait aux objets l'aspect des moissons dorées de Cérès. Le chat, doué d'une magnifique robe à longues soies ébouriffées à faire envie à une portière, était là comme la maîtresse du logis, grave dans sa barbe, sans inquiétude ; du haut d'un excellent piano de Vienne où il siégeait magistralement, il jeta sur la comtesse, quand elle entra, ce regard mielleux et froid par lequel toute femme étonnée de sa beauté l'aurait saluée ; il ne se dérangea point, il agita seulement les deux fils d'argent de ses moustaches droites, et reporta sur Schmuke ses deux yeux d'or. Le piano, caduc et d'un bon bois peint en noir et or, mais sale, déteint, écaillé, montrait les touches usées comme les dents des vieux chevaux, et jaunies par la couleur fuligineuse tombée de la pipe. Sur la tablette, de petits tas de cendres disaient que, la veille, Schmuke avait chevauché sur le vieil instrument vers quelque sabbat musical. Le carreau, plein de boue séchée, de papiers déchirés, de cendres de pipe, de débris inexplicables, ressemblait au plancher des pensionnats quand il n'a pas été balayé depuis huit jours, et d'où les domestiques chassent des monceaux de choses qui sont entre le fumier et les guenilles. Un œil plus exercé que celui de la comtesse y aurait trouvé des renseignemens sur la vie de Schmuke, dans quelques épluchures de marrons, des pelures de pommes, des coquilles d'œufs rouges, dans des plats cassés par inadvertance et crottés de *sauer-craut*. Ce *détritus* allemand formait un tapis de poudreux immondices qui craquait sous les pieds, et se ralliait à un amas de cendres qui descendait majestueusement d'une cheminée en pierre peinte où trônait une bûche en charbon de terre devant laquelle deux tisons avaient l'air de se consumer. Sur la cheminée, un trumeau et sa glace, où les figures dansaient la sarabande ; d'un côté la glorieuse pipe accrochée, de l'autre un pot chinois où le professeur mettait son tabac. Deux fauteuils achetés de hasard, comme une couchette maigre et plate, comme la commode vermoulue et sans marbre, comme la table estropiée où se voyaient les restes d'un frugal déjeuner, composaient ce mobilier plus simple que celui d'un wigham de Mohicans. Un miroir à barbe suspendu à l'espagnolette de la fenêtre sans rideaux, et surmonté d'une loque zébrée par les nettoyages du rasoir, indiquait les sacrifices que Schmuke faisait aux Grâces et

au Monde. Le chat, être faible et protégé, était le mieux partagé, il jouissait d'un vieux coussin de bergère auprès duquel se voyaient une tasse et un plat de porcelaine blanche. Mais ce qu'aucun style ne peut décrire, c'est l'état où Schmuke, le chat et la pipe, trinité vivante, avaient mis ces meubles. La pipe avait brûlé la table çà et là. Le chat et la tête de Schmuke avaient graissé le velours d'Utrecht vert des deux fauteuils, de manière à lui ôter sa rudesse. Sans la splendide queue de ce chat, qui faisait en partie le ménage, jamais les places libres sur la commode ou sur le piano n'eussent été nettoyées. Dans un coin se tenaient les souliers, qui voudraient un dénombrement épique. Les dessus de la commode et du piano étaient encombrés de livres de musique, à dos rongés, éventrés, à coins blanchis, émoussés, où le carton montrait ses mille feuilles. Le long des murs étaient collées avec des pains à cacheter les adresses des écolières. Le nombre de pains sans papiers indiquait les adresses défuntes. Sur le papier se lisaient des calculs faits à la craie. La commode était ornée de cruchons de bière bus la veille, lesquels paraissaient neufs et brillans au milieu de ces vieilleries et des paperasses. L'Hygiène était représentée par un pot à eau couronné d'une serviette, et un morceau de savon vulgaire, blanc pailleté de bleu, qui humectait le bois de rose en plusieurs endroits. Deux chapeaux également vieux étaient accrochés à un porte-manteau d'où pendait le même carrick bleu à trois collets que la comtesse avait toujours vu à Schmuke. Au bas de la fenêtre étaient trois pots de fleurs, des fleurs allemandes sans doute, et tout auprès une canne de houx. Quoique la vue et l'odorat de la comtesse fussent désagréablement affectés, le sourire et le regard de Schmuke lui cachèrent ces misères sous de célestes rayons qui firent resplendir les teintes blondes et vivifièrent ce chaos. L'âme de cet homme divin, qui connaissait et révélait tant de choses divines, scintillait comme un soleil. Son rire si franc, si ingénu à l'aspect d'une de ses saintes Céciles, répandit les éclats de la jeunesse, de la gaîté, de l'innocence. Il versa les trésors les plus chers à l'homme, et s'en fit un manteau qui cacha sa pauvreté. Le parvenu le plus dédaigneux eût trouvé peut-être ignoble de songer au cadre où s'agitait ce magnifique apôtre de la religion musicale.

— Hé bar kel hassart, izi, tchère montame la gondesse ? dit-il. Vaudile kè chè jande lei gandike té Zimion à mon ache ? Cette idée raviva son accès de rire immodéré : — Souis-che en ponne fordine ? reprit-il encore d'un air fin. Puis il se remit à rire comme un enfant. — Vis fennez pir la misik, hai non pir ein baufre ôme. Ché lei sais, dit-il d'un air mélancolique, mais fennez pir tit ce ke vi fouderesse vis savez qu'ici tit este à visse, corpe, hâme, hai piens !

Il prit la main de la comtesse, la baisa et y mit une larme, car le bon homme était tous les jours au lendemain du bienfait. Sa joie lui avait ôté pendant un instant le souvenir, pour le lui rendre dans toute sa force. Aussitôt il prit la craie, sauta sur le fauteuil qui était devant le piano, puis, avec une rapidité de jeune homme, il écrivit sur le papier en grosses lettres : **17 février 1835**. Ce mouvement si joli, si naïf, fut accompli avec une si furieuse reconnaissance, que la comtesse en fut tout émue.

— Ma sœur viendra, lui dit-elle.

— L'audre auzi ! gand ? gand ? ke cé soid afant qu'il meure ! reprit-il.

— Elle viendra vous remercier d'un grand service que je viens vous demander de sa part, reprit-elle.

— Fitte, fitte, fitte, fitte, s'écria Schmuke, ké vaudille vaire ? Vaudille hâler au tiaple ?

— Rien que mettre : *Accepté pour la somme de dix mille francs* sur chacun de ces papiers, dit-elle en tirant de son manchon quatre lettres de change préparées selon la formule par Nathan.

— Há ! ze zera piendotte vaïdde, répondit l'Allemand avec la douceur d'un agneau. Seulement, che neu saite pas i se druffent messes blimes et mon hangrier. — Fattan te la *meinherr Mirr*, cria-t-il au chat qui le regarde froidement. *Sei mon chas*, dit-il en le montrant à la comtesse. *C'est la bauffre hdnimdle ki fit affècque li bauffre Schmuke ! I lle hai pô !*

— Oui, dit la comtesse.

— *Lé foullez-visse?* dit-il.

— Y pensez-vous ? reprit-elle. N'est ce pas votre ami ? Le chat, qui cachait l'encrier, devina que Schmuke le voulait, et sauta sur le lit.

— *Il être mâligne gomme ein xinche !* reprit-il en le montrant sur le lit. *Ché lé nôme Mirr pir clorivier nodre crànt Hoffmann te Perlin, ke ché paugoube gonni.*

Le bonhomme signait avec l'innocence d'un enfant qui fait ce que sa mère lui ordonne de faire, sans y rien concevoir, mais sûr de bien faire. Il se préoccupait bien plus de la présentation du chat à la comtesse que des papiers par lesquels sa liberté pouvait être, suivant les lois relatives aux étrangers, à jamais aliénée.

— *Vis m'azurèze ke cesse bedis babières dimprès...*

— N'ayez pas la moindre inquiétude, dit la comtesse.

— *Ché ne boind t'einkiétide*, reprit-il brusquement. *Che temande zi zes bedis babières dimprès veront blésir à montame ti Dilet.*

— Oh ! oui, dit-elle, vous lui rendez service comme si vous étiez son père...

— *Ché souis ton pien hireux te lui édre pon à keke chausse. 'Andantez te mon misik !* dit-il en laissant les papiers sur la table, et sautant à son piano.

Déjà les mains de cet ange trottaient sur les vieilles touches, déjà son regard atteignait aux cieux à travers les toits, déjà le plus délicieux de tous les chants fleurissait dans l'air et pénétrait l'âme ; mais la comtesse ne laissa ce naïf interprète des choses célestes faire parler le bois et les cordes, comme fait la sainte Cécile de Raphaël pour les anges qui l'écoutent, que pendant le temps que mit l'écriture à sécher ; elle se leva, mit les lettres de change dans son manchon, et tira son radieux maître des espaces éthérés où il planait en le rappelant sur la terre,

— Mon bon Schmuke, dit-elle en lui frappant sur l'épaule.

— *Téchà !* s'écria-t-il avec une affreuse soumission. *Bourkoi êtes-vis tonc fennie?*

Il ne murmura point, il se dressa comme un chien fidèle pour écouter la comtesse.

— Mon bon Schmuke, reprit-elle, il s'agit d'une affaire de vie et de mort, les minutes économisent du sang et des larmes.

— *Tuchurs la même*, dit-il, *halléze, anches ! zécher les plirs tes audres ! Zachèsse ké leu baufre Schmuke gomde fodre viside pir plis ke fos randes !*

— Nous nous reverrons, dit-elle, vous viendrez faire de la musique et dîner avec moi tous les dimanches, sous peine de nous brouiller. Je vous attends dimanche prochain.

— *Frai ?*

— Je vous en prie, et ma sœur vous indiquera sans doute un jour aussi.

— *Ma ponhire zera tonc gomblete*, dit-il, *gar che ne vis foyais gaux Champes-Hailyssées, gand vis y bassièze han foidire, bien rarement !*

Cette idée sécha les larmes qui lui roulaient dans les yeux, et il offrit le bras à sa belle écolière, qui sentit battre démesurément le cœur du vieillard.

— Vous pensiez donc à nous? lui dit-elle.

— *Tuchurs en manchant mon bain !* reprit-il. *T'aport gomme hà mes bienfadrices ; et puis gomme au teusse premières cheunes files tignes t'amur kè chaie fies !*

La comtesse n'osa plus rien dire : il y avait dans cette phrase une incroyable et respectueuse, une fidèle et religieuse solennité. Cette chambre enfumée et pleine de débris était un temple habité par deux divinités. Le sentiment s'y accroissait à toute heure, à l'insu de celles qui l'inspiraient.

— Là, donc, nous sommes aimées, bien aimées, pensa-t-elle.

L'émotion avec laquelle le vieux Schmuke vit la comtesse montant en voiture fut partagée par elle, qui, du bout des doigts, lui envoya un de ces délicats baisers que les femmes se donnent de loin pour se dire bonjour. A cette vue Schmuke resta planté sur ses jambes longtemps après que la voiture eut disparu. Quelques instans après la comtesse entrait dans la cour de l'hôtel de madame de Nucingen. La baronne n'était pas levée ; mais pour ne pas faire attendre une femme haut placée, elle s'enveloppa d'un châle et d'un peignoir.

— Il s'agit d'une bonne action, madame, dit la comtesse, la promptitude est alors une grâce ; sans cela, je ne vous aurais pas dérangée de si bonne heure.

— Comment ! mais je suis trop heureuse, dit la femme du banquier en prenant les quatre papiers et la garantie de la comtesse. Elle sonna sa femme de chambre.—Thérèse, dites au caissier de me monter lui-même à l'instant quarante mille francs.

Puis elle serra dans un secret de sa table l'écrit de madame de Vandenesse, après l'avoir cacheté.

— Vous avez une délicieuse chambre, dit la comtesse.

— Monsieur de Nucingen va m'en priver, il fait bâtir une nouvelle maison.

— Vous donnerez sans doute celle-ci à mademoiselle votre fille. On parle de son mariage avec monsieur de Rastignac.

Le caissier parut au moment où madame de Nucingen allait répondre, elle prit les billets et remit les quatre lettres de change.

— Cela se balancera, dit la baronne au caissier.

— *Sauve l'escomde*, dit le caissier. *Sti Schmuke, il édre ein misicien te Ansbach*, ajouta-t-il en voyant la signature.

— Fais-je donc des affaires? dit madame de Nucingen en tançant le caissier par un regard hautain. Ceci me regarde.

Le caissier eut beau guigner alternativement la comtesse et la baronne, il trouva leurs visages immobiles.

— Allez, laissez-nous. Ayez la bonté de rester quelques momens afin de ne pas leur faire croire que vous êtes pour quelque chose dans cette négociation, dit la baronne à madame de Vandenesse.

— Je vous demanderai de joindre à tant de complaisances, reprit la comtesse, celle de me garder le secret.

— Pour une bonne action, cela va sans dire, répondit la baronne en souriant. Je vais faire envoyer votre voiture au bout du jardin, elle partira sans vous ; puis nous le traverserons ensemble, personne ne vous verra sortir d'ici : ce sera parfaitement inexplicable.

— Vous avez de la grâce comme une personne qui a souffert, reprit la comtesse.

— Je ne sais pas si j'ai de la grâce, mais j'ai beaucoup souffert, dit la baronne ; vous avez eu la vôtre à meilleur marché, je l'espère.

Une fois l'ordre donné, la baronne prit des pantoufles fourrées, une pelisse, et conduisit la comtesse à la petite porte de son jardin.

Quand un homme a ourdi un plan comme celui qu'avait tramé du Tillet contre Nathan, il ne le confie à personne. Nucingen en savait quelque chose, mais sa femme était entièrement en dehors de ces calculs machiavéliques. Seulement la baronne, qui savait Raoul gêné, n'était pas la dupe des deux sœurs ; elle avait bien deviné les mains entre lesquelles irait cet argent, elle était enchantée d'obliger la comtesse, elle avait d'ailleurs une profonde compassion pour de tels embarras. Rastignac, posé pour pénétrer les manœuvres des deux banquiers, vint déjeuner avec madame Nucingen. Delphine et Rastignac n'avaient point de secrets l'un pour l'autre, elle lui raconta sa scène avec la comtesse. Rastignac, incapable d'imaginer que la baronne pût jamais être mêlée à cette affaire, d'ailleurs accessoire à ses yeux, un moyen parmi tous ses moyens, la lui éclaira. Delphine venait peut-être de détruire les espérances électorales de du Tillet, de rendre inutiles les tromperies et les sacrifices de toute une année. Rastignac mit alors la baronne au fait en lui recommandant le secret sur la faute qu'elle venait de commettre.

— Pourvu, dit-elle, que le caissier n'en parle pas à Nucingen.

Quelques instans avant midi, pendant le déjeuner de du Tillet, on lui annonça monsieur Gigonnet.

— Qu'il entre ! dit le banquier, quoique sa femme fût à table. Eh bien ! mon vieux Shylock, notre homme est-il coffré ?

— Non.

— Comment ? Ne vous avais-je pas dit rue du Mail, hôtel...

— Il a payé, fit Gigonnet en tirant de son portefeuille quarante billets de banque. Du Tillet eut une mine désespérée. — Il ne faut jamais mal accueillir les écus, dit l'impassible compère de du Tillet, cela peut porter malheur.

— Où avez-vous pris cet argent, madame ? dit le banquier en jetant sur sa femme un regard qui la fit rougir jusque dans la racine des cheveux.

— Je ne sais pas ce que signifie votre question ? dit-elle.

— Je pénétrerai ce mystère, répondit-il en se levant furieux. Vous avez renversé mes projets les plus chers.

— Vous allez renverser votre déjeuner, dit Gigonnet qui arrêta la nappe prise par le pan de la robe de chambre de du Tillet.

Madame du Tillet se leva froidement pour sortir. Cette parole l'avait épouvantée. Elle sonna, et un valet de chambre vint.

— Mes chevaux, dit-elle au valet de chambre. Demandez Virginie, je veux m'habiller.

— Où allez-vous ? fit du Tillet.

— Les maris bien élevés ne questionnent pas leurs femmes, répondit-elle, et vous avez la prétention de vous conduire en gentilhomme.

— Je ne vous reconnais plus depuis deux jours que vous avez vu deux fois votre impertinente sœur.

— Vous m'avez ordonné d'être impertinente, dit-elle, je m'essaie sur vous.

— Votre serviteur, madame, dit Gigonnet peu curieux d'une scène de ménage.

Du Tillet regarda fixement sa femme, qui le regarda de même sans baisser les yeux.

— Qu'est-ce que cela signifie ? dit-il.

— Que je ne suis plus une petite fille à qui vous ferez peur, reprit-elle. Je suis et serais toute ma vie une loyale et bonne femme pour vous ; vous pourrez être un maître si vous voulez, mais un tyran, non.

Du Tillet sortit. Après cet effort, Marie-Eugénie rentra chez elle abattue. — Sans le danger que court ma sœur, se dit-elle, je n'aurais jamais osé le braver ainsi ; mais, comme dit le proverbe, à quelque chose malheur est bon. Pendant la nuit, madame du Tillet avait repassé dans sa mémoire les confidences de sa sœur. Sûre du salut de Raoul, sa raison n'était plus dominée par la pensée de ce danger imminent. Elle se rappela l'énergie terrible avec laquelle la comtesse avait parlé de s'enfuir avec Nathan pour le consoler de son désastre si elle ne l'empêchait pas. Elle comprit que cet homme pourrait déterminer sa sœur, par un excès de reconnaissance et d'amour, à faire ce que la sage Eugénie regardait comme une folie. Il y avait de récens exemples dans la haute classe de ces fuites qui paient d'incertains plaisirs par des remords, par la déconsidération que donnent les fausses positions, et Eugénie se rappelait leurs affreux résultats. Le mot de du Tillet venait de mettre sa terreur au comble ; elle craignit que tout ne se découvrit ; elle vit la signature de la comtesse de Vandenesse dans le portefeuille de la maison Nucingen, et voulut supplier sa sœur de tout avouer à Félix. Madame du Tillet ne trouva point la comtesse. Félix était chez lui. Une voix intérieure cria à Eugénie de sauver sa sœur. Peut-être demain serait-il trop tard. Elle prit beaucoup sur elle, mais elle se résolut à tout dire au comte. Ne serait-il pas

indulgent en trouvant son honneur encore sauf ? La comtesse était plus égarée que pervertie. Eugénie eut peur d'être lâche et traîtresse en divulguant ces secrets que garde la société toute entière, d'accord en ceci ; mais enfin elle vit l'avenir de sa sœur, elle tremble de la trouver un jour seule, ruinée par Nathan, pauvre, souffrante, malheureuse, au désespoir ; elle n'hésita plus, et prit prier le comte de la recevoir. Félix, étonné de cette visite, eut avec sa belle-sœur une longue conversation, durant laquelle il se montra si calme et si heureux qu'elle trembla de lui voir prendre quelque terrible résolution.

— Soyez tranquille, lui dit Vandenesse, je me conduirai de manière à ce que vous soyez bénie un jour par la comtesse. Quelle que soit votre répugnance à garder le silence vis-à-vis d'elle après m'avoir instruit, faites-moi crédit de quelques jours. Quelques jours me sont nécessaires pour pénétrer des mystères que vous n'apercevez pas, et surtout agir avec prudence. Peut-être saurai-je tout en un moment ! Il n'y a que moi de coupable, ma sœur. Tous les amans jouent leur jeu ; mais toutes les femmes n'ont pas le bonheur de voir la vi e comme elle est.

Madame du Tillet sortit rassurée. Félix de Vandenesse alla prendre aussitôt quarante mille francs à la Banque de France, et courut chez madame de Nucingen : il la trouva, la remercia de la confiance qu'elle avait eue en sa femme, et lui rendit l'argent. Le comte expliqua ce mystérieux emprunt par les folies d'une bienfaisance à laquelle il avait voulu mettre des bornes.

— Ne me donnez aucune explication, monsieur, puisque madame de Vandenesse vous a tout avoué, dit la baronne de Nucingen.

— Elle sait tout, pensa Vandenesse.

La baronne remit la lettre de garantie et envoya chercher les quatre lettres de change. Vandenesse, pendant ce moment, jeta sur la baronne le coup d'œil fin des hommes d'état, il l'inquiéta presque, et jugea l'heure propice à une négociation.

— Nous vivons à une époque, madame, où rien n'est sûr, lui dit-il. Les trônes s'élèvent et disparaissent en France avec une effrayante rapidité. Quinze ans font justice d'un grand empire, d'une monarchie et aussi d'une révolution. Personne n'oserait prendre sur lui de répondre de l'avenir. Vous connaissez mon attachement à la Légitimité. Ces paroles n'ont rien d'extraordinaire dans ma bouche. Supposez une catastrophe : ne seriez-vous pas heureuse d'avoir un ami dans le parti qui triompherait ?

— Certes, dit-elle en souriant.

— Hé bien ! voulez-vous avoir en moi, secrètement, un obligé qui pourrait maintenir à monsieur de Nucingen, le cas échéant, la pairie à laquelle il aspire ?

— Que voulez-vous de moi ? s'écria-t-elle.

— Peu de chose, reprit-il. Tout ce que vous savez sur Nathan.

La baronne lui répéta sa conversation du matin avec Rastignac, et dit à l'ex-pair de France les quatre lettres de change qu'elle alla prendre au caissier :

— N'oubliez pas votre promesse.

Vandenesse oubliait si peu cette prestigieuse promesse qu'il fit briller aux yeux du baron de Rastignac pour obtenir de lui quelques autres renseignemens.

En sortant de chez le baron, il dicta pour Florine à un écrivain public la lettre suivante : Si mademoiselle Florine veut savoir quel est le premier rôle qu'elle jouera, elle est priée de venir au prochain bal de l'Opéra, en s'y faisant accompagner de monsieur Nathan.

Cette lettre une fois mise à la poste, il alla chez son homme d'affaires, garçon très-habile et délié, quoique honnête ; il le pria de jouer le rôle d'un ami auquel Schmuke aurait confié la visite de madame de Vandenesse, et s'inquiétant un peu tard de la signification de ces mots : Accepté pour dix mille francs, répétés quatre fois, lequel viendrait demander à monsieur Nathan une lettre de change de quarante mille francs comme contre-valeur. C'était jouer gros jeu. Nathan pouvait avoir su déjà comment s'étaient arrangées les choses, mais il fallait hasarder un peu pour gagner beaucoup. Dans son trouble, Marie pouvait bien avoir oublié de demander à son Raoul un titre pour Schmuke. L'homme d'affaires alla sur-le-champ au journal, et revint triomphant à cinq heures chez le comte, avec une contre-valeur de quarante mille francs : dès les premiers mots échangés avec Nathan, il avait pu se dire envoyé par la comtesse.

Cette réussite obligeait Félix à empêcher sa femme de voir Raoul jusqu'à l'heure du bal de l'Opéra, où il comptait la mener et l'y laisser s'éclairer elle-même sur la nature des relations de Nathan avec Florine. Il connaissait la jalouse fierté de la comtesse ; il voulait la faire renoncer d'elle-même à son amour, ne pas lui donner lieu de rougir à ses yeux, et lui montrer à temps ses lettres à Nathan vendues par Florine, à laquelle il comptait les racheter. Ce plan si sage, conçu si rapidement, exécuté en partie, devait marquer par un jeu du Hasard qui modifie tout ici-bas. Après le dîner, Félix mit la conversation sur le bal de l'Opéra, en remarquant que Marie n'y était jamais allée ; et il lui en proposa le divertissement pour le lendemain.

— Je vous donnerai quelqu'un à intriguer, dit-il.

— Ah ! vous me ferez bien plaisir.

— Pour que la plaisanterie soit excellente, une femme doit s'attaquer à une belle proie, à un célébrité, à un homme d'esprit et le faire donner au diable. Veux-tu que je te livre Nathan ? J'aurai, par quelqu'un qui connaît Florine, des secrets à le rendre fou.

— Florine, dit la comtesse, l'actrice ?

Marie avait déjà trouvé ce nom sur les lèvres de Quillet, le garçon de bureau du journal : il lui passa comme un éclair dans l'âme.

— Eh bien ! oui, sa maîtresse, répondit le comte. Est-ce donc étonnant ?

— Je croyais monsieur Nathan trop occupé pour avoir une maîtresse.

— Je ne dis pas qu'ils aiment, ma chère ; mais ils sont forcés de *loger* quelque part, comme tous les autres hommes ; et quand ils n'ont pas de chez soi, quand ils sont poursuivis par les gardes du commerce, ils *logent* chez leurs maîtresse, ce qui peut vous paraître leste, mai ce qui est infiniment plus agréable que de *loger* en prison.

Le feu était moins rouge que les joues de la comtesse

— Voulez-vous de lui pour victime ? vous l'épouvanterez, dit le comte en continuant sans faire attention au visage de sa femme. Je vous mettrai à même de lui prouver qu'il est joué comme un enfant par votre beau-frère du Tillet. Ce misérable veut le faire mettre en prison, afin de le rendre incapable de se porter son concurrent dans le collége électoral où Nucingen a été nommé. Je sais par un ami de Florine la somme produite par la vente de son mobilier, qu'elle lui a donné pour fonder son journal, je sais ce qu'elle lui a envoyé sur la récolte qu'est allé faire cette année dans les départemens et en Belgique ; argent qui profite en définitif à Du Tillet, à Nucingen, à Massol. Tous trois, par avance, ont vendu le journal au ministère, tant ils sont sûrs d'évincer ce grand homme.

— Monsieur Nathan est incapable d'avoir accepté l'argent d'une actrice.

— Vous ne connaissez guère ces gens-là, ma chère, dit le comte, il ne vous niera pas le fait.

— J'irai certes au bal, dit la comtesse.

— Vous vous amuserez, reprit Vandenesse. Avec de pareilles armes, vous fouetterez rudement l'amour-propre de Nathan, en vous rendrez service. Vous le verrez se mettant en fureur, se calmant, bondissant sous vos piquantes épigrammes ! Tout en plaisantant, vous éclairerez un homme d'esprit sur le péril où il est, et vous aurez la joie de faire battre les chevaux du juste-milieu dans leur écurie. Tu ne m'écoutes plus, ma chère enfant.

— Au contraire, je vous écoute trop, répondit-elle. Je vous dirai plus tard pourquoi je tiens à être sûre de tout ceci.

— Sûre, reprit Vandenesse. Reste masquée, je te fais souper avec Nathan et Florine : il sera bien amusant pour une femme de ton rang d'intriguer une actrice après avoir fait caracoler l'esprit d'un homme célèbre autour de secrets si importans ; tu les attelleras l'un et l'autre à la même mystification. Je vais me mettre à la piste des infidélités de Nathan. Si je puis saisir les détails de quelque aventure récente, tu jouiras d'une colère de courtisane, une chose magnifique ; celle à laquelle se livrera Florine bouillonnera comme un torrent des Alpes : elle adore Nathan, il est tout pour elle ; elle y tient comme la chair aux os, comme la lionne à ses petits. Je me souviens d'avoir vu dans ma jeunesse une célèbre actrice qui écrivait comme une cuisinière venant redemander ses lettres à un de mes amis ; je n'ai jamais depuis retrouvé ce spectacle, cette fureur tranquille, cette impertinente majesté, cette attitude de sauvage... Souffres-tu, Marie ?

— Non, l'on a fait trop de feu.

La comtesse alla se jeter sur une causeuse. Tout à coup, par un de ces mouvemens impossibles à prévoir et qui fut suggéré par les dévorantes douleurs de la jalousie, elle se dressa sur ses jambes tremblantes, croisa ses bras, et vint lentement devant son mari.

— Que sais-tu ? lui demanda-t-elle, tu n'es pas homme à me torturer, tu m'écraserais sans me faire souffrir dans le cas où je serais coupable.

— Que veux-tu que je sache, Marie ?

— Eh bien ! Nathan ?

— Tu crois l'aimer, reprit-il, mais tu aimes un fantôme construit avec des phrases.

— Tu sais donc ?

— Tout, dit-il.

Ce mot tomba sur la tête de Marie comme une massue.

— Si tu le veux, je ne saurai jamais rien, mon enfant. Tu es dans un abîme, mon enfant, il faut t'en tirer : j'y ai déjà songé. Tiens.

Il tira de sa poche de côté la lettre de garantie et les quatre lettres de change de Schmuke, que la comtesse reconnut, et il les jeta dans le feu.

— Que serais-tu devenue, pauvre Marie, dans trois mois d'ici ? tu te serais vue traînée par les huissiers devant les tribunaux. Ne baisse pas la tête, ne t'humilie point : tu as été la dupe des sentimens les plus beaux, tu as caqueté avec la poésie et non avec un homme. Toutes les femmes, toutes, entends-tu, Marie, eussent été séduites à ta place. Ne serions-nous pas absurdes, nous autres hommes, qui avons fait mille sottises en vingt ans, de vouloir que vous ne soyez pas imprudentes une seule fois dans toute votre vie ? Dieu me garde de triompher de toi ou de t'accabler d'une pitié que tu repoussais si vivement l'autre jour. Peut-être ce malheureux était-il sincère quand il t'écrivait, sincère en se tuant, sincère en revenant le soir même chez Florine. Nous valons moins que vous. Je ne parle pas pour moi dans ce moment, mais pour toi. Je suis indulgent ; mais la Société ne l'est point, elle fuit la femme qui fait un éclat, elle ne veut pas qu'on cumule un bonheur complet et la considération. Est-ce juste, je ne saurais le dire. Le monde est cruel, voilà tout. Peut-être est-il plus envieux en masse qu'il ne l'est pris en détail. Assis au parterre, un voleur applaudit au triomphe de l'Innocence et lui prendra ses bijoux en sortant. La Société refuse de calmer les maux qu'elle engendre ; elle décerne des honneurs aux habiles tromperies, et n'a point de récompenses pour les dévouemens ignorés. Je sais et vois tout cela ; mais si je ne puis réformer le monde, au moins est-il en mon pouvoir de te protéger contre toi-même. Il s'agit ici d'un homme qui ne t'apporte que des misères, et non d'un de ces amours saints et sacrés qui commandent parfois notre abnégation, qui portent avec eux des excuses. Peut-être ai-je eu le tort de ne pas diversifier ton bonheur, de ne pas opposer à de tranquilles plaisirs des plaisirs bouillans, des voyages, des distractions. Je puis d'ailleurs m'expliquer le désir qui t'a poussée vers un homme célèbre par l'envie que tu as causée à certaines femmes. Lady Dudley, madame d'Espard, madame de Manerville et ma belle-sœur Émilie sont pour quelque chose en tout ceci. Ces femmes, contre lesquelles je t'avais mise en garde, auront cultivé ta curiosité plus pour me faire chagrin que pour te jeter dans des orages qui, je l'espère, auront grondé sur toi sans t'atteindre.

En écoutant ces paroles empreintes de bonté, la comtesse fut en proie à mille sentimens contraires ; mais cet ouragan fut dominé par une vive admiration pour Félix. Les âmes nobles et fières reconnaissent promptement la délicatesse avec laquelle on les manie. Ce tact est aux sentimens ce que la grâce est au corps. Marie apprécia cette grandeur empressée de s'abaisser aux pieds d'une femme en faute pour ne pas la voir rougissant. Elle s'enfuit comme une folle, et revint ramenée par l'idée de l'inquiétude que son mouvement pouvait causer à son mari.

— Attendez, lui dit-elle en disparaissant.

Félix lui avait habilement préparé son excuse, il fut aussitôt récompensé de son adresse ; car sa femme revint, toutes les lettres de Nathan à la main, et les lui livra.

— Jugez-moi, dit-elle en se mettant à genoux.

— Est-on en état de bien juger quand on aime ? répondit-il. Il prit les lettres et les jeta dans le feu, car plus tard sa femme pouvait ne pas lui pardonner de les avoir lues. Marie, la tête sur les genoux du comte, y fondait en larmes. — Mon enfant, où sont les tiennes ? dit-il en lui relevant la tête.

A cette interrogation, la comtesse ne sentit plus l'intolérable chaleur qu'elle avait aux joues, elle eut froid.

— Pour que tu ne soupçonnes pas ton mari de calomnier l'homme que tu as cru digne de toi, je te ferai rendre tes lettres par Florine elle-même.

— Oh ! pourquoi ne les rendrait-il pas sur ma demande ?

— Et s'il les refusait ?

La comtesse baissa la tête.

— Le monde me dégoûte, reprit-elle, je n'y veux plus aller ; je vivrai seule près de toi si tu me pardonnes.

— Tu pourrais t'ennuyer encore. D'ailleurs, que dirait le monde si tu le quittais brusquement ? Au printemps, nous voyagerons, nous irons en Italie, nous parcourrons l'Europe en attendant que tu aies plus d'un enfant à élever. Nous ne sommes pas dispensés d'aller au bal de l'Opéra demain, car nous ne pouvons pas avoir tes lettres autrement sans nous compromettre ; et en te les apportant, Florine n'accusera-t-elle pas bien son pouvoir ?

— Et je verrai cela ? dit la comtesse épouvantée.

— Après-demain matin.

Le lendemain, vers minuit, au bal de l'Opéra, Nathan se promenait dans le foyer en donnant le bras à un masque d'un air assez marital. Après deux ou trois tours, deux femmes masquées les abordèrent.

— Pauvre sot ! tu te perds, Marie est ici et te voit, dit à Nathan Vandenesse qui s'était déguisé en femme.

— Si tu veux m'écouter, tu sauras des secrets que Nathan t'a cachés et qui t'apprendront les dangers que court ton amour pour lui, dit en tremblant la comtesse à Florine.

Nathan avait brusquement quitté le bras de Florine pour suivre le comte qui s'était dérobé dans la foule à ses regards. Florine alla s'asseoir à côté de la comtesse, qui l'entraîna sur une banquette à côté de Vandenesse, revenu pour protéger sa femme.

— Explique-toi, ma chère, dit Florine, et ne crois pas me faire poser longtemps. Personne au monde ne m'arrachera Raoul, vois-tu ; je le tiens par l'habitude, qui vaut bien l'amour.

— D'abord es-tu Florine ? dit Félix en reprenant sa voix naturelle.

— Belle question ! si tu ne le sais, pas, comment veux-tu que je te croie, farceur ?

— Va demander à Nathan, qui maintenant cherche la maîtresse de qui je parle, où il a passé la nuit il y a trois jours ! Il s'est asphyxié, ma petite, à ton insu, faute d'argent. Voilà comment tu es au fait des affaires d'un homme que tu dis aimer, et tu le laisses sans le sou, et il se tue ; ou plutôt il ne se tue pas, il se manque. Un suicide manqué, c'est aussi ridicule qu'un duel sans égratignure.

— Tu mens, dit Florine. Il a dîné chez moi ce jour-là, mais après le soleil couché. Le pauvre garçon était poursuivi, il s'est caché, voilà tout.

— Va donc demander rue du Mail, à l'hôtel du Mail, s'il n'a pas été amené mourant par une belle femme avec laquelle il est en relation depuis un an, et les lettres de ta rivale sont cachées, à ton nez, chez toi. Si tu veux donner à Nathan quelque bonne leçon, nous irons tous trois chez toi ; là je te prouverai, pièces en main, que tu peux l'empêcher d'aller rue de Clichy, sous peu de temps, si tu veux être bonne fille.

— Essaie d'en faire aller d'autres que Florine, mon petit. Je suis sûre que Nathan ne peut être amoureux de personne.

— Tu voudrais me faire croire qu'il a redoublé pour toi d'attentions depuis quelque temps, mais c'est précisément ce qui prouve qu'il est très-amoureux.

— D'une femme du monde, lui ?... dit Florine. Je ne m'inquiète pas pour si peu de chose.

— Hé bien ! veux-tu le voir te venir te dire qu'il ne te ramènera pas ce matin chez toi ?

— Si tu me fais dire cela, reprit Florine, je te mènerai chez moi, et nous y chercherons ces lettres auxquelles je croirai quand je les verrai : il les écrirait donc pendant que je dors ?

— Reste là, dit Félix, et regarde.

Il prit le bras de sa femme et se mit à deux pas de Florine. Bientôt Nathan, qui allait et venait dans le foyer, cherchant de tous côtés son masque comme un chien cherche son maître, revint à l'endroit où il avait reçu la confidence. En lisant sur ce front une préoccupation facile à remarquer, Florine se posa comme un Terme devant l'écrivain, et lui dit impérieusement : — Je ne veux pas que tu me quittes, j'ai des raisons pour cela.

— Marie !... dit alors par le conseil de son mari la comtesse à l'oreille de Raoul. Quelle est cette femme ? Laissez-la sur-le-champ, sortez, et allez m'attendre au bas de l'escalier.

Dans cette horrible extrémité, Raoul donna une violente secousse au bras de Florine, qui ne s'attendait pas à cette manœuvre ; et quoiqu'elle le tînt avec force, elle fut contrainte à le lâcher. Nathan se perdit aussitôt dans la foule.

— Que te disais-je ? cria Félix dans l'oreille de Florine stupéfaite, et en lui donnant le bras.

— Allons, dit-elle, qui que tu sois, viens. As-tu ta voiture ?

Pour toute réponse, Vandenesse emmena précipitamment Florine et court rejoindre sa femme à un endroit convenu sous le péristyle. En quelques instans les trois masques, menés vivement par le cocher de Vandenesse, arrivèrent chez l'actrice qui se démasqua. Madame de Vandenesse ne put retenir un tressaillement de surprise à l'aspect de Florine étouffant de rage, superbe de colère et de jalousie.

— Il y a, lui dit Vandenesse, un certain portefeuille dont la clef ne t'a jamais été confiée, les lettres doivent y être.

— Pour le coup, je suis intriguée, tu sais quelque chose qui m'inquiétait depuis plusieurs jours, dit Florine en se précipitant dans le cabinet pour y prendre le portefeuille. Vandenesse vit sa femme pâlissant sous son masque. La chambre de Florine en disait plus sur l'intimité de l'actrice et de Nathan qu'une maîtresse idéale n'en aurait voulu savoir. L'œil d'une femme sait pénétrer la vérité de ces sortes de choses en un moment, et la comtesse aperçut dans la promiscuité des affaires de ménage, une attestation de ce que lui avait dit Vandenesse. Florine revint avec le portefeuille.

— Comment l'ouvrir ? dit-elle.

L'actrice envoya chercher le grand couteau de sa cuisinière ; et quand la femme de chambre le rapporta, Florine le brandit en disant d'un air railleur : — C'est avec ça qu'on égorge les *poulets !*

Ce mot, qui fit tressaillir la comtesse, lui expliqua, encore mieux que ne l'avait fait son mari la veille, la profondeur de l'abîme où elle avait failli glisser.

— Suis-je sotte ! dit Florine, son rasoir vaut mieux.

Elle alla prendre le rasoir avec lequel Nathan venait de se faire la barbe et fendit les plis du maroquin qui s'ouvrit et laissa passer les lettres de Marie. Florine en prit une au hasard.

— Oui, c'est bien d'une femme comme il faut ! Ça m'a l'air de ne pas avoir une faute d'orthographe.

Vandenesse prit les lettres et les donna à sa femme, qui alla vérifier sur une table si elle y étaient toutes.

— Veux-tu les céder en échange de ceci ? dit Vandenesse en tendant à Florine la lettre de change de quarante mille francs.

— Est-il bête de souscrire de pareils titres ?... Bon pour des billets, dit Florine en lisant la lettre de change. Ah ! je t'en donnerai, des comtesses ! Et moi qui me tuais le corps et l'âme en province pour lui ramasser de l'argent, moi qui me serais donné la scie d'un agent de change pour le sauver ! Voilà les hommes : quand on se damne pour eux, ils vous marchent dessus ! il me le paiera.

Madame de Vandenesse s'était enfuie avec les lettres.

— Hé dis donc ! beau masque? laisse-m'en une seule pour le convaincre.

— Cela n'est plus possible, dit Vandenesse.

— Et pourquoi ?

— Ce masque est ton ex-rivale.

— Tiens, mais elle aurait bien pu me dire merci ! s'écria Florine.

— Pourquoi prends-tu donc les quarante mille francs ? dit Vandenesse.

Il est extrêmement rare que les jeunes gens poussés à un suicide, le recommencent quand ils en ont subi les douleurs. Lorsque le suicide ne guérit pas de la vie, il guérit de la mort volontaire. Aussi Raoul n'eut-il plus envie de se tuer, quand il se vit dans une position encore plus horrible que celle d'où il voulait sortir en trouvant sa lettre de change à Schmuke dans les mains de Florine, qui la tenait évidemment du comte de Vandenesse. Il tenta de revoir la comtesse pour lui expliquer la nature de son amour, qui brillait dans son cœur plus vivement que jamais. Mais la première fois que, dans le monde, la comtesse vit Raoul, elle lui jeta ce regard fixe et méprisant qui met un abîme infranchissable entre une femme et un homme. Malgré son assurance, Nathan n'osa jamais, durant le reste de l'hiver, ni parler à la comtesse, ni l'aborder.

Cependant il s'ouvrit à Blondet : il voulut, à propos de madame de Vandesse, lui parler de Laure et de Béatrix. Il fit la paraphrase de ce beau passage dû à la plume de Théophile Gautier, un des plus remarquables poètes de ce temps :

« Idéal, fleur bleue à cœur d'or, dont les racines fibreu-
» ses, mille fois plus déliées que les tresses de soie des fées,
» plongent au fond de notre âme pour en boire la plus
» pure substance ; fleur douce et amère ! on ne peut t'ar-

» racher sans faire saigner le cœur, sans que de la brisée
» suintent des gouttes rouges ! Ah ! fleur maudite, comme
» elle a poussé dans mon âme ! »

— Tu radotes, mon cher, lui dit Blondet, je t'accorde qu'il y avait une jolie fleur, mais elle n'était point idéale, et au lieu de chanter comme un aveugle devant une niche vide, tu devrais songer à te laver les mains pour faire ta soumission au pouvoir et te ranger. Tu es un trop grand artiste pour être un homme politique, tu as été joué par des gens qui ne te valaient pas. Pense à te faire jouer encore, mais ailleurs.

— Marie ne saurait m'empêcher de l'aimer, dit Nathan. J'en ferai ma Béatrix.

— Mon cher, Béatrix était une petite fille de douze ans que Dante n'a plus revue ; sans cela aurait-elle été Béatrix ? Pour se faire d'une femme une divinité, nous ne devons pas la voir avec un mantelet aujourd'hui, demain avec une robe décolletée, après demain sur le boulevard, marchandant des joujoux pour son petit dernier. Quand on a une Florine, qui tour à tour est duchesse de vaudeville, bourgeoise de drame, négresse, marquise, colonel, paysanne en Suisse, vierge du Soleil au Pérou, sa seule *manière d'être vierge*, je ne sais pas comment on s'aventure avec les femmes du monde.

Du Tillet, en terme de Bourse, *exécuta* Nathan, qui, faute d'argent, abandonna sa part dans le journal. Un homme célèbre n'eut pas plus de cinq voix dans le collège où le banquier fut élu.

Quand, après un long et heureux voyage en Italie, la comtesse de Vandenesse revint à Paris, l'hiver suivant, Nathan avait justifié toutes les prévisions de Félix : d'après les conseils de Blondet, il parlementait avec le pouvoir. Quant aux affaires personnelles de cet écrivain, elles étaient dans un tel désordre qu'un jour, aux Champs-Élysées, la comtesse Marie vit son ancien adorateur à pied, dans le plus triste équipage, donnant le bras à Florine. Un homme indifférent est déjà passablement laid aux yeux d'une femme mais quand elle ne l'aime plus, il paraît horrible, surtout lorsqu'il ressemble à Nathan. Madame de Vandenesse eut un mouvement de honte en songeant qu'elle s'était intéressée à Raoul. Si elle n'eût pas été guérie de toute passion extra-conjugale, le contraste que présentait alors le comte, comparé à cet homme déjà moins digne de la faveur publique, eût suffi pour lui faire préférer son mari à un ange.

Aujourd'hui, cet ambitieux, si riche en encre et si pauvre en vouloir, a fini par capituler et par se caser dans une sinécure, comme un homme médiocre ; après avoir appuyé toutes les tentatives désorganisatrices, il vit en paix à l'ombre d'une feuille ministérielle. La croix de la Légion d'honneur texte fécond, de ses plaisanteries, orne sa boutonnière. La *Paix à tout prix*, sur laquelle il avais fait vivre la rédaction d'un journal révolutionnaire, est l'objet de ses articles laudatifs. L'Hérédité, tant attaquée par ses phrases saint-simoniennes, il la défend aujourd'hui avec l'autorité de la raison. Cette conduite illogique a son origine et son autorité dans le changement de front de quelques gens qui, durant nos dernières évolutions politiques, ont agi comme Raoul.

Aux Jardies, décembre 1838.

FIN D'UNE FILLE D'ÈVE.

www.ingramcontent.com/pod-product-compliance
Lightning Source LLC
LaVergne TN
LVHW022018080426
835513LV00009B/773